:: 中華文化促進會主持編纂

:: 國家"十一五"重點圖書出版規劃項目

:: 中國社會科學院哲學社會科學創新工程學術出版資助項目

出品人 王石 段先念

今注本二十四史

隋書

唐 魏徵等 撰

馬俊民 張玉興 主持校注

中國社會科學出版社

二

紀【二】志【一】

隋書　卷四

帝紀第四

煬帝下

八年春正月辛巳，[1]大軍集于涿郡。[2]以兵部尚書段
文振爲左候衛大將軍。[3]壬午，下詔曰：

[1]八年：此指隋煬帝大業八年（612）。
[2]涿郡：大業初改幽州置，治所在今北京市西南。
[3]兵部尚書：官名。隋尚書省下轄六部之一兵部的長官。掌
全國軍衛武官選授之政令，統兵部、職方、駕部、庫部四曹。置一
員，正三品。　段文振：人名。傳見本書卷六〇、《北史》卷七六。
左候衛大將軍：官名。隋文帝時設左右武候，置大將軍各一人。
掌皇帝車駕出，先驅後殿，晝夜巡察，執捕奸非，烽候道路等；巡
狩時則掌營禁。正三品。煬帝大業三年改左右武候名左右候衛，爲
十二衛之一，其他未變。左候衛大將軍是左候衛長官。

天地大德，降繁霜於秋令；聖哲至仁，著甲兵於刑
典。故知造化之有肅殺，義在無私；帝王之用干戈，蓋

非獲已。版泉、丹浦，[1]莫匪龔行，取亂覆昏，咸由順動。況乎甘野誓師，[2]夏開承大禹之業；商郊問罪，[3]周發成文王之志。[4]永監前載，屬當朕躬。

[1]版泉：古地名。亦作“阪泉”。相傳黃帝與炎帝戰於阪泉之野。其地所在，有三説：一是在今山西陽曲縣東北，相傳舊名漢山；二是在今河北涿鹿縣東南；三是在今山西運城市南。　丹浦：丹水之濱。相傳堯與有苗戰於丹水之浦。

[2]甘野：古地名。夏有扈國南郊地。在今陝西户縣。《尚書·甘誓序》：“啓與有扈戰于甘之野。”

[3]商郊問罪：此指周武王伐紂。商郊，指牧野（一作姆野）。在今河南淇縣以南、衛輝市以北地區。

[4]周發：即周武王姬發。詳見《史記》卷四《周本紀》。文王：即周文王姬昌。詳見《史記·周本紀》。

粵我有隋，誕膺靈命，兼三才而建極，[1]一六合而爲家。[2]提封所漸，細柳、盤桃之外，[3]聲教爰暨，紫舌、黃枝之域，[4]遠至邇安，罔不和會。功成治定，於是乎在。而高麗小醜，迷昏不恭，崇聚勃、碣之間，[5]薦食遼、獩之境。[6]雖復漢、魏誅戮，巢窟暫傾，亂離多阻，種落還集。萃川藪於往代，[7]播寔繁以迄今，眷彼華壤，翦爲夷類。歷年永久，惡稔既盈，天道禍淫，亡徵已兆。亂常敗德，非可勝圖，掩慝懷姦，唯日不足。移告之嚴，未嘗面受，朝覲之禮，莫肯躬親。誘納亡叛，不知紀極，充斥邊垂，亟勞烽候，[8]關柝以之不靜，生人爲之廢業。在昔薄伐，已漏天網，既緩前禽之戮，[9]未即後服之誅。曾不懷恩，翻爲長惡，乃兼契丹之黨，^[10]虔劉海戍，習靺鞨之服，^[11]侵軼遼西。^[12]又青丘之表，^[13]咸修職貢，碧海之濱，同稟正朔，^[14]遂復敓攘琛賮，^[15]遏絕往來，虐及弗辜，誠而遇禍。軺軒奉使，爰暨海東，旌節所次，途經藩境，而擁塞道路，拒絕王人，無事君之心，豈爲臣之禮！此而可忍，孰不可容！且法令苛酷，賦斂煩重，強臣豪族，咸執國鈞，朋黨比周，以之成俗，賄貨如市，冤枉莫申。重以仍歲災凶，比屋饑饉，兵戈不息，徭役無期，力竭轉輸，身填溝壑。百姓愁苦，爰誰適從？境內哀惶，不勝其弊。迴首面內，各懷性命之圖，黃髮稚齒，咸興酷毒之歎。省俗觀風，爰屆幽朔，弔人問罪，無俟再駕。於是親總六師，^[16]用申九伐，^[17]拯厥阽危，協從天意，殄兹逋穢，克嗣先謨。

[1]三才：天、地、人。

[2]六合：天下，人世間。

[3]細柳：指日落之處。　盤桃：傳説中遙遠的山名。

[4]紫舌：形容語言不同於中原。　黃枝：又作"黃支"。古國名。《漢書》卷一二《平帝紀》注引應劭："黃支在日南之南，去京師三萬里。"

[5]勃：即今渤海。　碣：古山名。即碣石山。一説即今遼寧綏中縣東南海中姜女墳。一説即今河北昌黎縣北碣石山。

[6]遼：區域名。指遼東或遼西。即泛指今遼河東、西面地區。　濊（huì）：古代東方少數民族名，亦作穢、濊。《呂氏春秋·恃君》："非濱之東，夷穢之鄉。"高誘注："穢，夷國名。"詳見《通典》卷三二四《四裔·濊》。宋刻遞修本、汲古閣本、殿本、庫本、中華本同，《北史》卷一二《隋煬帝紀》作"濊"。

[7]川藪：諸本同，李慈銘《隋書札記》指出本爲"淵藪"，唐人避諱改。

[8]烽候：亦作"烽堠"。烽火臺。

[9]禽："擒"的古字。俘獲，被俘，制伏。

[10]契丹：古部族名。爲鑌鐵或刀劍之意。其族源出於東胡，爲鮮卑之一支。北朝時游牧於西拉木倫河、老哈河一帶。北朝末年逐漸强盛，分爲十部。傳見本書卷八四、《北史》卷九四。

[11]靺鞨：古族名。西漢以前稱肅慎，東漢稱挹婁，南北朝以來稱勿吉，隋唐稱靺鞨。所處東至日本海，西接突厥，南界高麗，北臨室韋。大體以今吉林松花江流域爲中心，分布在東至俄羅斯濱海邊疆區，北至黑龍江、烏蘇里江的廣大地區。分數十部，互不統一，社會發展不平衡。傳見本書卷八一、《北史》卷九四、《舊唐書》卷一九九下、《新唐書》卷二一九。

[12]遼西：地區名。泛指今遼寧遼河以西大凌河流域及其以南、河北樂亭縣以東地區。

[13]青丘：亦作"青邱"。泛指邊遠蠻荒之國。

[14]稟正朔：意同"受正朔"。古代某獨立政權若改爲尊奉另一王朝的正朔，便表示降服，並成爲所尊正朔王朝的一部分。正朔，此謂帝王新頒的曆法。古代帝王易姓受命，必改正（年始）朔（月初），故夏、殷、周、秦及漢初的正朔各不相同。自漢武帝後，直至現今的農曆，都用夏制，即以建寅之月爲歲首。

[15]敓（duó）："奪"的古字。强取，奪取。　賮（jìn）：同"贐"。進貢的財物。

[16]六師：周天子所統六軍之師。後以爲天子軍隊之稱。

[17]九伐：古代指對九種罪惡的討伐。後泛指征伐。

　　今宜授律啓行，分麾屆路，掩勃澥而雷震，[1]歷夫餘以電掃。[2]比戈按甲，誓旅而後行，先令五申，[3]必勝

而後戰。左第一軍可鏤方道。[4]第二軍可長岑道,[5]第三
軍可海冥道,[6]第四軍可蓋馬道,[7]第五軍可建安道,[8]
第六軍可南蘇道,[9]第七軍可遼東道,[10]第八軍可玄菟
道,[11]第九軍可扶餘道, 第十軍可朝鮮道,[12]第十一軍
可沃沮道,[13]第十二軍可樂浪道,[14]右第一軍可黏蟬
道,[15]第二軍可含資道,[16]第三軍可渾彌道,[17]第四軍
可臨屯道,[18]第五軍可候城道,[19]第六軍可提奚道,[20]
第七軍可踏頓道,[21]第八軍可肅慎道,[22]第九軍可碣石
道,[23]第十軍可東暆道,[24]第十一軍可帶方道,[25]第十
二軍可襄平道。[26]凡此衆軍, 先奉廟略, 駱驛引途, 總
集平壤。[27]莫非如豻如貔之勇, 百戰百勝之雄, 顧眄則
山岳傾頹, 叱咤則風雲騰鬱, 心德攸同, 爪牙斯在。朕
躬馭元戎, 爲其節度, 涉遼而東,[28]循海之右,[29]解倒
懸於遐裔, 問疾苦於遺黎。其外輕齎游闕,[30]隨機赴
響, 卷甲銜枚, 出其不意。又滄海道軍舟艫千里,[31]高
颿電逝, 巨艦雲飛, 橫斷沮江,[32]逕造平壤, 島嶼之望
斯絕, 坎井之路已窮。[33]其餘被髮左衽之人,[34]控弦待
發, 微、盧、彭、濮之旅,[35]不謀同辭。杖順臨逆, 人
百其勇, 以此衆戰, 勢等摧枯。

[1]勃澥:一作渤澥。即今渤海以及東海部分海域。
[2]夫餘:一作扶餘、梟奭、浮渝。古族名。出自濊族。漢魏
時分布在今松花江中游一帶,以今吉林農安縣爲中心。西晉爲鮮卑
族慕容氏所破,公元五世紀末,其地爲勿吉人所占,居民分散融合
於漢、勿吉、高句麗等族。傳見《後漢書》卷八五、《晉書》卷九
七。後借爲假托的國名。

　　[3]先令五申："先"，宋刻遞修本、汲古閣本、殿本同。庫本作"三"。中華本改爲"三"，校勘記云："'三'原作'先'，據《三國史記》二〇及《北史·隋本紀》下改。"

　　[4]鏤方：縣名。西漢置。治所在今朝鮮平安南道成川、陽德二郡之間。按，《通鑑》卷一八一《隋紀》大業八年正月條胡三省注："帝指授諸軍所出之道，多用漢縣舊名。《漢志》：鏤方、長岑、朝鮮，屬樂浪郡。蓋馬，屬玄菟郡，有蓋馬大山。遼東，漢郡名。冥海，蓋即漢樂浪郡之海冥縣。建安、南蘇、扶餘，皆高麗國城守之處。沃沮，亦古地名，是時其地已入新羅界。"　道：方向；方位。

　　[5]長岑：縣名。西漢治所在今朝鮮境内。

　　[6]海冥：縣名。西漢置。治所在今朝鮮黃海道海州一帶。按，諸本以及《北史》卷一二《隋煬帝紀》皆同。岑仲勉指出據"豆盧寔志，作左第二軍海冥道"（岑仲勉：《隋書求是》，中華書局2004年版，第19頁）。但《通鑑》卷一八一《隋紀》大業八年正月條作"冥海"。中華本校勘記指出："《三國史記》二〇作'冥海道'。"再考《漢書·地理志》，樂浪郡下屬縣名"海冥"。胡三省指出，"帝指授諸軍所出之道，多用漢縣舊名"。可斷"冥海"似是"海冥"之倒文。

　　[7]蓋馬：縣名。西漢治所在今朝鮮境。蓋馬大山即今朝鮮境狼林山脈。

　　[8]建安：縣名。西漢治所在今朝鮮境。

　　[9]南蘇：縣名。西漢治所在今朝鮮境。

　　[10]遼東：地區名。泛指今遼河以東地區。

　　[11]玄菟：郡名。西漢元封三年（前108）置。治所在今朝鮮咸鏡南道咸興。

　　[12]朝鮮：縣名。西漢治所在今朝鮮平壤市西南大同江南岸土城洞。一説即今平壤市。

　　[13]沃沮：縣名。西漢治所在今朝鮮咸鏡南道咸興市。一説即

咸鏡北道鏡城或咸鏡南道北青。

[14]樂浪：郡名。西漢置。治所在今朝鮮平壤市大同江南岸土城洞。一説即今平壤市。

[15]黏蟬（tí）：縣名。西漢置。治所在今朝鮮平安南道龍崗郡西于乙洞古城。按，《通鑑》卷一八一《隋紀》大業八年正月條胡三省注："《漢志》：黏蟬、含資、渾彌、提奚、東暆、帶方等縣，屬樂浪郡。候城、襄平，屬遼東郡。臨屯，亦漢武帝所置郡名。蹋頓，即漢末遼西烏丸蹋頓所居。肅慎，古肅慎氏之國，其地時爲靺鞨所居。碣石，《禹貢》之碣石也。杜佑以爲此碣石在高麗中。佑曰：碣石山，在漢樂浪郡遂城縣。"

[16]含資：縣名。西漢置。治所即今朝鮮黃海北道瑞興郡。

[17]渾彌：縣名。西漢治所在今朝鮮境。

[18]臨屯：郡名。西漢置。治所在今朝鮮江原道江陵。一説在今江原道元山與德源一帶。

[19]候城：縣名。西漢治所在今遼寧瀋陽市東南二十里古城子。

[20]提奚：縣名。西漢治所在今朝鮮境。

[21]蹋頓：地區名。據胡三省注："蹋頓，即漢末遼西烏丸蹋頓所居。"故泛指今遼寧遼河以西大凌河流域及其以南、河北樂亭縣以東地區。

[22]肅慎：地區名。據胡三省注："其地時爲靺鞨所居。"故大體指今以吉林松花江流域爲中心，東至俄羅斯濱海邊疆區，北至黑龍江、烏蘇里江的廣大地區。

[23]碣石：據胡三省注："杜佑以爲此碣石在高麗中。佑曰：碣石山，在漢樂浪郡遂城縣。"即今朝鮮平壤西南西江郡一帶。

[24]東暆（yí）：縣名。西漢置。治所在今朝鮮江原道江陵，一説在今江原道元山、德源一帶。按，"暆"，庫本、中華本作"暆"。但宋刻遞修本、汲古閣本、殿本作"聏"。《北史·隋煬帝紀》作"腏"，底本、《通鑑》卷一八一《隋紀》大業八年正月條

作"睋"。考《漢書‧地理志》《説文解字》皆載漢朝樂浪郡所轄有"東睋縣",而楊廣此次東伐高麗所命道名多取漢縣名,故斷東睋道即取漢東睋縣命名,而前引文中"睋""脆""睼"均乃因字形近"睋"而訛。據改。

[25]帶方:縣名。西漢治所在今朝鮮黃海道鳳山郡文石井土城內。

[26]襄平:縣名。戰國秦置。治所在今遼寧遼陽市老城區。

[27]平壤:城名。即漢樂浪郡之王險城,高麗國都。在今朝鮮平壤市。

[28]遼:今遼河。流經內蒙古、遼寧地區。

[29]海:今渤海。

[30]游闕:備用的游車。

[31]滄海:大海。因隋水軍從東萊海口出發,斷此泛指渤海。

[32]沮江:宋刻遞修本、汲古閣本、殿本、庫本及《北史‧隋煬帝紀》皆同。中華本據《三國史記》卷二〇、本書卷八一《高麗傳》將正文"沮"改作"浿"。再考《漢書‧地理志》、《通鑑》卷一八一《隋紀》大業八年六月條也皆作"浿",此確。浿江,又作浿水。據上引《通鑑》胡三省注"在樂浪界",當指今朝鮮清川江。

[33]坎井:陷阱。井,通"阱"。喻艱難或險阻。

[34]被髮左袵:頭髮披散不束,衣襟向左掩。古代指中原地區以外少數民族的裝束。

[35]微、盧、彭、濮:語出《尚書‧牧誓》。此借指衆多少數民族。

　　然則王者之師,義存止殺,聖人之教,必也勝殘。天罰有罪,本在元惡,人之多僻,脅從罔治。若高元泥首轅門,[1]自歸司寇,[2]即宜解縛焚櫬,弘之以恩。其餘

臣人歸朝奉順，咸加慰撫，各安生業，隨才任用，無隔
夷夏。營壘所次，務在整肅，芻蕘有禁，秋毫勿犯，布
以恩宥，喻以禍福。若其同惡相濟，抗拒官軍，國有常
刑，俾無遺類。明加曉示，稱朕意焉。

[1]高元：人名。高麗國王。詳見本書卷八一、《北史》卷九
四《高麗傳》。

[2]司寇：官名。此泛指司法官員。

總一百一十三萬三千八百，號二百萬，其饋運者倍
之。癸未，第一軍發，終四十日，引師乃盡，旌旗亘千
里。近古出師之盛，未之有也。乙未，以右候衛大將軍
衛玄爲刑部尚書。[1]甲辰，内史令元壽卒。[2]

[1]右候衛大將軍：官名。隋文帝時設左右武候，置大將軍各
一人。掌皇帝車駕出，先驅後殿，晝夜巡察，執捕奸非，烽候道路
等；巡狩時則掌營禁。正三品。煬帝大業三年改左右武候名左右候
衛，爲十二衛之一，其他未變。右候衛大將軍是右候衛長官。　衛
玄：人名。傳見本書六三、《北史》卷七六。　刑部尚書：官名。
隋初沿置都官尚書，開皇三年（583）改爲刑部尚書，是尚書省下
轄六部之一刑部的長官。職掌刑法、徒隸、勾覆及關禁之政，總判
刑部、都官、比部、司門四曹之事。正三品。

[2]内史令：官名。内史省長官，掌皇帝詔令出納宣行，居宰
相之職。正三品。　元壽：人名。傳見本書卷六三、《北史》卷
七五。

二月甲寅，詔曰："朕觀風燕裔，[1]問罪遼濱。文武

叶力，爪牙思奮，莫不執銳勤王，捨家從役，罕蓄倉廩
之資，兼損播殖之務。朕所以夕惕愀然，慮其匱乏。雖
復素飽之衆，情在忘私，悅使之人，宜從其厚。諸行從
一品以下，伙飛募人以上家口，[2]郡縣宜數存問。若有
糧食乏少，皆宜賑給；或雖有田疇，貧弱不能自耕種，
可於多丁富室勸課相助。使夫居者有斂積之豐，行役無
顧後之慮。”壬戌，司空、京兆尹、光禄大夫觀王
雄薨。[3]

[1]燕：舊時河北省的別稱。亦指今河北北部。　裔：邊遠的
地方。

[2]伙（cì）飛：隋府兵總稱衛士，隸諸衛又各有其名。煬帝
時隸屬左右候衛的府兵名伙飛。

[3]司空：官名。隋三公之一。隋初參議國家大事，置府僚，
但不久就省除府及僚佐，成了榮譽性質的頭銜。正一品。　京兆
尹。官名。爲京城長安所在地京兆郡長官。置一員，正三品。　光
禄大夫：官名。屬散實官，煬帝大業三年廢特進，改置光禄大夫等
九大夫。從一品。　雄：人名。即楊雄。本名惠，隋文帝楊堅之
侄。傳見本書卷四三，《北史》卷六八有附傳。

三月辛卯，兵部尚書、左候衛大將軍段文振卒。[1]
癸巳，上御師。甲午，臨戎于遼水橋。[2]戊戌，大軍爲
賊所拒，不果濟。右屯衛大將軍、左光禄大夫麥鐵
杖，[3]武賁郎將錢士雄、孟金義等，[4]皆死之。甲午，車
駕度遼。大戰于東岸，擊賊破之，進圍遼東。[5]乙未，
大頓，[6]見二大鳥，高丈餘，皓身朱足，游泳自若。上
異之，命工圖寫，并立銘頌。[7]

[1]段文振：岑仲勉指出：“《寶刻類編》一有兵部尚書段文振碑，潘徽撰，歐陽詢書，大業八年立，在京兆。”（岑仲勉：《隋書求是》，第 19 頁）

[2]遼水：河名。即今内蒙古、遼寧遼河。

[3]右屯衛大將軍：官名。隋文帝置左右領軍府，各掌十二軍籍帳、差科、詞訟之事，不置將軍。煬帝大業三年改左右領軍府爲左右屯衛，所統軍士名御林。並各置大將軍一人，正三品。左右屯衛大將軍總判府事，並統所屬鷹揚府。右屯衛大將軍爲右屯衛長官。　左光禄大夫：官名。屬散實官。隋文帝時置左、右光禄大夫皆正二品，煬帝大業三年定令，“左”爲正二品，“右”爲從二品。

麥鐵杖：人名。傳見本書卷六四、《北史》卷七八。

[4]武賁郎將：官名。隋煬帝大業三年改革官制，十二衛每衛置護軍四人，爲將軍副貳，不久又改護軍名武賁郎將。正四品。錢士雄、孟金义：皆人名。兩人事迹略見本書卷六四、《北史》卷七八《麥鐵杖傳》。按，“孟金义”，殿本、庫本同底本。但中華本作“孟金叉”。檢《北史》卷一二《隋煬帝紀》及本書卷六四、《北史》卷七八《麥鐵杖傳》也作“孟金叉”。《通鑑》卷一八一《隋紀》大業八年三月條作“孟叉”。而《考異》曰：“《雜記》作‘錢英、孟金釵’。今從《隋帝紀》。”若此，尚難判斷這兩人確切名爲錢士雄或錢英，孟金义或孟金叉（釵）、孟叉。

[5]遼東：城名。在今遼寧遼陽市老城區。

[6]頓：宿食之所，館舍。按，此指臨海頓。一名望海頓。在今遼寧錦州市東南。

[7]“三月辛卯”至“并立銘頌”：本段記載的一些時間有疑。《通鑑》卷一八一《隋紀》大業八年三月條《考異》曰：“《隋·帝紀》：‘癸巳，上御師；甲子，臨遼水橋；戊戌，麥鐵杖死；甲午，車駕渡遼；乙未，大頓；丙申，大赦。’按《長曆》，是月庚辰朔，

不容有甲子。又戊戌之下，不容有甲午、乙未、丙申。此必誤也。"中華本校勘記疑"車駕渡遼"上的"甲午""應作'甲子'，屬四月"。但未考。對"大頓"前"乙未"，中華本校勘記據本書卷七六《虞綽傳》，認爲隋煬帝於四月丙子至臨海頓，"則此處乙未應屬五月。但五月乙未（十七日）不應在下文'五月壬申'（四日）前。紀文當有訛誤或顛倒"。岑仲勉考證爲："《讀史舉正》六：'八年三月重書甲午，又戊戌誤書甲午上。'據《朔閏考》三，是年三月庚辰朔，十五甲午，十九戊戌，均不誤。十九日既不果濟，則其後度遼殆爲廿五甲辰，後之甲午疑甲辰之誤。又本紀是年衹書三月五月，無四月，而第二甲午下即接'乙未大頓，見二大鳥，……上異之，命工圖寫，并立銘頌。'證以七六《虞綽傳》，則見大鳥乃班師時事，日在丙子（四月二十七）。由是知乙未實乙亥之訛，即丙子前一日，乙亥上又誤奪'四月'字也。三月廿五始度遼，中間復有進圍遼東事，故至四月二十七乃得班師回抵遼西之柳城矣。可參《文館詞林》六六九大赦詔。"（岑仲勉：《隋書求是》，第 20 頁）

五月壬午，納言楊達卒。[1]于時諸將各奉旨，不敢越機。[2]既而高麗各城守，攻之不下。

[1]納言：官名。門下省長官，職掌封駁制敕，並參與軍國大政決策等，居宰相之職。置二員，正三品。　楊達：人名。本書卷四三、《北史》卷六八有附傳。

[2]越機：殿本、庫本及《北史》卷一二《隋煬帝紀》同。汲古閣本、中華本作"赴機"。中華本《北史·隋煬帝紀》校勘記云："《御覽》卷一〇六、《通鑑》卷一八一作'赴'。按本書卷九四、《隋書》卷八一《高麗傳》也作'赴'。""越機"無義，"赴機"確。

六月己未，幸遼東，責怒諸將。止城西數里，御六合城。[1]

[1]六合城：或稱六合板城。大業四年煬帝出巡長城，行宮始設六合城。此次征遼，也設此城。周回八里，合高十仞。詳見本書《禮儀志》。

七月壬寅，宇文述等敗績于薩水，[1]右屯衛將軍薛世雄死之。[2]九軍並陷，將帥奔還亡者二千餘騎。[3]癸卯，班師。

[1]宇文述：人名。傳見本書卷六一、《北史》卷七九。　薩水：河名。即今朝鮮清川江。

[2]右屯衛將軍：官名。隋文帝置左右領軍府，各掌十二軍籍帳、差科、詞訟之事，不置將軍。煬帝大業三年改爲左右屯衛，各置大將軍一人，總判府事，並統所屬鷹揚府，正三品。將軍各二人，從三品。　薛世雄：殿本、庫本及《北史》卷一二《隋煬帝紀》同。但宋刻遞修本、汲古閣本、中華本作“辛世雄”。中華本《北史·隋煬帝紀》校勘記云：“張森楷云：‘《隋書》“薛”作“辛”，《通鑑》同。按薛世雄從伐遼東，敗還除名，後爲竇建德所襲，慙恚而死，具見本傳（本書卷七六），未曾死是役也。《隋書》爲是。’按張説是。”另，檢薛世雄本傳，其從未任過右屯衛將軍。辛世雄，人名。隋任右屯衛將軍，其他事迹不詳。

[3]將帥奔還亡者二千餘騎：中華本校勘記云：“按：本書《宇文述傳》作‘及還至遼東城，唯二千七百人’。‘亡’，《通志》一八作‘至’。”

九月庚辰，上至東都。[1]己丑，詔曰：“軍國異容，文武殊用，匡危拯難，則霸德攸興，[2] 化人成俗，則王道斯貴。[3] 時方撥亂，屠販可以登朝，世屬隆平，經術然後升仕。豐都爰肇，[4] 儒服無預于周行，[5] 建武之朝，[6] 功臣不參于吏職。自三方未一，四海交爭，不遑文教，唯尚武功。設官分職，罕以才授，班朝治人，乃由勳敘，[7] 莫非拔足行陣，出自勇夫，斅學之道，既所不習，政事之方，故亦無取。是非暗于在己，威福專於下吏，貪冒貨賄，不知紀極，蠹政害民，實由於此。自今已後，諸授勳官者，[8] 並不得回授文武職事，[9] 庶遵彼更張，取類於調瑟，求諸名製，不傷于美錦。若吏部輒擬用者，[10] 御史即宜糾彈。"[11]

[1]庚辰：殿本、庫本、中華本同，宋刻遞修本、汲古閣本作"庚寅"。中華書局新修訂本校勘記云："《御覽》卷一〇六《皇王部三一·煬皇帝》引《隋書》、《通鑑》卷一八一《隋紀》五煬帝大業八年同。若作'庚寅'，則不當在下文己丑（十二日）之前。亦或此處紀文有訛誤或顛倒。" 東都：城名。此指隋煬帝所建的洛陽。

[2]霸德：猶霸道，指君主憑借武力、刑法、權勢等進行統治。與"王道"相對而言。

[3]王道：其一，語出《尚書·洪範》，謂先王所行之正道。其二，語出《孟子·梁惠王上》，儒家稱以仁義治天下，與霸道相對。

[4]豐：地名。周文王國都所在地。在今陝西西安市長安區西北灃河西岸。

[5]周行：周官的行列。後用以泛指朝官。

[6]建武：東漢光武帝劉秀年號（25—56）。

［7］勳：功勳，功勞。

［8］勳官：官號。始見於南北朝，本以酬戰士，其後漸及朝流。北周時制勳官十一等，名義即此，自正九命至七命不等。隋因周制改命爲品。以酬勤勞。

［9］回授：轉授（官職）。　職事：此指職事官。即執掌具體政務的官員。隋唐有職事官、散官、勳官、爵號。其賦事受俸者，惟職事一官。

［10］吏部：官署名。隋爲尚書省六部之首。下統吏部、主爵、司勳、考功等曹（司）。以吏部尚書爲長官。掌全國文職官員銓選、勳封、考課之政。

［11］御史：此泛指隋御史臺官員。御史臺長官御史大夫。其屬下有治書侍御史、侍御史、殿內侍御史、監察御史等。職掌國家刑憲典章之政令，司彈劾糾察百官等。

冬十月甲寅，工部尚書宇文愷卒。[1]

［1］工部尚書：官名。尚書省下轄六部之一工部的長官。掌全國百工、屯田、山澤之政令。統工部、屯田、虞部、水部四曹（司）。正三品。　宇文愷：人名。傳見本書卷六八，《北史》卷六〇有附傳。

十一月己卯，以宗女華容公主嫁于高昌王。[1]辛巳，光祿大夫韓壽卒。[2]甲申，敗將宇文述、于仲文等並除名爲民，[3]斬尚書右丞劉士龍以謝天下。[4]是歲，大旱，疫，人多死，山東尤甚。[5]密詔江、淮南諸郡閱視民間童女，姿質端麗者，每歲貢之。

［1］宗女：君主同宗的女兒。即宗室之女。　華容公主：隋煬

帝戚屬宇文氏之女，事見本書卷八三《高昌傳》。　高昌王：此指高昌國王麴伯雅。事見本書卷八三、《北史》卷九七、《舊唐書》卷一九八、《新唐書》卷二二一上《高昌傳》。

[2]韓壽：宋刻遞修本、汲古閣本、殿本、庫本及《北史》卷一二《隋煬帝紀》同。中華本校勘記云："韓壽即韓僧壽，本書有傳。"未考。檢本書卷五二、《北史》卷六八《韓僧壽傳》，不見韓僧壽有光禄大夫銜。故難斷此韓壽即韓僧壽。

[3]于仲文：人名。傳見本書卷六〇，《北史》卷二三有附傳。

[4]尚書右丞：官名。尚書省屬官，與尚書左丞對置，各一人，分掌尚書都省事務，糾駁諸司文案，總判兵、刑、工三部之事。隋初爲從四品下，煬帝大業三年升爲正四品。　劉士龍：弘農人，隋開皇中爲考功侍郎，事略見《通鑑》卷一八一《隋紀》大業八年條。

[5]山東：地區名。戰國、秦、漢時代，通稱華山或崤山以東爲山東。

九年春正月丁丑，徵天下兵，募民爲驍果，[1]集于涿郡。壬午，賊帥杜彦冰、王潤等陷平原郡，[2]大掠而去。辛卯，置折衝、果毅、武勇、雄武等郎將官，[3]以領驍果。乙未，平原李德逸聚衆數萬，[4]稱"阿舅賊"，劫掠山東。靈武白榆妄，[5]稱"奴賊"，劫掠牧馬，北連突厥，[6]隴右多被其患。[7]遣將軍范貴討之，[8]連年不能剋。戊戌，大赦。己亥，遣代王侑、刑部尚書衛玄鎮京師。[9]辛丑，以右驍騎將軍李渾爲右驍衛大將軍。[10]

[1]驍果：軍士名。募民爲之。以折衝、果毅、武勇、雄武等郎將領之；武勇郎將爲副長官，主掌宿衛。上屬於左右備身府。

　　[2]杜彥冰：人名。事略見《通鑑》卷一八二《隋紀》。另見王永興編《隋末農民戰爭史料彙編》（中華書局1980年版），後凡是反隋武裝力量領袖事迹皆可參《通鑑》和此著作。諸本皆作"杜彥冰"，《北史》卷一二《隋煬帝紀》作"杜彥永"。　王潤：人名。隋末農民起義軍領導者。　平原郡：隋大業初改德州置。治所在今山東陵縣。

　　[3]郎將：官名。隋諸衛府各置郎將爲正或副長官。如鷹揚府有鷹揚郎將、鷹擊郎將爲長貳。折衝、果毅、武勇、雄武等郎將皆是統領各個衛府驍果的長官。

　　[4]李德逸：人名。隋末農民起義軍領導者。

　　[5]靈武：郡名。治所在今寧夏靈武市西南。　白榆妄：人名。隋末靈武地區起義軍領導者。按，諸本及《北史·隋煬帝紀》皆同。《通鑑》卷一八二《隋紀》大業九年正月條作"白榆娑"。《考異》云："《隋書》作'白榆妄'。今從《略記》。"

　　[6]突厥：古族名、國名。廣義包括突厥、鐵勒諸部落，狹義專指突厥。公元六世紀時游牧於金山（今阿爾泰山）以南，因金山形似兜鍪，俗稱"突厥"，遂以名部落。西魏廢帝元年（552），土門自號伊利可汗，建立突厥汗國。後分裂爲西突厥、東突厥兩個汗國。傳見本書卷八四、《北史》卷九九、《舊唐書》卷一九四、《新唐書》卷二一五。

　　[7]隴右：地區名。泛指隴山以西地區，約當今甘肅隴山、六盤山以西和黃河以東一帶。

　　[8]將軍：據《范安貴墓誌》，大業九年改授左候衛大將軍，此"將軍"當爲左候衛大將軍。　范貴：人名。即范安貴。岑仲勉指出："近年出土有大業十一年范安貴墓誌，羅振玉疑即此之范貴（松翁未焚稿），從隋人好把兩字名省稱一字觀之，大致可信。"（岑仲勉：《隋書求是》，第20頁）生平見《范安貴墓誌》（參見王其禕、周曉薇《隋代墓誌銘彙考》四五七，綫裝書局2007年版）。

　　[9]侑（yòu）：人名。即隋恭帝楊侑。紀見本書卷五、《北史》

卷一二。

[10]右驍騎將軍：官名。隋文帝開皇十八年置備身府，煬帝大業三年改左右備身府爲左右驍騎衛府。右驍騎衛大將軍是右驍騎衛府最高長官。職掌宿衛。從三品。　李渾：人名。本書卷三七、《北史》卷五九有附傳。　右驍衛大將軍：官名。“右驍衛大將軍”當是“右驍騎衛大將軍”脱文（其詳考見《百官志下》“煬帝即位，多所改革”一段注）。右驍騎衛大將軍是右驍騎衛府最高長官。職掌宿衛。正三品。

　　二月己未，濟北人韓進洛聚衆數萬爲群盜。[1]壬午，[2]復宇文述等官爵。又徵兵討高麗。

[1]濟北：郡名。治所在今山東茌平縣。　韓進洛：人名。隋末農民起義軍領導者。

[2]壬午：諸本及《北史》卷一二《隋煬帝紀》同。《通鑑》卷一八二《隋紀》大業九年二月條也同，《考異》曰：“《雜記》在去年十二月，今從《隋書》。”中華本校勘記云：“此月乙巳朔，無壬午。日干有誤。”檢《雜記》所記大業八年十二月是丙午朔，也無壬午。

　　三月丙子，濟陰人孟海公起兵爲盜，[1]衆至數萬。丁丑，發丁男十萬城大興。[2]戊寅，幸遼東。以越王侗、民部尚書樊子蓋留守東都。[3]庚子，北海人郭方頂聚徒爲盜，[4]自號盧公，[5]衆至三萬，攻陷郡城，大掠而去。

[1]濟陰：郡名。治所在今山東曹縣西北。　孟海公：人名。隋末農民起義軍領導者，大業九年起事，主要活動於曹、戴二州地區，後爲李世民所敗，武德四年（621）斬於長安。

　　[2]丁男：隋初規定十八至五十九歲爲丁男，“丁從課役”。開
皇三年將初始年齡提到二十一，煬帝時又提到二十二。

　　[3]佟（tóng）：人名，即楊佟。傳見本書卷五九、《北史》卷
七一。　民部尚書：官名。隋沿北魏、北齊置度支尚書，開皇三年
改稱民部尚書，是尚書省下轄六部之一民部的長官。職掌全國土
地、户口、賦税、錢糧之政令。正三品。　樊子蓋：人名。傳見本
書卷六三、《北史》卷七六。

　　[4]北海：郡名。治所在今山東青州市。　郭方頂：宋刻遞修
本、汲古閣本、殿本、庫本同。《北史》卷一二《隋煬帝紀》和
《通鑑》卷一八二《隋紀》大業九年三月條則作“郭方預”。中華
本校勘記云：“郭方預，‘預’原作‘頂’，據《北史·隋本紀》
下、《通鑑·隋紀》六及《御覽》一〇六改。”郭方預，人名。事
迹略見《通鑑》卷一八二《隋紀》。

　　[5]盧公：此是隋末反隋者臨時自稱的爵號。因隋末反隋者臨
時自稱的國號、帝號、官名、爵號等均未成定制，無固定内涵。後
凡此者均不出注。

　　夏四月庚午，車駕度遼。壬申，遣宇文述、楊義臣
趣平壤。[1]

　　[1]楊義臣：人名。傳見本書卷六三、《北史》卷七三。

　　五月丁丑，[1]熒惑入南斗。[2]己卯，濟北人甄寶車聚
衆萬餘，[3]寇掠城邑。

　　[1]五月丁丑：諸本及《北史》卷一二《隋煬帝紀》皆同。但
本書《天文志下》記爲“丁未”。考五月甲戌朔，本月有“丁丑”
而無“丁未”日。

[2]熒惑入南斗：古人認爲預示"有反臣，道路不通，國大亂，兵大起"。參本書《天文志下》。熒惑，古指火星。因隱現不定，令人迷惑，故名。南斗，星名。即斗宿，有星六顆。在北斗星以南，形似斗，故稱。

[3]甄寶車：人名。隋末農民起義軍領導者。

六月乙巳，禮部尚書楊玄感反於黎陽。[1]丙辰，玄感逼東都。河南贊務裴弘策拒之，[2]反爲賊所敗。戊辰，兵部侍郎斛斯政奔于高麗。[3]庚午，上班師。高麗犯後軍，敕右武衛大將軍李景爲後拒。[4]遣左翊衛大將軍宇文述、左候衛將軍屈突通等馳傳發兵，[5]以討玄感。

[1]禮部尚書：官名。尚書省下轄六部之一禮部的長官。掌禮儀、祭祀、宴享等政令，總判禮部、祠部、主客、膳部四曹。正三品。　楊玄感：人名。傳見本書卷七〇，《北史》卷四一有附傳。　黎陽：縣名。治所在今河南浚縣東。

[2]河南：郡名。指河南郡。隋煬帝大業元年改洛州名豫州，大業三年又改名河南郡。治所在洛陽。　贊務：官名。雍州屬官，居別駕下。正四品。煬帝大業三年罷郡長史、司馬後置贊務一員，爲太守副貳。京兆、河南所置從四品，上郡正五品，中郡從五品，下郡正六品。按，諸本及《北史》卷一二《隋煬帝紀》皆作"贊務"。《通鑑》卷一八二《隋紀》大業九年六月條作"贊治"。檢本書《百官志下》有"贊務"而無"贊治"。中華本校勘記云："贊務應作'贊治'，唐人諱改。"　裴弘策：人名。大業九年擔任河南贊治，兵敗楊玄感，爲樊子蓋處死。

[3]兵部侍郎：官名。隋文帝時於兵部四曹之一兵部曹置兵部侍郎一員，爲該曹長官。正六品。煬帝大業三年諸曹侍郎並改稱"郎"，又始置"侍郎"，爲尚書省下轄六部之副長官。此後，兵部

侍郎纔成爲兵部副長官，協助長官兵部尚書掌全國軍衛武官選授之政令等。正四品。　斛斯政：人名。傳見本書卷七〇，《北史》卷四九有附傳。

　　[4]右武衛大將軍：官名。隋文帝設右武衛，置右武衛大將軍一人爲其首。掌領外軍宿衛宮禁。正三品。　李景：人名。傳見本書卷六五、《北史》卷七六。

　　[5]左翊衛大將軍：官名。煬帝大業三年改左右衛名左右翊衛，職掌未變。左翊衛大將軍即左衛大將軍之改名。正三品。　左候衛將軍：官名。隋文帝時設左右武候，置大將軍各一人爲長官。掌皇帝車駕出，先驅後殿，晝夜巡察，執捕奸非，烽候道路等；巡狩時則掌營禁。煬帝大業三年改左右武候名左右候衛，爲十二衛之一，其他未變。左候衛將軍是左候衛大將軍的副貳。從三品。按，該處宋刻遞修本、汲古閣本、殿本、庫本、中華本同底本，皆記屈突通爲左候衛將軍，《北史・隋煬帝紀》亦同。然本書卷六一《宇文述傳》、卷七〇《楊玄感傳》，《北史》卷七九《宇文述傳》、卷四一《楊玄感傳》均記其時官武衛將軍。另，《通鑑》卷一八二記屈突通大業九年六月任“右候衛將軍”，但檢本書卷四和《北史・隋煬帝紀》均載大業九年十月右候衛將軍郭榮纔升官，該年十一月條載馮孝慈仍任右候衛將軍，史籍未載此前至六月兩人官位的變化，而隋制右候衛將軍衹有兩員，由此推斷《通鑑》載屈突通此“右候衛將軍”似是“左候衛將軍”之訛。　屈突通：人名。傳見《舊唐書》卷五九、《新唐書》卷八九。　馳傳：駕馭驛站車馬疾行。

　　秋七月己卯，令所在發人城縣府驛。[1]癸未，餘杭人劉元進舉兵反，[2]衆至數萬。

　　[1]驛：又名館驛、郵驛、驛舍、傳舍、郵舍。戰國時已設，歷代相傳。供傳達軍政公文者及來往官吏、使臣途中歇宿、換馬

（車船）之處所。

　　[2]餘杭：郡名。據《通鑑》卷一七七《陳紀》開皇十年十一月條胡三省注："餘杭郡，平陳置杭州。"杭州治所初在今浙江杭州市餘杭區，後移至今杭州市。　劉元進：人名。傳見本書卷七〇。

　　八月壬寅，左翊衛大將軍宇文述等破楊玄感於閿鄉，[1]斬之，餘黨悉平。癸卯，吳人朱燮、晉陵人管崇擁衆十萬餘，[2]自稱將軍，寇江左。甲辰，制驍果之家蠲免賦役。丁未，詔郡縣城去道過五里已上者，徙就之。戊申，制盜賊籍没其家。乙卯，賊帥陳瑱等衆三萬，[3]攻陷信安郡。[4]辛酉，司農卿、光禄大夫、葛國公趙元淑以罪伏誅。[5]

　　[1]閿（wén）鄉：縣名。治所在今河南靈寶市。
　　[2]吳：郡名。治所在今江蘇蘇州市。　朱燮：人名。大業九年八月聚衆起兵反隋，有衆十餘萬，後爲王世充所敗戰死。事見本書卷六四《魚俱羅傳》、卷六五《吐萬緒傳》等。按，本書卷六四《魚俱羅傳》作"朱燮"。　晉陵：郡名。治所在今江蘇常州市。　管崇：人名。大業九年八月聚衆起兵反隋，有衆十餘萬，後爲王世充所敗戰死。事見本書卷六四《魚俱羅傳》、卷六五《吐萬緒傳》等。
　　[3]陳瑱：人名。事見本卷。
　　[4]信安郡：治所在今廣東肇慶市。
　　[5]司農卿：官名。爲司農寺長官。掌倉儲委積之政，統領太倉等署。隋初正三品，煬帝降爲從三品。　葛國公：爵名。隋九等爵的第三等。從一品。　趙元淑：人名。傳見本書卷七〇。

九月己卯，濟陰人吳海流、東海人彭孝才並舉兵爲盜，[1]衆數萬。庚辰，賊帥梁慧尚率衆四萬，[2]陷蒼梧郡。[3]甲午，車駕次上谷，[4]以供費不給，上大怒，免太守虞荷等官。[5]丁酉，東陽人李三兒、向但子舉兵作亂，[6]衆至萬餘。

［1］吳海流：人名。濟陰人。隋末農民起義軍領導者。事略見《通鑑》卷一八二《隋紀》煬帝大業九年。　東海：郡名。治所在今江蘇鎮江市。　彭孝才：人名。東海人。隋末農民起義軍領導者。事略見《通鑑》卷一八二《隋紀》煬帝大業九年。

［2］梁慧尚：人名。其他事迹不詳。

［3］蒼梧郡：治所在今廣東封開縣東南封川鎮。

［4］上谷：郡名。治所在今河北易縣。

［5］虞荷：人名。隋上谷郡太守，其他事迹不詳。

［6］東陽：郡名。治所在今浙江金華市。　李三兒：人名。東陽人，其他事迹不詳。　向但子：人名。東陽人，其他事迹不詳。

閏月己巳，幸博陵。[1]庚午，上謂侍臣曰：“朕昔從先朝周旋於此，年甫八歲，日月不居，倏經三紀，追惟平昔，不可復希！”言未卒，流涕嗚咽，侍衛者皆泣下沾襟。

［1］博陵：郡名。治所在今河北正定縣。

冬十月丁丑，賊帥呂明星率衆數千圍東郡，[1]武賁郎將費青奴擊斬之。[2]乙酉，詔曰：“博陵昔爲定州，[3]地居衝要，先皇歷試所基，王化斯遠，故以道冠《幽風》，[4]義高姚邑。[5]朕巡撫氓庶，爰屆茲邦，瞻望郊廛，緬懷敬止，思所以宣播德澤，覃被下人，崇紀顯號，式光令緒。可改博陵爲高陽郡。[6]赦境内死罪已下。給復一年。」於是召高祖時故吏，皆量材授職。壬辰，以納言蘇威爲開府儀同三司。[7]朱燮、管崇推劉元進爲天子。遣將軍吐萬緒、魚俱羅討之，[8]連年不能剋。齊人孟讓、王薄等衆十餘萬，[9]據長白山，[10]攻剽諸郡，清河賊張金稱衆數萬，[11]渤海賊帥格謙自號燕王，[12]孫宣雅自號齊王，[13]衆各十萬，山東苦之。丁亥，[14]以右候衛將軍郭榮爲右候衛大將軍。[15]

[1]呂明星：人名。隋末農民起義軍領導者。按，本書卷七一《張須陀傳》載大業十年呂明星「帥衆擾濟北」。　東郡：治所在今河南滑縣東舊滑縣鎮。

[2]費青奴：人名。隋末任武賁郎將，曾鎮壓呂明星農民起義，義寧元年（617）二月戰死。事亦見《北史》卷一二《隋煬帝紀》。

[3]定州：治所在今河北定州市。

[4]《豳風》：《詩經》的十五《國風》之一。共計七篇二十七章，都是西周時代的詩歌。

[5]姚：指虞舜。相傳舜爲姚姓。

[6]博陵：郡名。煬帝大業三年改定州名此郡。　高陽郡：治所在今河北定州市。

[7]蘇威：人名。傳見本書卷四一，《北史》卷六三有附傳。
開府儀同三司：官名。隋文帝因改後周之制形成十一等散實官，以酬勤勞。開府是第六等，開府置府佐。正四品。

[8]吐萬緒：人名。傳見本書卷六五、《北史》卷七八。　魚俱羅：人名。傳見本書卷六四、《北史》卷七八。

[9]齊：郡名。治所在今山東濟南市。　孟讓：人名。隋末山東農民起義軍領導者之一。曾任隋齊郡主簿，大業九年起兵反隋，後爲隋將王世充擊敗，投奔瓦崗軍，被封齊郡公。瓦崗軍爲王世充所敗，孟讓去向不明（參見漆俠《隋末農民起義》，上海人民出版社1954年版；王永興《隋末農民戰爭史料彙編》）。　王薄：人名。隋末農民起義軍領導者之一，大業七年以長白山（今山東鄒平縣南）爲據點起兵反隋，活動於今山東中部一帶。後爲隋張須陀所敗，武德三年降唐任齊州總管（參見漆俠《隋末農民起義》、王永興《隋末農民戰爭史料彙編》）。

[10]長白山：即今山東鄒平縣西南會仙山。

[11]清河：郡名。治所在今河北清河縣西北。　張金稱：人名。隋末山東農民起義軍領導者之一，大業七年聚衆起義，十三年爲隋將楊義臣擊敗（參見漆俠《隋末農民起義》、王永興《隋末農民戰爭史料彙編》）。事見本卷。

[12]渤海：郡名。治所在今山東陽信縣西南。　格謙：人名。隋末渤海厭次人，大業九年起兵反隋，有衆十餘萬人，自稱燕王，大業十二年爲隋將王世充攻殺。

[13]孫宣雅：人名。隋末渤海人，大業九年於豆子航起兵反隋，一度有衆十餘萬，主要治動於河北地區，後不知所終。

[14]丁亥：宋刻遞修本、汲古閣本、殿本、庫本及《北史·隋煬帝紀》皆同。中華本校勘記云：“此月辛未朔，丁亥（十七日）應在壬辰（二十二日）前，紀文當有訛誤或顛倒。”

[15]右候衛將軍：官名。隋文帝時設左右武候，置大將軍各一人爲長官。掌皇帝車駕出，先驅後殿，晝夜巡察，執捕奸非，烽候道路等；巡狩時則掌營禁。煬帝大業三年改左右武候名左右候衛，爲十二衛之一，其他未變。右候衛將軍是右候衛大將軍的副貳。從三品。按，本書《郭榮傳》作“左候衛將軍”。　郭榮：人名。傳見本書卷五〇、《北史》卷七五。

十一月己酉，右候衛將軍馮孝慈討張金稱於清河，[1]反爲所敗，孝慈死之。

[1]馮孝慈：人名。《北史》卷七八有附傳。

十二月甲申，車裂玄感弟朝請大夫積善及黨與十餘人，[1]仍焚而揚之。丁亥，扶風人向海明舉兵作亂，[2]稱皇帝，建元白烏。[3]遣太僕卿楊義臣擊破之。[4]

[1]車裂：俗稱五馬分尸。古代酷刑的一種。原爲車裂尸體，亦有車裂活人。本文是後者義。　朝請大夫：官名。散實官。隋煬帝大業三年置，正五品。　積善：人名。楊素之子，楊玄感之弟，隋文帝朝爲上儀同。從楊玄感起兵，兵敗被執，車裂於東都洛陽。事見本書卷七〇、《北史》卷四一《楊玄感傳》。

[2]扶風：郡名。治所在今陝西鳳翔縣。　向海明：人名。於扶風起兵反隋。按，殿本、庫本、中華本同。岑仲勉指出，本書“六三《楊義臣傳》作向海公”（岑仲勉：《隋書求是》，第20頁）。考《北史》卷七三和《通志》卷一六一《楊義臣傳》作“向海公”，而本書《五行志下》、《北史》卷一二《隋煬帝紀》、《通鑑》卷一八二《隋紀》大業九年十二月條皆作“向海明”。尚難斷誰訛。

[3]建元：開國後第一次建立年號。

[4]太僕卿：官名。太僕寺長官，掌國家廄牧、車輿之政令。初總領驊騮、乘黃、龍廄、車府、典牧、牛羊等署，隋煬帝大業三年將驊騮署劃入殿內省。置一員。隋初正三品，煬帝降爲從三品。按，岑仲勉據《金石萃編補略一》隋太僕卿元公墓誌指出，本書紀未載大業九年煬帝車駕次懷遠。並云：“是知車駕所幸，本紀漏書者多矣。”（岑仲勉：《隋書求是》，第20頁）

十年春正月甲寅，以宗女爲信義公主，[1]嫁於突厥曷娑那可汗。[2]

[1]信義公主：隋宗室女。事另見本書卷八四《突厥傳》。

[2]曷娑那可汗：又名處羅可汗。事見本書卷八四、《北史》卷九九、《舊唐書》卷一九四、《新唐書》卷二一五《突厥傳》。按，諸本及《北史》卷一二《隋煬帝紀》同。中華本校勘記指出："'娑'，本書《裴矩傳》、又《西突厥傳》作'薩'，音譯異字。"另檢《通鑑》卷一八二《隋紀》大業八年正月條作"婆"（有的版本作"娑"）。《考異》云："《唐李軌傳》作'曷娑那可汗'。今從《隋書》。"是司馬光所見《隋書》與今本不同。

二月辛未，詔百僚講伐高麗，[1]數日無敢言者。戊子，詔曰："竭力王役，致身戎事，咸由徇義，莫匪勤誠。委命草澤，棄骸原野，興言念之，每懷愍惻。往年出車問罪，將屆遼濱，廟算勝略，具有進止。而諒惛凶，[2]罔識成敗，高熲愎很，[3]本無智謀，臨三軍猶兒戲，視人命如草芥，不遵成規，坐貽撓退，遂令死亡者衆，不及埋藏。今宜遣使人分道收葬，設祭於遼西郡，[4]立道場一所。恩加泉壤，庶弭窮魂之冤，澤及枯骨，用弘仁者之惠。"辛卯，詔曰：

[1]講：宋刻遞修本、汲古閣本、殿本、庫本、中華本及《北史》卷一二《隋煬帝紀》、《通鑑》卷一八二《隋紀》大業十年正月條皆作"議"，而且"議"義更準確，故"講"似因字形相近而訛。

[2]諒：人名。隋文帝楊堅第五子楊諒。傳見本書卷四五、《北史》卷七一。

[3]高熲愎很：諸本皆同，但《北史·隋煬帝紀》"很"作"狠"。很，狠毒；殘忍。後多作"狠"。高熲，人名。傳見本書卷四一、《北史》卷七二。

[4]遼西郡：大業八年置，治所在今遼寧義縣東南王民屯，大業十一年移至今遼寧朝陽市。

黃帝五十二戰，[1]成湯二十七征，[2]方乃德施諸侯，令行天下。盧芳小盜，[3]漢祖尚且親戎，[4]隗囂餘燼，[5]光武猶自登隴，[6]豈不欲除暴止戈，勞而後逸者哉！

[1]黃帝：古帝名。傳說是中原各族的共同祖先，經五十二戰天下咸服。事見《史記》卷一《五帝本紀》。

[2]成湯：亦作"成商"，商開國之君。事見《史記》卷三《殷本紀》。

[3]盧芳：人名。具體事迹不詳。

[4]漢祖：即漢高祖劉邦。紀見《史記》卷八、《漢書》卷一。

[5]隗囂：人名。王莽末期地方割據勢力，東漢初年占據天水，自稱西州大將軍。傳見《後漢書》卷一三。

[6]光武：東漢皇帝劉秀的帝號。紀見《後漢書》卷一。隴：山名。古時又稱隴坂、隴坻。六盤山南段的別稱。在今陝西寶雞、隴縣與甘肅清水、張家川之間。

朕纂成寶業，君臨天下，日月所照，風雨所沾，孰非我臣，獨隔聲教。蕞爾高麗，僻居荒表，鴟張狼噬，侮慢不恭，抄竊我邊陲，侵軼我城鎮。是以去歲出軍，問罪遼、碣，殪長蛇於玄菟，戮封豕於襄平。扶餘衆軍，[1]風馳電逝，追奔逐北，徑逾沮水，[2]滄海舟楫，衝賊腹心，焚其城郭，污其宮室。高元伏鑕泥首，[3]送款軍門，尋請入朝，歸罪司寇。朕以許其改過，乃詔班師。而長惡靡悛，宴安鴆毒，此而可忍，孰不可容！便可分命六師，百道俱進。朕當親執武節，[4]臨御諸軍，秣馬丸都，[5]觀兵遼水，順天誅於海外，救窮民於倒懸。征伐以正之，明德以誅之，止除元惡，餘無所問。若有識存亡之分，悟安危之機，翻然北首，自求多福；必其同惡相濟，抗拒王師，若火燎原，刑茲無赦。有司便宜宣布，咸使知聞。

[1]扶餘：借指地理方位。

[2]沮（jū）水："沮"宋刻遞修本、汲古閣本、殿本、庫本同，但中華本及《北史》卷一二《隋煬帝紀》皆作"浿"。考本書卷八一《高麗傳》載平壤城"南臨浿水"。另，沮水地理方位雖數處，但均不出今陝西、山東、湖北省範圍，即與此次用兵區域不合，而浿水則相符。可斷"沮"因字形相近而訛，"浿"確。浿水，古水名。在今朝鮮平壤之北，即今之清川江。一說爲今之大同江或鴨綠江。

[3]鑕（zhì）：古代腰斬人用的砧板。也泛指腰斬的刑具。

[4]武節：古代將帥憑以專制軍事的符節。

[5]丸都：城名。在今吉林集安市西通溝。東漢建安十三年（208）高句麗自國內城徙都於此，至南朝宋元嘉四年（427）遷都平壤。

丁酉，扶風人唐弼舉兵反，[1]眾十萬，推李弘爲天子，[2]自稱唐王。

　　[1]唐弼：人名。隋末扶風地區起義軍領導者，後爲薛舉所敗，被殺。

　　[2]李弘：人名。正史無傳，事迹略見《舊唐書》卷五五、《新唐書》卷八六《薛舉傳》。諸本及《北史》卷一二《隋煬帝紀》皆同。《通鑑》卷一八二《隋紀》大業十年二月條作“李弘芝”。《考異》曰：“《隋·帝紀》作‘李弘’，今從《唐書·薛舉傳》。”

　　三月壬子，行幸涿郡。癸亥，次臨渝宮，[1]親御戎服，禡祭黃帝，[2]斬叛軍者以釁鼓。[3]

　　[1]臨渝宮：宮殿名。在今河北撫寧縣東北。
　　[2]禡（mà）祭：古代出兵，於軍隊所止處舉行的祭禮。
　　[3]釁鼓：古代戰爭時，殺人或殺牲以血塗鼓行祭。

　　夏四月辛未，彭城賊張大彪聚衆數萬，[1]保懸薄山爲盜。[2]遣榆林太守董純擊破，[3]斬之。甲午，車駕次北平。[4]

　　[1]彭城：郡名。治所在今江蘇徐州市。　張大彪：人名。彭城人，隋末農民起義軍領導者。按，“彪”諸本及《北史》卷一二《隋煬帝紀》皆同。《通鑑》卷一八二《隋紀》大業十年四月條作“虎”。“虎”確，“彪”是唐避李虎諱改。
　　[2]懸薄山：今名及具體地點不詳。諸本皆同。《北史·隋煬帝紀》作“縣薄山”。
　　[3]榆林：郡名。治所在今內蒙古准格爾旗東北十二連城。董純：人名。傳見本書卷六五、《北史》卷七八。
　　[4]北平：郡名。治所在今河北遵化市東。

　　五月庚子，詔舉郡孝悌廉潔各十人。壬寅，賊帥宋世謨陷琅邪郡。[1]庚申，延安人劉迦論舉兵反，[2]自稱皇王，建元大世。

　　[1]宋世謨：人名。其他事迹不詳。　琅邪郡：治所在今山東臨沂市。

　　[2]延安：郡名。治所在今陝西延安市城東延河東岸。　劉迦論：人名。事見本卷。

　　六月辛未，賊帥鄭文雅、林寶護等衆三萬，[1]陷建安郡，[2]太守楊景祥死之。[3]

　　[1]鄭文雅：人名。其他事迹不詳。　林寶護：人名。其他事迹不詳。

　　[2]建安郡：治所在今福建福州市。

　　[3]楊景祥：人名。隋末任建安太守，其他事迹不詳。

　　秋七月癸丑，車駕次懷遠鎮。[1]乙卯，曹國遣使貢方物。[2]甲子，高麗遣使請降，囚送斛斯政。上大悦。

　　[1]懷遠鎮：在今遼寧遼中縣附近。一説即今遼寧黑山縣東姜家屯東北古城子。

　　[2]曹國：古國名。昭武九姓之一。分西曹、中曹、東曹三國。西曹，隋時稱曹國。故地在今烏兹別克斯坦撒馬爾罕西北。傳見本書卷八三、《北史》卷九七。

八月己巳，班師。庚午，右衛大將軍、左光禄大夫鄭榮卒。[1]

[1]右衛大將軍：官名。隋文帝設左、右衛，各置大將軍一人，掌宮掖禁禦，督攝仗衛。右衛大將軍爲右衛長官。正三品。　鄭榮：諸本及《北史》卷一二《隋煬帝紀》皆同。但岑仲勉指出並考：“鄭榮是郭榮之誤，右下脱‘候’字。”（岑仲勉：《隋書求是》，第20頁）中華本《北史·隋煬帝紀》校勘記也指出此點。郭榮，人名。傳見本書卷五〇、《北史》卷七五。

冬十月丁卯，上至東都。己丑，還京師。

十一月丙申，支解斛斯政於金光門外。[1]乙巳，有事於南郊。[2]己酉，賊帥司馬長安破長平郡。[3]乙卯，離石胡劉苗王舉兵反，[4]自稱天子，以其第六兒爲永安王，[5]衆至數萬。將軍潘長文討之，[6]不能尅。是月，賊帥王德仁擁衆數萬，[7]保林慮山爲盜。[8]

[1]金光門：城門名。即大興城西面三門之中門。

[2]郊：古帝王祭祀天地。冬至祭天於南郊，夏至瘞地於北郊。

[3]司馬長安：人名。其他事迹不詳。　長平郡：治所在今山西晉城市東北高都鎮。

[4]離石胡：即居住在離石的少數民族。離石，郡名。治所在今山西呂梁市離石區。胡，古代稱北方和西方的少數民族爲胡。劉苗王：人名。其他事迹不詳。

[5]六兒：人名。其他事迹不詳。

[6]潘長文：人名。隋軍將軍，大業十二年四月，征討甄翟兒時戰死。

[7]王德仁：人名。汲郡人，後降王世充，後又降唐爲相州刺史。

[8]林慮山：在今河南林州市。

十二月壬申，上如東都。其日，大赦天下。戊子，入東都。庚寅，賊帥孟讓衆十餘萬，據都梁宮。[1]遣江都郡丞王世充擊破之，[2]盡虜其衆。

[1]都梁宮：宮殿名。隋置，在今江蘇盱眙縣東南都梁山上。

[2]江都：郡名。治所在今江蘇揚州市。　郡丞：官名。隋煬帝大業三年復改州爲郡，併長史、司馬之職，置贊治一人，爲郡太守之副貳，尋又改贊治爲郡丞。爲郡副貳官，佐郡太守掌衆務。上郡丞從七品、中郡丞正八品、下郡丞從八品。　王世充：人名。傳見本書卷八五、《北史》卷七九、《舊唐書》卷五四、《新唐書》卷八五。

十一年春正月甲午朔，大宴百僚。突厥、新羅、靺鞨、畢大辭、訶咄、傳越、烏那曷、波臘、吐火羅、俱慮建、忽論、靺鞨、訶多、沛汗、龜兹、疏勒、于闐、安國、曹國、何國、穆國、畢、衣密、失范延、伽折、契丹等國並遣使朝貢。[1]戊戌，武賁郎將高建毗破賊帥顏宣政於齊郡，[2]虜男女數千口。乙卯，大會蠻夷，設魚龍曼延之樂，[3]頒賜各有差。

[1]新羅：古國名。又稱斯羅。故地在今朝鮮半島東南部。傳見本書卷八一、《北史》卷九四。　畢大辭：岑仲勉云：“從對音求之，即沙畹初擬爲嚈噠都城之 Badghiz，亦作 Badghis，地在阿富汗

西北哈烈之北。"（岑仲勉:《隋書求是》，第21頁）　訶咄:古國名。馮承鈞云:"一作 Khotlan，大食語名 Kutl，《隋書》訶咄，《西域記》訶咄羅，《新唐書·西域傳》骨咄，《地理志》骨咄施，《册府元龜》卷九九九骨吐，今 Khottal，其地在中亞之蘇爾哈布或瓦克什與噴赤二河之間。其主城爲庫利亞布。"（馮承鈞原編、陸峻嶺增訂:《西域地名》，中華書局1980年版，第51頁）　傳越:古國名。中華本同。《册府元龜》卷九七〇《外臣部·朝貢》亦同。但殿本、庫本及《北史》卷一二《隋煬帝紀》作"傅越"。未詳。

烏那曷:古國名。亦作烏那遏。在今中亞阿姆河西安德胡伊一帶。傳見本書卷八三、《北史》卷九七。　波臘:古國名。在今中亞塔什干西。　吐火羅:古國名。亦稱吐呼羅、土豁羅、兜沙羅、覩貨羅、都佅、覩火羅。故地在今阿富汗北部。傳見本書卷八三、《北史》卷九七。　俱慮建:古國名。未詳。　忽論:古國名。馮承鈞云:"在今中亞烏滸河北支卡菲爾尼甘河上游，沙畹以爲其地在愉漫之南。"（《西域地名》，第49頁）　靺鞨:殿本、庫本及《北史·煬帝紀》皆同。但上文已見，此似重出。　訶多:古國名。傳見《新唐書》卷二二一。其地在中亞之蘇爾哈布或瓦克什與噴赤二河之間。其主城爲庫利亞布。（《西域地名》，第53頁）　沛汗:古國名。西漢稱大宛。又譯作破洛那、撥汗那、判汗、鏺汗等。都渴塞城（今塔什干東南卡散塞）。傳見本書卷八三、《北史》卷九七。　龜茲:古國名。又譯作鳩兹、邱兹、屈支、屈茨、歸兹等。傳見本書卷八三、《北史》卷九七。　疏勒:古國名。亦譯作沙勒、修利、速利、蘇哩，又名佉沙。在今新疆喀什一帶。傳見本書卷八三、《北史》卷九七。　于闐:古國名。亦譯作于寘、于遁、豁丹、屈端、忽炭、赫探等。在今新疆和田一帶。傳見本書卷八三、《北史》卷九七。　安國:古國名。亦稱忸密、布豁、捕喝。故地在今烏兹別克斯坦布哈拉一帶。傳見本書卷八三、《北史》卷九七。何國:古國名。亦稱屈霜你迦、貴霜匿。故地在今烏兹別克斯坦撒馬爾罕西北排香倍一帶。傳見本書卷八三、《北史》卷九七。　穆國：古國名。亦稱木鹿、馬魯、馬盧等（《西域地名》，第 65 頁）。
故地在今中亞查爾朱一帶。傳見本書卷八三、《北史》卷九七。
畢：古國名。在今中亞布哈拉西南，阿姆河西岸之畢地（《西域地
名》，第 14 頁）。詳見《新唐書》卷二二一《西域傳》。　衣密：
古國名。未詳。　失范延：古國名。亦稱范陽、范延、帆延、梵延
那、犯引等。故地在今阿富汗之喀布爾西北之巴米安。（《西域地
名》，第 10 頁）　伽折：古國名。亦作揭職國。故地在今阿富汗境
內，巴里黑以南 Gaz 地方（《西域地名》，第 28 頁）。詳見《新唐
書》卷二二一《西域傳》。　朝貢：古時謂藩屬國或外國使臣入
朝，貢獻本地産物。

[2]高建毗：人名。隋末爲虎賁郎將，其他事迹不詳。　顏宣
政：人名。其他事迹不詳。

[3]魚龍曼延：又稱漫衍魚龍、魚龍戲等。是“魚龍”和“曼
延”的合稱，爲古代百戲之一，西漢時已有。唐人顏師古説：“漫
衍者，即張衡《西京賦》所云‘巨獸百尋，是爲漫延’者也。魚
龍者，爲舍利之獸，先戲於庭極，畢乃入殿前激水，化成比目魚，
跳躍漱水，作霧障日，畢，化成黃龍八丈，出水敖戲於庭，炫燿日
光。”（《漢書》卷九六《西域傳》顏師古注）大致是由人裝扮成珍
異動物並表演。

　　二月戊辰，賊帥楊仲緒率衆萬餘，[1]攻北平，滑公
李景破斬之。[2]庚午，詔曰：“設險守國，著自前經，重
門禦暴，事彰往策，所以宅土寧邦，禁邪固本。而近代
戰爭，居人散逸，田疇無伍，邭郭不修，遂使游惰實
繁，寇歡未息。[3]今天下平一，海内晏如，宜令人悉城
居，田隨近給，使强弱相容，力役兼濟，穿窬無所厝其
姦宄，[4]萑蒲不得聚其逋逃。[5]有司具爲事條，務令得
所。”丙子，土谷人王須拔反，[6]自稱漫天王，國號燕，

賊帥魏刁兒自稱歷山飛，[7]衆各十餘萬，北連突厥，南寇趙。[8]

[1]楊仲緒：人名。隋末幽州地區農民起義軍領導者。

[2]滑公：滑國公的簡稱。

[3]歟：汲古閣本、中華本同。宋刻遞修本、殿本、庫本皆作“攲”，《北史》卷一二《隋煬帝紀》作“攘”。殿本本卷考證云：“監本歟訛歟，從宋本改。按歟與攘同。《詩·大雅》：‘寇攘式内。’《書·費誓》：‘無敢寇攘，踰垣墙。’”

[4]穿窬（yú）：亦作“穿踰”。指小偷。

[5]萑蒲：指蘆葦叢，此指遁逃之人常聚之所。

[6]土谷：宋刻遞修本、汲古閣本同，然殿本、庫本、中華本及《北史·隋煬帝紀》、《通鑑》卷一八二《隋紀》大業十一年二月條皆作“上谷”。可斷“土”字因字形相近而訛，上谷確。　王須拔：人名。隋末河北農民起義軍的首領之一，曾占據高陽郡，擁衆數萬人，後率兵攻打幽州，戰死。

[7]魏刁兒：人名。隋末河北農民起義軍領導者。大業十一年起義，活動於冀州、定州之間，一度有衆十餘萬人。武德元年爲竇建德所殺。（參見漆俠《隋末農民起義》、王永興《隋末農民戰爭史料彙編》）按，宋刻遞修本作“魏刀兒”，底本、汲古閣本和殿本此處作“魏刁兒”，而於大業十二年四月記作“魏刀兒”；庫本、中華本兩處均作“魏刁兒”。檢本書卷六四和《北史》卷七八《王辯傳》、卷一二《隋煬帝紀》，《通鑑》卷一八二《隋紀》大業十一年二月條皆作“魏刀兒”。

[8]南寇趙：《通鑑》卷一八二《隋紀》大業十一年二月條作“南寇燕、趙”。由此可斷此“趙”乃是地區名，即泛指戰國時趙國所轄區域。

五月丁酉，[1]殺右驍衛大將軍、光禄大夫、郕公李
渾，[2]將作監、光禄大夫李敏，[3]並族滅其家。癸卯，賊
帥司馬長安破西河郡。[4]己酉，幸太原，[5]避暑汾
陽宮。[6]

　　[1]五月丁酉：汲古閣本、殿本、庫本、中華本同。但宋刻遞
修本、《北史》卷一二《隋煬帝紀》、《通鑑》卷一八二《隋紀》大
業十一年皆作“三月丁酉”。

　　[2]郕公：此是郕國公之簡稱。

　　[3]將作監：此將作監是“將作大監”的省稱。隋文帝開皇二
十年改將作寺爲將作監，改長官將作大匠爲將作大監（煬帝先後又
曾改名爲將作大匠、將作令）。領左、右校及甄官署。掌營繕宮室、
宗廟、城門、東宮、王府、中央官署及京都其他土木工程。從三
品，煬帝降爲正四品。　李敏：人名。本書卷三七、《北史》卷五
九有附傳。

　　[4]西河郡：治所在今山西汾陽市。

　　[5]太原：郡名。指太原郡，治所在今山西太原市西南古城營。

　　[6]汾陽宮：宮名。煬帝行宮，大業四年建，在今山西寧武縣
西南管涔山上。按，《通鑑》記幸汾陽宮避暑於“四月”。

　　秋七月己亥，淮南人張起緒舉兵爲盗，[1]眾至三萬。
辛丑，光禄大夫、右禦衛大將軍張壽卒。[2]

　　[1]淮南：地區名。泛指淮河以南。　張起緒：人名。淮南人，
其他事迹不詳。

　　[2]右禦衛大將軍：據《張壽墓誌》，大業二年拜左禦衛大將
軍，九年轉右翊衛大將軍，十年詔授光禄大夫。則張壽卒時官職當
爲右翊衛大將軍。右翊衛大將軍，官名。煬帝大業三年改左右衛名

左右翊衛，職掌未變。右翊衛大將軍即右衛大將軍之改名。正三品。 張壽：人名。歷北周、隋二朝，官至右翊衛大將軍、光祿大夫。生平見《張壽墓誌》（參見王其禕、周曉薇《隋代墓誌銘彙考》四三九）。按，據墓誌張壽卒於大業十年七月二日，是月丁酉朔，二日爲戊戌日。前後相差一年，當以誌爲準。

八月乙丑，巡北塞。戊辰，突厥始畢可汗率騎數十萬，[1]謀襲乘輿，[2]義成公主遣使告變。[3]壬申，車駕馳幸雁門。[4]癸酉，突厥圍城，官軍頻戰不利。上大懼，欲率精騎潰圍而出，民部尚書樊子蓋固諫乃止。齊王暕以後軍保于崞縣。[5]甲申，詔天下諸郡募兵，於是守令各來赴難。

[1]始畢可汗：事見本書卷八四、《北史》卷九九、《舊唐書》卷一九四、《新唐書》卷二一五《突厥傳》。

[2]乘輿：本指天子或諸侯所坐之車，後作皇帝代稱。

[3]義城公主：隋宗室女，開皇十九年出嫁突厥啓民可汗。啓民死，繼爲處羅、頡利可汗妻。隋亡，數請頡利出兵攻唐，爲隋報仇。頡利敗時被殺。事見本書卷八四、《新唐書》卷二一五《突厥傳》。中華本校勘記云："本書中多作'義成公主'。'城''成'二字有時通用。"

[4]雁門：郡名。治所在今山西代縣。

[5]暕：人名。隋煬帝第二子楊暕，封齊王。傳見本書卷五九、《北史》卷七一。 崞（guō）縣：治所在今山西原平市北崞陽鎮。

九月甲辰，突厥解圍而去。丁未，曲赦太原、雁門郡死罪已下。[1]

［1］曲赦：猶特赦。不普赦天下，而獨赦太原、雁門郡，故曰曲赦。

　冬十月壬戌，上至于東都。丁卯，彭城人魏騏驎聚衆萬餘爲盜，[1]寇魯郡。[2]壬申，賊帥盧明月聚衆十餘萬，[3]寇陳、汝間。[4]東海賊帥李子通擁衆度淮，[5]自號楚王，建元明政，寇江都。

［1］魏騏驎：人名。其他事迹不詳。
［2］魯郡：治所在今山東兖州市。
［3］盧明月：人名。隋末農民起義軍領導者，自稱“無上王”，後爲王世充斬殺。事略見《舊唐書》卷六八《秦叔寶傳》、《新唐書》卷八五《王世充傳》。
［4］陳、汝：《通鑑》卷一八二《隋紀》大業十一年十月壬申條胡三省注：“陳州，淮陽郡。汝州，襄城郡。”陳州治所在今河南淮陽縣。汝州治所在今河南汝州市。另，煬帝大業三年已改州爲郡，這裏仍用州名欠妥。
［5］李子通：人名。隋末農民起義軍領導者之一，自稱楚王，主要活動於江淮地區。傳見《舊唐書》卷五六、《新唐書》卷八七。按，岑仲勉云：“十月東海賊帥李子通寇江都，《集古録跋九》據《唐實録》，以寇江都之事爲繆。”（岑仲勉：《隋書求是》，第21頁）

　十一月乙卯，賊帥王須拔破高陽郡。
　十二月戊寅，有大流星如斛，墜明月營，破其衝車。[1]庚辰，詔民部尚書樊子蓋發關中兵，[2]討絳郡賊敬盤陀、柴保昌等，[3]經年不能剋。譙郡人朱粲擁衆數十萬，[4]寇荆、襄，[5]僭稱楚帝，建元昌達。漢南諸郡多爲所陷焉。[6]

[1]有大流星如斛，墜明月營，破其衝車：古人據此天象認爲：
"奔星所墜，破軍殺將。"預示盧明月破滅。參本書《天文志下》。

[2]關中：地區名。與"關内"意同。秦至唐時稱函谷關或潼
關以西、隴坂以東、終南山以北爲關中。

[3]絳郡：治所在今山西新絳縣。 敬盤陀：人名。隋末絳郡
地區起義軍領導者。按，其名諸書記載不一，本書卷六三、《北史》
卷七六《樊子蓋傳》作"敬槃陀"，《北史》卷一二《隋本紀》載
"敬盤陁"。由於史料有限，尚不能判定何者爲確。 柴保昌：人
名。隋末絳郡地區起義軍領導者，事亦見《新唐書》卷一《高祖
本紀》。

[4]譙郡：治所在今安徽亳州市。 朱粲：人名。隋末唐初群
雄之一，大業十一年起事，武德四年爲李世民擊敗，被斬。

[5]荊：州名。煬帝已改名南郡。治所在今湖北江陵縣。 襄：
州名。煬帝已改名襄陽郡。治所在今湖北襄樊市襄陽區。

[6]漢：指今長江中游支流漢江。

十二年春正月甲午，雁門人翟松柏起兵於靈丘，[1]
衆至數萬，轉攻傍縣。

[1]翟松柏：人名。隋末農民起義軍領導者。 靈丘：縣名。
治所在今山西靈丘縣。

二月己未，真臘國遣使貢方物。[1]甲子夜，有二大
鳥似雕，飛入大業殿，止于御幄，至明而去。[2]癸亥，[3]
東海賊盧公暹率衆萬餘，[4]保于蒼山。[5]

[1]真臘國：古國名。或稱吉蔑。即今柬埔寨。傳見本書卷八
二、《北史》卷九五。

[2]"有二大鳥"至"至明而去"：古人認爲不詳之兆。大業
殿，宮殿名。隋東都洛陽大業門内四十步，有大業殿，規模小於乾
陽殿而雕綺過之。

[3]癸亥：諸本及《北史》卷一二《隋煬帝紀》皆同。中華本
校勘記云："此月戊午朔，癸亥（六日）應在甲子（七日）前。紀
文當有訛誤或顛倒。"

[4]東海：郡名。治所在今江蘇連雲港市西南。　盧公暹：人
名。隋末農民起義軍領導者。

[5]蒼山：蒼山有多座，此似指今山東臨沂市東之蒼山。

夏四月丁巳，顯陽門災。[1]癸亥，魏刀兒所部將甄
翟兒復號歷山飛，[2]衆十萬，轉寇太原。將軍潘長文討
之，反爲所敗，長文死之。

[1]顯陽門：隋正殿南宮城正門，舊作廣陽門，避楊廣諱改。

[2]魏刀兒：人名。參大業十一年二月條注。　甄翟兒：人名。
隋末農民起義軍領導者。

五月丙戌朔，日有蝕之，[1]既。癸巳，大流星隕于
吳郡，爲石。[2]壬午，[3]上於景華宮徵求螢火，[4]得數斛，
夜出游山，放之，光遍巖谷。

[1]日有蝕之：古人認爲此天象是"人主亡""下伐上"的徵
兆，預示宇文化及政變殺煬帝。參本書《天文志下》。

[2]大流星隕于吳郡，爲石：古人認爲此天象是"有亡國，有
死王，有大戰，破軍殺將"的徵兆，預示斬劉文進。參本書《天文

志下》。

　　[3]壬午：諸本及《北史》卷一二《隋煬帝紀》皆同。中華本
校勘記云：“此月丙戌朔，無壬午。日干有誤。”《北史》中華本校
勘記也指出此誤，但認爲：“閏五月丙辰朔，壬午爲二十七日。非
‘壬午’誤，則‘壬午’上當脱‘閏五月’三字。”《通鑑》卷一
八三《隋紀》大業十二年五月壬午條校勘記指出，“張：‘壬午’
作‘甲午’”。

　　[4]景華宮：宮殿名。煬帝所造，在東都洛陽會通苑内（徐
松：《唐兩京城坊考》）。

　　秋七月壬戌，民部尚書、光禄大夫齊北公樊子蓋
卒。[1]甲子，幸江都宮，[2]以越王侗、光禄大夫段達、太
府卿元文都、檢校民部尚書韋津、右武衛將軍皇甫無
逸、右司郎盧楚等總留後事。[3]奉信郎崔民象以盜賊充
斥，[4]於建國門上表，[5]諫不宜巡幸。上大怒，先解其
頤，乃斬之。戊辰，馮翊人孫華自號總管，[6]舉兵爲盗。
高凉通守洗珤徹舉兵作亂，[7]嶺南溪洞多應之。[8]己巳，
熒惑守羽林，[9]月餘乃退。車駕次氾水，[10]奉信郎王愛
仁以盜賊日盛，[11]諫上請還西京。[12]上怒，斬之而行。

　　[1]齊北公：爵名。殿本、庫本同，宋刻遞修本、汲古閣本、
中華本和《北史》卷一二《隋煬帝紀》作“濟北公”。《通鑑》卷
一八三《隋紀》大業十二年七月條作“濟景公”。本書卷六三、
《北史》卷七六《樊子蓋傳》皆作“濟公”。並云：“言其功濟天
下，特爲立名，無此郡國也。”考“齊”通“濟”，而“景”乃謚
號，“北”似衍文。“濟（齊）公”確。另，據前引《樊子蓋傳》
文，此爵當是郡公級。即隋九等爵的第四等，從一品。

〔2〕江都宮：宮殿名。隋煬帝置，在今江蘇揚州市西。

〔3〕段達：人名。傳見本書卷八五、《北史》卷七九。　太府卿：官名。太府寺長官，掌庫儲出納。在大業三年（此據本書《百官志下》和《通鑑》卷一八〇《隋紀》；《唐六典》卷二二《少府監》、《通典》卷二七《少府監》則爲"大業五年"）從太府寺分出少府監前，還兼管百工技巧、官府手工業。大業四年前正三品，此年降爲從三品。　元文都：人名。傳見本書卷七一、《北史》卷一七。　檢校：官制用語。初謂代理，隋及唐初皆有。即尚未實授其官，但已掌其職事。中唐已後"檢校"含義有變。　韋津：人名。事見本書卷四七《韋世康傳》、《北史》卷六四《韋孝寬傳》。　右武衛將軍：官名。右武衛府的軍官，輔助長官右武衛大將軍領外軍宿衛。從三品。　皇甫無逸：人名。本書卷七一有附傳。　右司郎：官名。煬帝大業三年，於尚書都司始置左、右司郎各一人。爲尚書左右丞之副貳，掌駁正違失，署覆文書及知省內宿直等事。從五品上。　盧楚：人名。傳見本書卷七一、《北史》卷八五。　總留後事：皇帝外出巡幸，以後事付留臺官總之。

〔4〕奉信郎：官名。煬帝大業三年以後置。隸謁者臺，奉命出使。從九品。　崔民象：人名。其他事迹不詳。

〔5〕建國門：東都洛陽羅城正南門。

〔6〕馮翊：郡名。治所在今陝西大荔縣。　孫華：人名。其他事迹不詳。

〔7〕高凉：郡名。治所在今廣東陽江市西。　通守：官名。煬帝大業三年以後，諸郡加置通守一員，位次太守，協助掌本郡政務。　洗瑶（bǎo）徹：人名。其他事迹不詳。

〔8〕嶺南：地區名。一作嶺外、嶺表。泛指五嶺以南地區，相當今廣東、廣西兩省及越南北部一帶。　溪洞：亦作"溪峒"。古代指今部分苗族、侗族、壯族及其聚居地區。

〔9〕熒惑守羽林：古人據天人感應論認爲此天象預示"衛兵反"。

〔10〕氾水：河名。源出今河南鞏義市東南，北流今滎陽市西北氾水鎮西，北入黄河。

〔11〕王愛仁：人名。其他事迹不詳。

〔12〕西京：此指隋文帝所建的大興城。在今陝西西安市及其南郊。

　　八月乙巳，賊帥趙萬海衆數十萬，[1]自恒山寇高陽。[2]壬子，有大流星如斗，出王良閣道，聲如隤墻。癸丑，大流星如甕，出羽林。[3]

〔1〕趙萬海：人名。其他事迹不詳。

〔2〕恒山：郡名。即恒山郡，隋大業三年改恒州置，治所在今河北正定縣南。

〔3〕“有大流星如斗”至“出羽林”：古人認爲此天象是“主以兵去，天之所伐”的徵兆，預示宇文化及殺帝僭號。參本書《天文志下》。

　　九月丁酉，[1]東海人杜伏威、揚州沈覓敵等作亂，[2]衆至數萬。右禦衛將軍陳稜擊破之。[3]戊午，有二枉矢出北斗魁，委曲蛇形，注於南斗。[4]壬戌，安定人荔非世雄殺臨涇令，[5]舉兵作亂，自號將軍。

〔1〕丁酉：中華書局新修訂本校勘記云：“是月甲寅朔，無丁酉，疑此日應繫於八月，或爲丁巳之訛。”

〔2〕東海人杜伏威、揚州沈覓敵：殿本、庫本及《北史》卷一二《隋煬帝紀》皆同。宋刻遞修本、汲古閣本作“東海人杜揚州沈覓敵”，中華本標點作“東海人杜揚州、沈覓敵”。另，《册府元

龜》卷一二一《帝王部・征討》載："東海人杜揚州、沈覓敵等作亂。"中華本《北史・隋煬帝紀》校勘記云："按《舊唐書》卷五六《杜伏威傳》，伏威齊州章丘人，並不起於東海。下十三年，又記'齊郡賊杜伏威率衆渡淮'。與此顯是兩支。疑'伏威'二字衍文，'杜揚州'乃人名。"沈覓敵，人名。其他事迹不詳。

[3]右禦衛將軍陳稜擊破之：據前引《册府元龜》還載："遣右禦衛將軍陳稜擊破之。"故知本書此處脫一"遣"字。右禦衛將軍，官名。煬帝大業三年置，爲禁軍指揮機構右禦衛長官右禦衛大將軍的屬官。佐長官總府事，統所屬府兵。從三品。陳稜，人名。傳見本書卷六四、《北史》卷七八。

[4]有二枉矢出北斗魁，委曲蛇形，注於南斗：古人認爲此天象是"以亂代亂，執矢者不正"的徵兆，預示王世充殺楊侗，篡號鄭。參本書《天文志下》。

[5]安定：郡名。治所在今甘肅涇川縣北涇河北岸。　荔非世雄：人名。其他事迹不詳。　臨涇：縣名。治所在今甘肅鎮原縣。

冬十月己丑，開府儀同三司、左翊衛大將軍、光禄大夫、許公宇文述薨。[1]

[1]許公：爵名。許國公的簡稱。

十二月癸未，鄱陽賊操天成舉兵反，[1]自號元興王，建元始興，攻陷豫章郡。[2]乙酉，以右翊衛大將軍來護兒爲開府儀同三司、行左翊衛大將軍。[3]壬辰，鄱陽人林士弘自稱皇帝，[4]國號楚，建元太平，攻陷九江、廬陵郡。[5]唐公破甄翟兒於西河，[6]虜男女數千口。

[1]鄱陽：郡名。治所在今江西鄱陽縣。　操天成：人名。隋末農民起義軍領導者。岑仲勉指出：“《新唐書‧林士弘傳》以操天成爲號，《姓氏辨誤》一〇爲當從《新書》。”（岑仲勉：《隋書求是》，第21頁）又《通鑑》卷一八三《考異》引《唐高祖實録》作“操師乞”。

[2]豫章郡：治所在今江西南昌市。

[3]乙酉，以右翊衛大將軍來護兒爲開府儀同三司、行左翊衛大將軍：諸本均載來護兒爲開府儀同三司、行左翊衛大將軍的時間在“大業十二年十二月”，《北史》卷一二《隋煬帝紀》、卷七六《來護兒傳》亦同。但本書卷六四《來護兒傳》記於“十三年”，當誤。來護兒，人名。傳見本書卷六四、《北史》卷七六。行，官制用語。指官闕未補，暫由他官兼攝其事。漢朝用此制較普遍，後朝也沿襲。唐時其義有不同。

[4]林士弘：人名。隋末鄱陽湖地區起義軍領導者，後建楚稱帝，武德五年爲唐軍擊敗。《舊唐書》卷五六、《新唐書》卷八七有附傳。按，《通鑑》卷一八三《隋紀》大業十二年十二月壬辰條《考異》，對載籍所記林士弘的國號、年名歧異有考。

[5]九江：郡名。治所在今江西九江市。　廬陵郡：治所在今江西吉水縣東北。

[6]唐公：爵名。唐國公的簡稱。從一品。此指李淵，唐人因避諱缺其名。紀見《舊唐書》卷一、《新唐書》卷一。　西河：此是郡名。

十三年春正月壬子，齊郡賊杜伏威率衆度淮，攻陷歷陽郡。[1]丙辰，勃海賊竇建德設壇於河間之樂壽，[2]自稱長樂王，建元丁丑。辛巳，賊帥徐圓朗率衆數千，[3]破東平郡。[4]弘化人到仚成聚衆萬餘人爲盜，[5]傍郡苦之。

　　［1］歷陽郡：治所在今安徽和縣。

　　［2］勃海：郡名。治所在今山東陽信縣西南。　竇建德：人名。
隋末反隋主力之一。傳見《舊唐書》卷五四、《新唐書》卷八五。

　河間：郡名。治所在今河北河間市。　樂壽：縣名。治所在今河
北獻縣。

　　［3］徐圓朗：人名。隋大業十三年，徐圓朗以兗州爲中心聚衆
反隋，同年依附李密瓦崗軍，後降王世充。《舊唐書》卷五五、
《新唐書》卷八六有附傳。

　　［4］東平郡：治所在今山東鄆城縣東。

　　［5］弘化：郡名。治所在今甘肅慶陽市。　到仚（xiān）成：
人名。按，宋刻遞修本、汲古閣本、殿本、庫本及《北史》卷一二
《隋煬帝紀》皆同。中華本改作“劉企成”。校勘記云：“原作‘到
仚成’。《舊唐書·梁師都傳》、又《建成傳》，《新唐書·梁師都
傳》，《通鑑·唐紀》五作‘劉仚成’；《元龜》四四九、九七七、
九八五作‘劉企成’。‘仚’是‘企’的別體字。今改。”岑仲勉也
指出此歧異，並云“到、劉形近也”，“當時俗名往往用仚字”（岑
仲勉：《隋書求是》，第21頁）。但未明斷確切姓名。綜考上引史
籍，可判定“到”因與“劉”形近而訛。此外，前引除類書《册
府元龜》以外的史籍均作“仚”；岑先生還引《通鑑》卷一八六
“旁仚地”爲據，證“當時俗名往往用仚字”；再者，仚、企兩字
寫法、讀音、字義均不同，中華本校勘記斷“‘仚’是‘企’的別
體字”，又未提出根據。故當從大多數而且比類書《册府元龜》史
料價值更高的史籍記載，即“仚”字。綜上，此人姓名作“劉仚
成”更確切。

　　二月壬午，朔方人梁師都殺郡丞唐世宗，[1]據郡反，
自稱大丞相。遣銀青光禄大夫張世隆擊之，[2]反爲所敗。

戊子，賊帥王子英破上谷郡。[3]己丑，馬邑校尉劉武周殺太守王仁恭，[4]舉兵作亂，北連突厥，自稱定楊可汗。庚寅，賊帥李密、翟讓等陷興洛倉。[5]越王侗遣武賁郎將劉長恭、光禄少卿房崱擊之，[6]反爲所敗，死者十五六。庚子，李密自號魏公，稱元年，開倉以振群盜，衆至數十萬，河南諸郡相繼皆陷焉。壬寅，劉武周破武賁郎將王智辯于桑乾鎮，[7]智辯死之。

[1]朔方：郡名。治所在今陝西靖邊縣東北白城子。　梁師都：人名。仕隋爲鷹揚郎將，後反隋。唐初稱帝建立梁國，貞觀二年（628）兵敗被殺。傳見《舊唐書》卷五六、《新唐書》卷八七。唐世宗：人名。隋末任朔方郡丞，其他事迹不詳。

[2]銀青光禄大夫：官名。屬散官，隋文帝時爲正三品，煬帝大業三年降爲從三品。　張世隆：人名。隋朝將領，其他事迹不詳。

[3]王子英：人名。具體事迹不詳。　上谷郡：治所在今河北易縣。

[4]馬邑：地名。在今山西朔州市。　校尉：官名。隋府兵鷹揚府之下設團，其長官爲校尉。正六品。　劉武周：人名。隋末群雄之一。傳見《舊唐書》卷五五、《新唐書》卷八六。　王仁恭：人名。傳見本書卷六五、《北史》卷七八。

[5]李密：人名。傳見本書卷七〇、《舊唐書》卷五三、《新唐書》卷八四，《北史》卷六〇有附傳。　翟讓：人名。隋末農民起義瓦崗軍早期領導人之一，大業十三年，被李密殺害。事亦見本書卷四《煬帝紀》、卷七一《馮慈明傳》、卷七一《張須陁傳》，《新唐書》卷九三《李勣傳》等。　興洛倉：倉名。又名洛口倉。在今河南鞏義市東南。隋大業二年置，周二十餘里，穿窖三千。

[6]劉長恭：人名。隋朝將領，隋末爲武賁郎將，義寧二年

（618）五月，隨王世充攻打李密，戰死。事亦見本書卷五《恭帝紀》，北史卷一二《隋煬帝紀》、卷六〇《李密傳》，《舊唐書》卷五三、《新唐書》卷八四《李密傳》，《通鑑》卷一八三《隋紀》。

光禄少卿：官名。爲光禄寺貳官。輔長官光禄卿掌祭祀、朝會、宴饗之供設，政令仰承禮部。隋初正四品上，煬帝降爲從四品。

房崱（zè）：人名。隋朝人，其他事迹不詳。

[7]王智辯：人名。隋末爲虎賁郎將，大業十三年爲劉武周擊敗。　桑乾鎮：《通鑑》卷一八三《隋紀》義寧元年二月條胡三省注云："桑乾，漢縣，後魏爲桑乾郡，後周廢，隋以爲鎮，在馬邑郡善陽縣界。"善陽縣一作鄯陽縣。治所在今山西朔州市。

　　三月戊午，廬江人張子路舉兵反。[1]遣右禦衛將軍陳稜討平之。丁丑，賊帥李通德衆十萬寇廬江，[2]左屯衛將軍張鎮州擊破之。[3]

　　[1]廬江：郡名。治所在今安徽合肥市西。　張子路：人名。其他事迹不詳。

　　[2]李通德：人名。其他事迹不詳。

　　[3]左屯衛將軍：官名。隋文帝置左右領軍府，各掌十二軍籍帳、差科、詞訟之事，不置將軍。煬帝大業三年改爲左右屯衛，各置大將軍一人，總判府事，並統所屬鷹揚府。正三品。將軍各二人，從三品。　張鎮州：人名。按，本書本卷、《食貨志》、卷八一《流求國傳》，以及《舊唐書》卷五六《蕭銑傳》、卷六〇《李孝恭傳》、卷六七《李靖傳》均作"張鎮州"；但本書卷六四、《北史》卷七八《陳稜傳》，以及《通鑑》卷一八一《隋紀》大業六年、卷一八五《唐紀》武德元年均作"張鎮周"。

　　夏四月癸未，金城校尉薛舉率衆反，[1]自稱西秦霸王，建元秦興，攻陷隴右諸郡。己丑，賊帥孟讓，夜入東都外郭，燒豐都市而去。[2]癸巳，李密陷迴洛東倉。[3]丁酉，賊帥房憲伯陷汝陰郡。[4]是月，光禄大夫裴仁基、淮陽太守趙佗等並以衆叛歸李密。[5]

[1]金城：郡名。治所在今甘肅蘭州市。　薛舉：人名。傳見《舊唐書》卷五五、《新唐書》卷八六。

[2]豐都市：市名。隋、唐洛陽城東市。在今河南洛陽市東。

[3]迴洛東倉：倉名。迴洛倉在今河南洛陽市隋洛陽故城北七里。倉城周圍十里，穿三百窖。迴洛東倉，《通鑑》卷一八三《隋紀》義寧元年四月條同；《舊唐書》卷五三和《新唐書》卷八四《李密傳》則作“迴洛倉”。故迴洛東倉當是迴洛倉東面的部分，非是另一處倉名。迴，諸本及《舊唐書》同，《新唐書》作“回”。

[4]房憲伯：人名。武德元年爲唐軍討平，其他事迹不詳。汝陰郡：治所在今安徽阜陽市。

[5]裴仁基：人名。傳見本書卷七〇、《北史》卷三八。　淮陽：郡名。治所在今河南淮陽縣。　趙佗：人名。其他事迹不詳。岑仲勉指出：“《李密傳》作趙他，（佗、他）古通用。”（岑仲勉：《隋書求是》，第21頁）

五月辛酉，夜有流星如甕，墜於江都。[1]甲子，唐公起義師於太原。丙寅，突厥數千寇太原，唐公擊破之。

[1]五月辛酉，夜有流星如甕，墜於江都：古人認爲此天象是“其下有大兵戰，流血破軍殺將”的徵兆。參本書《天文志下》。按，辛酉，殿本、庫本、中華本皆同，本書《天文志下》作“辛

亥"。宋刻遞修本、汲古閣本及《北史》卷一二《隋煬帝紀》作
"辛卯",中華本《北史》該條校勘記云："按是年五月庚戌朔,無
辛卯。辛亥是二日,辛酉是十二日。'卯'必誤,'酉''亥'未知
孰是。"

秋七月壬子,熒惑守積屍。[1]丙辰,武威人李軌舉
兵反,[2]攻陷河西諸郡,[3]自稱凉王,建元安樂。

[1]熒惑守積屍:古人認爲此爲天下大亂徵兆。熒惑,古指火
星。因隱現不定,令人迷惑,故名。積屍,星名。亦作積尸。
[2]武威:郡名。治所在今甘肅武威市。 李軌:人名。隋末
凉州土豪,起兵反隋稱帝,後敗於唐軍。傳見《舊唐書》卷五五、
《新唐書》卷八六。
[3]河西:地區名。亦稱河右。指今甘肅、青海兩省黄河以西,
即河西走廊和湟水流域一帶。

八月辛巳,唐公破武牙郎將宋老生於霍邑,[1]斬之。

[1]武牙郎將:官名。煬帝大業三年十二衛護軍改爲武賁郎將
後置,爲武賁郎將副貳。從四品。 宋老生:人名。隋朝將領。事
略見《通鑑》卷一八三《隋紀》義寧元年、《舊唐書》卷一《高祖
紀》。 霍邑:縣名。治所在今山西霍州市。

九月己丑,[1]帝括江都人女寡婦,以配從兵。是月,
武陽郡丞元寶藏以郡叛歸李密,[2]與賊帥李文相攻陷黎
陽倉。[3]彗星見於營室。[4]

[1]九月己丑：諸本及《北史》卷一二《隋煬帝紀》皆同。中華本校勘記云："此月己酉朔，無己丑。日干有誤。"岑仲勉指出此誤，認爲"殆乙丑之訛"，並考（岑仲勉：《隋書求是》，第21頁）。

[2]武陽：郡名。治所在今河北大名縣東北。　郡丞：官名。煬帝時爲郡屬官之首，爲太守之貳，通判郡事。上郡從七品，中郡正八品，下郡從八品。　元寶藏：人名。隋武陽郡丞，大業十三年九月投降李密，封以上柱國、武陽公、魏州總管，武德二年降唐。事亦見本書卷七三《魏德深傳》、卷八五《宇文化及傳》，《通鑑》卷一八四、卷一八七等。

[3]李文相：人名。號李商胡，隋末農民起義領導者之一，聚眾五千餘人，活動範圍以河陽中潬城爲中心，事略見《通鑑》卷一八八。　黎陽倉：倉名。在今河南浚縣西南。

[4]彗星見於營室：古人認爲此天象預示兵起大亂。營室，星名。即室宿，二十八宿之一。

冬十月丁亥，太原楊世洛聚眾萬餘人，[1]寇掠城邑。丙申，羅令蕭銑以縣反，[2]鄱陽人董景珍以郡反，[3]迎銑於羅縣，號爲梁王，攻陷傍郡。戊戌，武賁郎將高毗敗濟北郡賊甄寶車於嶧山。[4]

[1]楊世洛：人名。其他事迹不詳。按，"楊"《北史》卷一二《隋煬帝紀》作"陽"。

[2]羅：縣名。治所在今湖南汨羅市北。　蕭銑：人名。傳見《舊唐書》卷五六、《新唐書》卷八七。

[3]董景珍：人名。隋末任岳州校尉，起兵反隋，依附於蕭銑。

[4]高毗：人名。隋朝將領，具體事迹不詳。　濟北郡：治所在今山東荏平縣西南。　嶧山：即今山東平陰縣西南五十里大

寨山。

　　十一月丙辰，唐公入京師。辛酉，遙尊帝爲太上
皇，[1]立代王侑爲帝，改元義寧。[2]上起宮丹楊，[3]將遜
于江左。有烏鵲來巢幄帳，驅不能止。[4]熒惑犯太微。[5]
有石自江浮入于楊子。[6]日光四散如流血。上甚惡之。

　　[1]帝：指煬帝。　　太上皇：皇帝父親的尊號。

　　[2]義寧：隋恭帝楊侑年號（617—618）。

　　[3]丹楊：郡名。治所在今江蘇南京市。按，《北史》卷一二
《隋煬帝紀》同。但本書宋刻遞修本、汲古閣本、殿本、庫本、中
華本及《通鑑》卷一八五《隋紀》義寧元年均作“丹陽”。胡三省
注云：“帝改蔣州爲丹陽郡，蓋欲都建康也。”另檢本書《地理志》
也作“丹陽郡”。故知雖“陽”一作“楊”，但寫前者更普遍。

　　[4]有烏鵲來巢幄帳，驅不能止：古人認爲此現象預示煬帝在
政變中被殺（參本書《五行志下》）。

　　[5]熒惑犯太微：此與“日光四散如流血”的天象，據本書
《天文志下》，發生在“辛酉”日。古人認爲它是“賊入宮，主以
急兵見伐”和“臣逆君”的徵兆。明年三月，化及等殺隋煬帝，
諸王及幸臣並被戮。

　　[6]楊子：宋刻遞修本、《北史·隋煬帝紀》同。但汲古閣本、
殿本、庫本、中華本皆爲“揚子”。後者確。揚子，江名。此指今
江蘇揚州市附近的長江。

　　二年三月，[1]右屯衛將軍宇文化及，[2]武賁郎將司馬
德戡、元禮，[3]監門直閣裴虔通，[4]將作少監宇文智
及，[5]武勇郎將趙行樞，[6]鷹揚郎將孟景，[7]内史舍人元

敏，[8]符璽郎李覆、牛方裕，[9]千牛左右李孝本、弟孝質，[10]直長許弘仁、薛世良，[11]城門郎唐奉義，[12]醫正張愷等，[13]以驍果作亂，入犯宮闈。上崩于温室，時年五十。蕭后令宮人撤床簀爲棺以埋之。[14]化及發後，右禦衛將軍陳稜奉梓宮於成象殿，[15]葬吴公臺下。[16]發斂之始，容貌若生，衆咸異之。大唐平江南之後，改葬雷塘。[17]

[1]二年：牛運震《讀史糾謬》卷一四云：“當書義寧二年。”

[2]宇文化及：人名。傳見本書卷八五，《北史》卷七九有附傳。

[3]司馬德戡：人名。傳見本書卷八五，《北史》卷七九有附傳。　元禮：人名。隋末爲虎賁朗將，參與縊殺煬帝的江都宮變。事略見《通鑑》卷一八五《隋紀》。

[4]監門直閣：官名。爲禁衛軍指揮機構左右監門府的軍官。大業三年置。正五品。　裴虔通：人名。傳見本書卷八五，《北史》卷七九有附傳。

[5]將作少監：官名。將作監副官。佐長官將作大監領左、右校及甄官署，掌營繕宮室、宗廟、城門、東宮、王府、中央官署及京都其他土木工程。正五品。　宇文智及：人名。本書卷八五有附傳。

[6]武勇郎將：官名。煬帝大業三年置爲左、右雄武府貳官，佐長官雄武郎將領其府驍果禁軍。從五品。　趙行樞：人名。事見本書卷六一、《北史》卷七九《雲定興傳》。

[7]鷹揚郎將：官名。煬帝大業三年改驃騎府爲鷹揚府，隨府名改驃騎將軍名鷹揚郎將，爲鷹揚府長官。統領本府兵。正五品。

孟景：人名。亦作“孟秉”，隋末爲禁軍鷹揚郎將，參與縊殺隋煬帝的江都宮變，武德二年爲竇建德所殺。事亦見《北史》卷七九

《宇文化及傳》、《通鑑》卷一八五《唐紀》武德元年。按，景，諸本及《北史》卷一二《隋煬帝紀》皆同，但本書《宇文化及傳》和《通鑑》卷一八五《唐紀》武德元年條作"秉"。中華本校勘記云："'景'應作'秉'。唐人諱'昞'，因'秉''昞'同音，遂改'秉'爲'景'。"

[8]内史舍人：官名。内史省屬官。隋初正六品，開皇三年加爲從五品。　元敏：人名。事見本書卷六三、《北史》卷七五《元壽傳》。

[9]符璽郎：官名。隋於門下省符璽局置符璽監爲長官，正六品。煬帝大業三年改名符璽郎，降爲從六品。掌保管天子印璽符節。　李覆：人名。隋末任符璽郎，其他事迹不詳。　牛方裕：人名。牛弘次子，事見本書卷四九、《北史》卷七二《牛弘傳》。

[10]千牛左右：官名。煬帝大業三年改左右領左右府爲左右備身府後，各置千牛左右十六員，掌執千牛刀宿衛。正六品。　李孝本、弟孝質：二人皆爲李孝常之弟。其他事迹不詳。

[11]直長：官名。《通鑑》卷一八五《唐紀》武德元年三月條胡三省注云："隋初，門下省統城門、尚食、尚藥、符璽、殿内等六局，各有直長。煬帝以城門、尚食、尚藥、御府等五局隸殿内省。"另，隋於左右監門府也置直長，爲宿衛武官。正七品。　許弘仁：人名。隋末爲監門直長，參與縊殺隋煬帝的江都宮變。事見《通鑑》卷一八五《唐紀》。　薛世良：人名。隋末爲監門直長，參與縊殺隋煬帝的江都宮變，入唐曾任絳州刺史。按，本書《宇文化及傳》作"薛良"，羅振玉《隋書斠議》云："此避唐太宗諱省'世'字。"

[12]城門郎：官名。煬帝大業三年改門下省城門局校尉而置。掌京城、皇城、宮殿諸門啓閉等事。從六品。　唐奉義：人名。隋末爲城門郎，事略見《通鑑》卷一八五《唐紀》。

[13]醫正：官名。煬帝大業三年始置。爲太常寺太醫署屬官。掌醫療疾病。　張愷：人名。隋末爲醫正，參與縊殺隋煬帝的江都

宮變，後隨宇文化及北上魏縣，謀叛被誅。事略見《通鑑》卷一八五《唐紀》。

　[14]蕭后令宮人撤牀簀爲棺以埋之：《北史·隋煬帝紀》同，《通鑑》卷一八五《唐紀》武德元年三月條則載：“蕭后與宮人撤漆板牀爲小棺”，“殯於西院流珠堂”。蕭后，傳見本書卷三六、《北史》卷一四。簀，音 zé。泛指席子。

　[15]成象殿：江都宮中的宮殿名。

　[16]吳公臺：地名。又名鬭雞臺。在今江蘇揚州市西北。

　[17]雷塘：地名。《通鑑》卷一九〇《唐紀》武德五年八月條胡三省注云：“雷塘，漢所謂雷陂也，在今揚州城北平岡上。”

　　初，上自以藩王，[1]次不當立，每矯情飾行，以釣虛名，陰有奪宗之計。[2]時高祖雅信文獻皇后，[3]而性忌妾媵。[4]皇太子勇內多嬖幸，以此失愛。帝後庭有子，皆不育之，示無私寵，取媚於后。大臣用事者，傾心與交。中使至第，[5]無貴賤，皆曲承顔色，申以厚禮。婢僕往來者，無不稱其仁孝。又常私入宮掖，[6]密謀於獻后，楊素等因機構扇，[7]遂成廢立。

　[1]藩王：藩國之王。據隋封爵制，皇子爲親王。此指楊廣初封晋王。

　[2]宗：嫡長子。此指楊勇太子位。

　[3]高祖：此是隋文帝楊堅的廟號。帝王死後，在太廟立室奉祀，並追尊某祖某宗的名號，稱廟號。紀見本書卷一、二，《北史》卷一一。　文獻皇后：亦簡稱獻皇后、獻后。即文帝獨孤皇后的謚號。傳見本書卷三六、《北史》卷一四。

　[4]妾媵（yìng）：古代諸侯貴族女子出嫁，以侄娣（侄女和妹妹）從嫁，稱媵。後因以妾媵泛指侍妾。

[5]中使：宮中派出的使者。多指宦官。

[6]宮掖：皇宮。掖，掖廷，宮内的旁舍，是妃嬪居住的地方，因稱皇宮爲宮掖。

[7]楊素：人名。傳見本書卷四八，《北史》卷四一有附傳。

　　自高祖大漸，暨諒闇之中，[1]烝淫無度，[2]山陵始就，[3]即事巡游。以天下承平日久，士馬全盛，慨然慕秦皇、漢武之事，乃盛治宮室，窮極侈靡，召募行人，分使絶域。諸蕃至者，[4]厚加禮賜，有不恭命，以兵擊之。盛興屯田於玉門、柳城之外。[5]課天下富室，益市武馬，匹直十餘萬，富强坐是凍餒者十家而九。帝性多詭譎，所幸之處，不欲人知。每之一所，輒數道置頓，[6]四海珍羞殊味，水陸必備焉，求市者無遠不至。郡縣官人，競爲獻食，豐厚者進擢，疏儉者獲罪。姦吏侵漁，内外虛竭，頭會箕斂，人不聊生。

[1]諒闇：亦作“諒陰”。居喪時所住的房子。借指居喪。多用於皇帝。

[2]烝（zhēng）淫：指和母輩通奸的淫行。

[3]山陵：帝王或皇后的墳墓。

[4]蕃：指中原王朝的侯國或屬國、屬地。

[5]屯田：利用戍卒或農民等墾殖荒地。漢以後歷代政府沿用此措施取得軍餉和稅糧。　玉門：關名。即玉門關。西漢武帝置。故址在今甘肅敦煌市西北小方盤城；一説本在今甘肅玉門市西北赤金堡一帶，後始遷至小方盤城。六朝時關址東移今甘肅安西縣東雙塔堡附近。　柳城：地名。即今新疆鄯善縣西南魯克沁。

[6]頓：宿食之所、館舍。

　　于時軍國多務，日不暇給，帝方驕怠，惡聞政事，
冤屈不治，奏請罕決。又猜忌臣下，無所專任，朝臣有
不合意者，必構其罪而族滅之。故高熲、賀若弼先皇心
膂，[1]參謀帷幄，張衡、李金才藩邸惟舊，[2]績著經綸，
或惡其直道，或忿其正議，求其無形之罪，加以刎頸之
誅。其餘事君盡禮，謇謇匪躬，無辜無罪，橫受夷戮
者，不可勝紀。政刑弛紊，賄貨公行，莫敢正言，道路
以目。六軍不息，百役繁興，行者不歸，居者失業。人
飢相食，邑落爲墟，上不之恤也。

　　[1]賀若弼：人名。傳見本書卷五二，《北史》卷六八有附傳。
　　[2]張衡：人名。傳見本書卷五六、《北史》卷七四。　李金
才：人名。即李渾，字金才。本書卷三七、《北史》卷五九有附傳。

　　東西游幸，靡有定居，每以供費不給，逆收數年之
賦。所至唯與後宮流連躭湎，惟日不足，招迎姥媼，朝
夕共肆醜言，又引少年，令與宮人穢亂，不軌不遜，以
爲娛樂。
　　區宇之內，盜賊蜂起，劫掠從官，屠陷城邑，近臣
互相掩蔽，隱賊數不以實對。或有言賊多者，輒大被詰
責。各求苟免，上下相蒙，每出師徒，敗亡相繼。戰士
盡力，必不加賞，百姓無辜，咸受屠戮。黎庶憤怨，天
下土崩，至於就擒而猶未之寤也。
　　史臣曰：煬帝爰在弱齡，早有令聞，南平吳、
會，[1]北却匈奴，[2]昆弟之中，獨著聲績。於是矯情飾

貌，肆厥姦回，故得獻后鍾心，文皇革慮，[3]天方肇亂，
遂登儲兩，踐峻極之崇基，承丕顯之休命。地廣三代，
威振八紘，單于頓顙，[4]越裳重譯。[5]赤仄之泉，[6]流溢
于都内，紅腐之粟，[7]委積於塞下。

[1]會：郡名。指會稽郡。治所在今浙江紹興市。
[2]匈奴：中國古代北方民族之一。此代指隋時突厥等北方少
數民族。
[3]文皇：隋高祖楊堅的謚號。
[4]單于：匈奴君長的稱號。此代指突厥等朝貢於隋的北方少
數民族及國家的君長。
[5]越裳：古國名。亦作越常、越嘗。此代指朝貢於隋的南方
少數民族及國家。裳，宋刻遞修本、汲古閣本、殿本、庫本、中華
本皆同，《北史》卷一二《隋煬帝紀》作“常”。
[6]赤仄：亦作赤側。古代一種外邊爲赤銅的錢幣。漢武帝時
始鑄。後也泛指錢幣。
[7]紅腐：原謂陳米色紅腐爛。後亦指陳米。　粟：汲古閣本、
殿本同。庫本、中華本及《北史・隋煬帝紀》皆作“粟”。

負其富强之資，思逞無厭之欲，狹殷、周之制度，
尚秦、漢之規摹。恃才矜己，傲狠明德，内懷險躁，外
示凝簡，盛冠服以飾其姦，除諫官以掩其過。[1]淫荒無
度，法令滋章，教絶四維，刑參五虐，[2]鋤誅骨肉，屠
剿忠良，受賞者莫見其功，爲戮者不知其罪。驕怒之兵
屢動，土木之功不息。頻出朔方，三駕遼左，[3]旌旗萬
里，徵税百端，猾吏侵漁，人不堪命。乃急令暴條以擾
之，嚴刑峻法以臨之，甲兵威武以董之，自是海内騷

然，無聊生矣。

[1]諫官：諫諍之官的統稱。歷代名號不一。

[2]五虐：指大辟、割鼻、斷耳、宫、黥等五種酷刑。濫用五刑以殘民故謂"五虐"。

[3]遼左：地區名。遼東的别稱。泛指今遼河以東地區。另，舊也稱今遼寧省一帶爲遼左。

俄而玄感肇黎陽之亂，[1]匈奴有雁門之圍，[2]天子方棄中土，遠之楊、越。[3]姦宄乘釁，强弱相陵，關梁閉而不通，皇輿往而不反。加之以師旅，因之以饑饉，流離道路，轉死溝壑，十八九焉。於是相聚蘿蒲，[4]蝟毛而起，大則跨州連郡，稱帝稱王，小則千百爲群，攻城剽邑，流血成川澤，死人如亂麻，炊者不及析骸，食者不遑易子。茫茫九土，並爲麋鹿之場，惸惸黔黎，[5]俱充蛇豕之餌。四方萬里，簡書相續，猶謂鼠竊狗盜，不足爲虞，上下相蒙，莫肯念亂，振蜉蝣之羽，窮長夜之樂。土崩魚爛，貫盈惡稔，普天之下，莫匪仇讎，左右之人，皆爲敵國。

[1]玄感肇黎陽之亂：指大業九年楊玄感起兵反隋。

[2]匈奴有雁門之圍：指大業十一年，隋煬帝爲突厥圍困於雁門關。

[3]楊：宋刻遞修本、汲古閣本、監本同。殿本、庫本、中華本及《北史》卷一二《隋煬帝紀》皆作"揚"。隋有"揚州"無"楊州"，"楊"當是"揚"因字形相似而訛。揚州治所在今江蘇揚州市。　越：州名。治所在今浙江紹興市。

[4]藋（huán）：草名。同“萑”，即获。

[5]愓（dié）：同“慄”，恐懼，害怕。

終然不悟，同彼望夷，[1]遂以萬乘之尊，死於一夫之手。億兆靡感恩之士，九牧無勤王之師。[2]子弟同就誅夷，骸骨棄而莫掩，社稷顛隕，本枝殄絕，自肇有書契以迄于兹，宇宙崩離，生靈塗炭，喪身滅國，未有若斯之甚也。《書》曰：“天作孽，猶可違，自作孽，不可逭。”[3]《傳》曰：“吉凶由人，祅不妄作。”[4]又曰：“兵猶火也，不戢將自焚。”[5]觀隋室之存亡，斯言信而有徵矣！

[1]望夷：秦代宮名。故址在今陝西涇陽縣東南，因東北臨涇水，以望北夷，故名。秦末，趙高迫殺秦二世於此。

[2]九牧：九州之長。指地方長官。

[3]天作孽，猶可違，自作孽，不可逭：語出《尚書·太甲中》。

[4]吉凶由人，祅不妄作：祅，諸本皆同。但《北史》卷一二《隋煬帝紀》作“妖”。考“吉凶由人”語出《左傳》僖公十六年，而不見“祅不妄作”一句。另，檢本書卷四二《李德林傳》，《周書》卷四五、《北史》卷三〇《盧光傳》，皆作：“吉凶由人，妖不妄作。”“祅”當是“妖”之訛。

[5]兵猶火也，不戢（jí）將自焚：語出《左傳》隱公四年。

隋書　卷五

帝紀第五

恭帝

　　恭皇帝諱侑，[1] 元德太子之子也。[2] 母曰韋妃。[3] 性
聰敏，有氣度。大業三年，立爲陳王。[4] 後數載，徙爲
代王，邑萬戶。[5] 及煬帝親征遼東，[6] 令於京師總留
事。[7] 十一年，從幸晋陽，[8] 拜太原太守。[9] 尋鎮京師。
義兵入長安，尊煬帝爲太上皇，[10] 奉帝纂業。

　　[1] 恭皇帝：唐予楊侑的謚號。按，王世充殺楊侗後所給的謚
號亦曰"恭皇帝"。與前者謚號同，但贈予者、被謚者均不同。參
《通鑑》卷一八七《唐紀》武德二年。　　諱：對君主、尊長輩的名
字避開不直稱，或於人死後書其名，名前稱諱，以示尊敬。此指後
者。　　侑：人名。指楊侑。隋煬帝之孫，李淵攻占長安立爲帝。紀
另見《北史》卷一二。
　　[2] 元德太子：即楊昭。傳見本書卷五九、《北史》卷七一。
　　[3] 韋妃：元德太子楊昭之妃，事另見本書卷五九《煬三子
傳》。

[4]大業三年，立爲陳王：諸本及《北史》卷一二《隋恭帝紀》皆同。但本書卷三《煬帝紀上》和《北史》卷一二《隋煬帝紀》、《通鑑》卷一八〇《隋紀》皆載：大業二年八月辛卯封楊侑爲代王。大業，隋煬帝楊廣年號（605—618）。

[5]邑萬户：指受封者食邑萬户。邑，食邑。受封者所享有的封地，收其租税而食。但自三國魏始有"實（真）封"和"虚封"之分。後者有封邑但不食租税。隋、唐即如此。

[6]煬帝：楊廣的謚號。紀見本書卷三、四，《北史》卷一二。
遼東：地區名。也稱遼左。泛指今遼河以東地區。

[7]京師：此指長安。在今陝西西安市。　總留事：亦稱總留後事。即皇帝外出巡幸，以後事付留臺官總之。

[8]晋陽：城名。即今山西太原市的别稱。

[9]太原：郡名。指太原郡，治所在今山西太原市西南古城營。

[10]太上皇：皇帝父親的尊號。

　　義寧元年十一月壬戌，[1]上即皇帝位於大興殿。[2]詔曰："王道喪亂，天步不康，古往今來，代有其事，屬之於朕，逢此百罹，彼蒼者天，胡寧斯忍！襁褓之歲，夙遭愍凶，孺子之辰，太上播越，[3]興言感動，實疚于懷。太尉唐公，[4]膺期作宰，時稱舟楫，大拯横流，糾合義兵，翼戴皇室，與國休戚，再匡區夏，爰奉明詔，弼予幼冲，顯命光臨，天威咫尺，對揚尊號，悼心失圖。一人在遠，三讓不遂，俛俛南面，[5]厝身無所，苟利社稷，莫敢或違，俯從群議，奉遵聖旨。可大赦天下，改大業十三年爲義寧元年。十一月十六日昧爽以前，大辟罪以下，[6]皆赦除之；常赦所不免者，[7]不在赦限。"甲子，以光禄大夫、大將軍、太尉唐公爲假黄鉞、

使持節、大都督内外諸軍事、尚書令、大丞相，[8]進封
唐王。丙寅，詔曰："朕惟孺子，未出深宫，太上遠巡，
追蹤穆滿。[9]時逢多難，委當尊極，辭不獲免，恭己臨
朝，若涉大川，罔知所濟，撫躬永歎，憂心孔棘。民之
情僞，曾未之聞，王業艱難，載云其易。賴股肱戮力，
上宰賢良，匡佐冲人，輔其不逮。軍國機務，事無大
小，文武設官，位無貴賤，憲章賞罰，咸歸相府，[10]庶
績其凝，責成斯屬，逖聽前史，兹爲典故。因循仍舊，
非曰徒言，所存至公，無爲讓德。"己巳，以唐王子隴
西公建成爲唐國世子，[11]敦煌公爲京兆尹，[12]改封秦
公，[13]元吉爲齊公，[14]食邑各萬户。太原置鎮北府。[15]
乙亥，張掖康老和舉兵反。[16]

[1]義寧：隋恭帝楊侑年號（617—618）。

[2]大興殿：隋文帝名新建的都城曰大興城（在今陝西西安
市），正殿曰大興殿。

[3]太上：即太上皇隋煬帝。

[4]太尉：官名。隋三公之一。隋初參議國家大事，置府僚，
但不久就省除府及僚佐，成了榮譽性質的頭銜。正一品。　唐公：
爵名。唐國公之簡稱。從一品。此指李淵，唐人因避諱缺其名。後
文"唐王"亦此，不再注。紀見《舊唐書》及《新唐書》卷一。

[5]俚（mǐn）俛：亦作"俚勉"。努力，勤奮。

[6]大辟：古五刑之一，謂死刑。

[7]常赦：舊時君主發布有固定制度的減免罪刑或賦役命令。
以別於曲赦（特赦）。

[8]光禄大夫：官名。屬散實官，煬帝大業三年廢特進，改置
光禄大夫等九大夫。光禄大夫，從一品。　大將軍：官名。隋文帝

因改北周十一等勳官之制形成十一等散實官，用以酬勤勞，無實際職掌。大將軍是十一等散實官的第四等，可開府置僚佐。正三品。

假黃鉞：黃鉞即飾以黃金的鉞，本用於皇帝儀仗。三國時特賜出征重臣，以示威重，令其專主征伐。其後相沿爲成制。　使持節：漢朝官員奉使外出時，或由皇帝授予節杖，以提高其威權。魏、晉以後，凡重要軍事長官出征或出鎮時，加使持節，可誅殺二千石以下官員。皇帝派遣大臣出巡或參與祭吊等事時，也使持節，以表示權力和尊崇。　大都督内外諸軍事：魏黃初三年（222）始置此官，及曹真任此職時成爲全國最高軍事統帥。魏晉南北朝隋時，祇有特殊權臣就任，不常置。　尚書令：官名。尚書省長官，爲宰相之職。置一員，正二品。但隋因其位高權重，不常置。　大丞相：官名。魏晉南北朝隋不常置，多用來安置權位極高的重臣。東西魏、北周、隋，得授此官者均係控制朝廷的權臣。

［9］穆滿：指周穆王。詳見《史記》卷四《周本紀》。後借指出巡的帝王。

［10］相府：官署名。即丞相府。是李淵掌控隋軍政大權的機構。

［11］隴西公：爵名。全稱隴西郡公。隋九等爵的第四等。從一品。　建成：人名。即李建成。傳見《舊唐書》卷六四、《新唐書》卷七九。　唐國：唐王李淵的封地。　世子：帝王和諸侯的嫡長子。

［12］敦煌公：指李世民。李世民紀見《舊唐書》卷二、三，《新唐書》卷二。　京兆尹：官名。爲京城長安所在地京兆郡長官。正三品。

［13］秦公：爵名。全稱秦國公。隋九等爵的第三等。從一品。

［14］元吉：人名。即李元吉，李淵第四子，傳見《舊唐書》卷六四、《新唐書》卷七九。　齊公：爵名。全稱齊國公。

［15］鎮北府：治所在今山西太原市。府，行政區劃名。隋、唐都城及陪都皆爲府級建制。太原郡因是李淵起兵建唐基地，故

如此。

[16]張掖：郡、縣名。治所均在今甘肅張掖市。　康老和：人名。隋末反隋力量之一，具體事迹不詳。

十二月癸未，薛舉自稱天子，[1]寇扶風。[2]秦公爲元帥，擊破之。丁亥，桂陽人曹武徹舉兵反，[3]建元通聖。丁酉，義師擒驍衛大將軍屈突通於閿鄉，[4]虜其衆數萬。乙巳，賊帥張善安陷廬江郡。[5]

[1]薛舉：人名。傳見《舊唐書》卷五五、《新唐書》卷八六。

[2]扶風：郡名。治所在今陝西鳳翔縣。

[3]桂陽：郡名。治所在今湖南郴州市。　曹武徹：人名。隋末反隋力量之一，具體事迹不詳。

[4]驍衛大將軍：官名。隋文帝開皇十八年（598）置備身府，煬帝即位改左右備身府爲左右驍騎衛府。驍騎衛大將軍是驍騎衛的最高將領。職掌宿衛。正三品。按，諸本及《北史》卷一二《隋恭帝紀》同。據《舊唐書》卷五九、《新唐書》卷八九《屈突通傳》當爲“左驍衛大將軍”。此脫“左”字。另，“左驍衛大將軍”當是“左驍騎衛大將軍”脫文（其詳考見本書《百官志下》“煬帝即位，多所改革”一段注）。　屈突通：人名。隋、唐名將，爲貞觀時凌煙閣二十四功臣之一。傳見《舊唐書》卷五九、《新唐書》卷八九。　閿（wén）鄉：縣名。治所在今河南靈寶市西北。

[5]張善安：人名。隋末反隋力量之一，具體事迹不詳。　廬江郡：治所在今安徽合肥市西。

二年春正月丁未，詔唐王劍履上殿，[1]入朝不趨，[2]贊拜不名，[3]加前後羽葆鼓吹。[4]壬戌，將軍王世充爲李密所敗，[5]河內通守孟善誼、武賁郎將王辯、楊威、劉

長恭、梁德、董智通皆死之。[6]庚戌，[7]河陽郡尉獨孤武
都降於李密。[8]

[1]劍履上殿：古代帝王賜給大臣的一種特殊禮遇，受賜者可
以佩劍穿履朝見皇帝。

[2]入朝不趨：古代帝王賜給大臣的一種特殊禮遇，受賜者朝
見皇帝可不用小步快走。趨，小步快走。

[3]贊拜不名：臣子朝見君王行贊拜禮時無需通報自己的姓名。
這是對權臣的一種特殊優待。

[4]羽葆鼓吹：對權臣的一種特殊優待。羽葆，帝王儀中以鳥
羽聯綴爲飾的華蓋。鼓吹，演奏樂曲的樂隊。

[5]王世充：人名。傳見本書卷八五、《北史》卷七九、《舊唐
書》卷五四、《新唐書》卷八五。　李密：人名。傳見本書卷七
○、《舊唐書》卷五三、《新唐書》卷八四，《北史》卷六○有
附傳。

[6]河內：郡名。治所在今河南沁陽市。　通守：官名。煬帝
大業三年以後，諸郡加置通守一員，位次太守，協助掌本郡政務。
孟善誼：人名。隋末爲河內通守，其他事迹不詳。　武賁郎將：
官名。隋煬帝大業三年改革官制，十二衛每衛置護軍四人，爲將軍
副貳，不久又改護軍名武賁郎將。正四品。　王辯：人名。隋朝將
領，義寧二年隨王世充攻打李密，戰死。事亦見本書卷七○《李密
傳》、《北史》卷一二《隋煬帝紀》、《舊唐書》卷五三《李密傳》。
"辯"字底本原作"辨"，他史均作"辯"，今從改。　楊威：人
名。隋朝將領，隋末爲武賁郎將，隨王世充攻打李密時戰死。事亦
見本書《李密傳》、《北史·隋煬帝紀》。　劉長恭：人名。隋朝將
領，隋末爲武賁郎將，隨王世充攻打李密時戰死。事亦見本書卷四
《煬帝紀下》，《北史》卷一二《隋煬帝紀》、卷六○《李密傳》，
《舊唐書》卷五三、《新唐書》卷八四《李密傳》。　梁德：人名。

隋朝將領，隋末爲武賁郎將，隨王世充攻打李密時戰死，事亦見本
書《李密傳》，《北史》卷一二《隋煬帝紀》、卷六〇《李密傳》，
《舊唐書·李密傳》。按，本書《李密傳》作“梁德重”。　董智
通：人名。隋朝將領，隋末爲武賁郎將，隨王世充攻打李密時戰
死。事亦見本書《李密傳》、《北史·隋煬帝紀》、《舊唐書·李密
傳》。

　　[7]庚戌：中華本校勘記云：“此月丁未朔，庚戌（四日）應在
壬戌（十六日）前，紀文當有訛誤或顛倒。”

　　[8]河陽：地名。在今河北孟縣西南。　郡尉：官名。爲郡屬
官，位郡丞下。上郡從八品、中郡正九品上、下郡正九品。按，宋
刻遞修本、汲古閣本、殿本、庫本、中華本及《北史》卷一二
《隋恭帝紀》皆同，但《北史》卷六一《獨孤羅傳》作“都尉”。
《通鑑》卷一八四《隋紀》義寧元年九月胡三省注云：“河陽非郡
也。隋制，舊有兵處，州刺史帶諸軍事以統之。煬帝罷州置郡，別
置都尉領兵，與郡不相知。‘郡尉’當作‘都尉’。”此説是。　獨
孤武都：人名。大業末爲河陽郡尉，事見《北史·獨孤羅傳》。

　　三月丙辰，右屯衞將軍宇文化及殺太上皇於江都
宮，[1]右禦衞將軍獨孤盛死之。[2]齊王暕，趙王杲，燕王
倓，[3]光禄大夫、開府儀同三司、行右翊衞大將軍宇文
協，[4]金紫光禄大夫、内史侍郎虞世基，[5]銀青光禄大
夫、御史大夫裴藴，[6]通議大夫、行給事郎許善心，[7]皆
遇害。化及立秦王浩爲帝，[8]自稱大丞相，朝士文武皆
受其官爵。光禄大夫、宿公麥才，[9]折衝郎將、朝請大
夫沈光，[10]同謀討賊，夜襲化及營，反爲所害。戊辰，
詔唐王備九錫之禮，[11]加璽綏、遠游冠、緑綟綬，[12]位
在諸侯王上。唐國置丞相已下，[13]一依舊式。

[1]右屯衛將軍：官名。隋文帝置左右領軍府，各掌十二軍籍帳、差科、詞訟之事，不置將軍。煬帝大業三年改爲左右屯衛，各置大將軍一人，總判府事，並統所屬鷹揚府，正三品。將軍各二人，從三品。　宇文化及：人名。傳見本書卷八五，《北史》卷七九有附傳。　江都宮：宮殿名。隋煬帝置，在今江蘇揚州市西。

[2]右禦衛將軍：官名。煬帝大業三年置，爲禁軍指揮機構右禦衛長官右禦衛大將軍的屬官。佐長官總府事，統所屬府兵。從三品。按，諸本及《北史》卷一二《隋恭帝紀》皆同，但本書卷七一、《北史》卷七三《獨孤盛傳》，《通鑑》卷一八五《唐紀》武德元年三月條作“右屯衛將軍”。　獨孤盛：人名。傳見本書卷七一，《北史》卷七三有附傳。

[3]暕：人名。即隋煬帝第二子楊暕。　杲：人名。即隋煬帝第三子楊杲。　倓：人名。即隋煬帝長孫楊倓。以上三人傳皆見本書卷五九、《北史》卷七一。

[4]開府儀同三司：官名。隋文帝因改後周之制形成十一等散實官，以酬勤勞。開府是第六等，開府置府佐。正四品。　行：官制用語。指官闕未補，暫由他官兼攝其事。漢朝用此制較普遍，後朝也沿襲。　右翊衛大將軍：官名。煬帝大業三年改左右衛名左右翊衛，職掌未變。右翊衛大將軍即右衛大將軍之改名。正三品。宇文協：人名。事見本書卷五〇、《北史》卷五七《宇文慶傳》。

[5]金紫光禄大夫：官名。屬散官，隋文帝置特進、左右光禄大夫等，以加文武官之有德聲者，並不理事。隋初從二品，煬帝大業三年降爲正三品。因其金印紫綬，故名。　内史侍郎：官名。内史省副長官。佐宰相之職的本省長官内史監、令處理政務。正四品。　虞世基：人名。傳見本書卷六七、《北史》卷八三。

[6]銀青光禄大夫：官名。屬散官，隋文帝時爲正三品，煬帝大業三年降爲從三品。　御史大夫：官名。御史臺長官，職掌國家刑憲典章之政令，司彈劾糾察百官等。置一員。其品級，隋大業五年（按，此據本書《百官志下》），而《唐六典》卷一三《御史臺》

爲"大業八年")前是從三品，此年降爲正四品。　裴蘊：人名：
傳見本書卷六七、《北史》卷七四。

[7]通議大夫：官名。煬帝大業三年置，屬散實官。從四品。

　給事郎：官名。隋文帝開皇六年於尚書省吏部置，爲"八郎"之
一，正八品上。爲散官番直，常出使監察。煬帝大業三年罷，並取
其名置於門下省，位黄門侍郎下。掌省讀奏案。從五品。　許善
心：人名。傳見本書卷五八、《北史》卷八三。

[8]浩：人名。即隋文帝第三子秦孝王楊俊長子楊浩。本書卷
四五、《北史》卷七一有附傳。

[9]麥才：諸本皆同，《北史》卷一二《隋恭帝紀》作"麥
木"。岑仲勉據本書卷六四《麥鐵杖傳》考證指出：宿公應作宿國
公。麥才應作麥孟才。"《北史》一二本或作麥木，更誤。"（岑仲
勉：《隋書求是》，中華書局2004年版，第21頁）麥孟才，人名。
事見本書卷六四、《北史》卷七八《麥鐵杖傳》。

[10]折衝郎將：官名。煬帝大業三年置，爲左右備身府屬官。
掌領驍果禁軍。正四品。　朝請大夫：官名。隋煬帝大業三年置，
正五品。　沈光：人名。傳見本書卷六四、《北史》卷七八。

[11]九錫（cì）：傳説古代帝王尊禮大臣所給的九種器物。不
同典籍記九錫名目大同小異，包括車馬、衣服、樂則、朱户、納
陛、虎賁、宫矢、鈇鉞、秬鬯等。王莽代"漢"建"新"前，先
加九錫，此後掌政大臣奪取政權、建立新王朝前，都加九錫，成爲
例行公事。

[12]璽：印章。古代尊卑通用。秦漢以後，惟皇帝印稱璽。
紱（fú）：繫官印的絲帶。　遠游冠：冠名。諸王所服。漢以後歷
代沿用，至元代始廢。　綠綟（lì）綬：深綠色的絲帶，用來繫印
環。古代用不同顏色的絲帶標識官員的身份和等級。相國金印綠
綟綬。

[13]丞相：此是李淵封國的丞相。即輔助權臣李淵獨攬朝政大
權的唐國小朝廷衆官之首。

　　五月乙巳朔，詔唐王冕十有二旒，[1]建天子旌旗，出警入蹕，[2]金根車駕，[3]備五時副車，[4]置旄頭雲罕車，[5]儛八佾，[6]設鍾虡宮懸。[7]王后、王子、王女爵命之號，[8]一遵舊典。戊午，詔曰：

　　[1]旒：音 liú。同"瑬"。冕冠前後懸垂的玉串。《禮記·禮器》：天子之冠，十有二旒。

　　[2]出警入蹕（bì）：帝王出入時警戒清道，禁止行人。

　　[3]金根車：以自然圓曲桑木做車輪裝配起來的車，桑根色黃如金，同時此車又以黃金爲飾，故名金根車。其形制可參《宋書·禮儀志五》。帝王所乘。古代以爲帝王有盛德，則山出根車，爲祥瑞之兆。

　　[4]五時：指立春、立夏、大暑、立秋、立冬。　副車：皇帝侍從車輛。

　　[5]旄頭：古代皇帝儀仗中一種擔任先驅的騎兵。　雲罕車：有旌旗之車，駕駟。古代皇帝出外時的輦輿之一。

　　[6]八佾：也作"八溢""八羽"。古代天子用的一種樂舞。縱橫都是八人，共六十四人。佾，舞列。

　　[7]鍾虡（jù）：飾以猛獸形象的懸樂鐘的格架。　宮懸：通"宮縣"。古時鐘磬等樂器懸掛於架上，懸掛的形式根據身份地位而不同，帝王懸掛四面，象徵宮室四面的墻壁，故名宮懸。《周禮·春官·小胥》："正樂縣之位，王宮縣。"

　　[8]爵命之號：即爵位的等級名稱。隋文帝時爲九等：國王、郡王、國公、郡公、縣公、侯、伯、子、男；煬帝大業三年祇留王、公、侯三等爵位。

　　天禍隋國，大行太上皇遇盜江都，[1]酷甚望夷，[2]釁深驪北。[3]憫予小子，奄逮不慗，哀號承感，心情糜潰，仰惟荼毒，仇復靡申，形影相弔，罔知啓處。

[1]大行：古代稱剛死而尚未定謚號的皇帝、皇后。　遇盜江都：指義寧二年三月，禁軍將領宇文化及等於江都（今江蘇揚州市）發動兵變，縊殺隋煬帝。

[2]望夷：秦代宮名。故址在今陝西涇陽縣東南，因東北臨涇水，以望北夷，故名。秦末，趙高迫殺秦二世於此。

[3]驪北：驪，驪山，在陝西臨潼縣東南。相傳周幽王爲犬戎所逐，死於山下。山北有秦始皇墓。

相國唐王，膺期命世，扶危拯溺，自北徂南，東征西怨，總九合於一匡，決百勝於千里，糾率夷夏，大庇氓黎，保乂朕躬，繄王是賴。[1]德侔造化，功格蒼旻，兆庶歸心，曆數斯在，屈爲人臣，載違天命。在昔虞、夏，揖讓相推，苟非重華，[2]誰堪命禹![3]當今九服崩離，[4]三靈改卜，[5]大運去矣，請避賢路，兆謀布德，顧己莫能，私僮命駕，須歸藩國。

[1]繄（yī）：惟。

[2]重（chóng）華：虞舜的美稱。虞舜爲傳説中的古帝名。詳見《史記》卷一《五帝本紀》。

[3]禹：古帝名。詳見《史記》卷二《夏本紀》。

[4]九服：原指王畿以外的九等地區。後指全國各地區。

[5]三靈：一指日、月、星；二指天、地、人；三指天神、地祇、人鬼。

予本代王，及予而代，天之所廢，豈期如是！庶憑稽古之聖，以誅四凶，[1]幸值惟新之恩，預充三恪。[2]雪冤恥於皇祖，守禋祀爲孝孫，朝聞夕殞，及泉無恨，今遵故事，遜於舊邸。庶官群辟，改事唐朝，宜依前典，趣上尊號。若釋重負，感泰兼懷，假手真人，俾除醜逆。濟濟多士，明知朕意。

[1]四凶：相傳爲堯舜時代四個惡名昭彰的部族首領。

[2]三恪：周朝新立，封前代三王朝的子孫，給以王侯名號，稱三恪，以示敬重。後代王朝沿此制度。

仍敕有司，凡有表奏，皆不得以聞。是日，上遜位於大唐，以爲酅國公。[1]武德二年夏五月崩，[2]時年十五。

[1]酅（xī）國公：爵名。唐封爵第三等，從一品。

[2]武德：唐高祖李淵年號（618—626）。 二年夏五月：諸本及《北史》卷一二《隋恭帝紀》皆同，《舊唐書》卷一《高祖紀》也載於該年"五月己卯"。但《通鑑》卷一八七《唐紀》武德二年和《新唐書》卷一《高祖紀》作該年"八月丁酉"。

史臣曰：恭帝年在幼沖，遭家多難，一人失德，四海土崩。群盜蜂起，豺狼塞路，南巢遂往，[1]流彘不歸。[2]既鍾百六之期，[3]躬踐數終之運，謳歌有屬，笙鐘變響，雖欲不遵堯舜之迹，[4]其庸可得乎！

[1]南巢：古地名。因古代位於華夏族南方，故名。此代指南方。

〔2〕流彘：《國語·周語上》載："三年，乃流王（厲王）於彘。"此引典喻煬帝死於江都。彘，古地名。在今山西霍州市東北。

〔3〕百六：古代以爲厄運。

〔4〕堯舜之迹：此指堯舜時期禪讓制度。

隋書　卷六

志第一

禮儀一

　　唐、虞之時，祭天之屬爲天禮，祭地之屬爲地禮，祭宗廟之屬爲人禮。故《書》云命伯夷典朕三禮，[1]所以彌綸天地，經緯陰陽，辨幽賾而洞幾深，[2]通百神而節萬事。殷因於夏，有所損益，旁垂祗訓，以勸生靈。商辛無道，[3]雅章湮滅。周公救亂，[4]弘制斯文，以吉禮敬鬼神，[5]以凶禮哀邦國，[6]以賓禮親賓客，[7]以軍禮誅不虔，[8]以嘉禮合姻好，[9]謂之五禮。故曰“禮經三百，威儀三千，未有入室而不由户者”也。[10]成、康由之，[11]而刑厝不用。

　　[1]《書》：《尚書》。　伯夷：人名。商臣，周滅商，因耻食周粟，餓死首陽山。傳見《史記》卷六一。按，“夷”，底本、宋刻遞修本原作“尸”，汲古閣本、殿本、庫本、中華本作“夷”。“尸”爲“夷”的異體字。

［2］幽賾（zé）：幽深精微。

［3］商辛：即商紂王，號帝辛。詳見《史記》卷三《殷本紀》。

［4］周公：西周周公旦。詳見《史記》卷三三《魯周公世家》。

［5］吉禮：古代五種禮制之首。是國家最爲重要的各種祭祀之禮儀制度。如大祀：祭天、地、太廟；中祀：祭社、稷、日、月、星、辰、文宣王、武成王等；小祀：祭司中、司命、司人、風伯、雨師、山林、川澤等。

［6］凶禮：古代五禮之一。凡逢凶事而舉行哀吊的各種禮儀制度。包括喪禮、荒禮、吊禮、襘禮、恤禮五者。

［7］賓禮：古代五禮之一。指接待賓客的各種禮儀制度。

［8］軍禮：古代五禮之一。指軍旅的各種禮儀制度。

［9］嘉禮：古代五禮之一。指冠婚的各種禮儀制度。

［10］禮經三百，威儀三千，未有入室而不由戶者：語出《禮記·禮器》。

［11］成、康：周成王與周康王。詳見《史記》卷四《周本紀》。

　　自犬戎弒后，[1]遷周削弱，禮失樂微，風凋俗敝。仲尼預蜡賓而歎曰：[2]“丘有志焉，禹、湯、文、武、成王、周公未有不謹於禮者也。”[3]於是緝禮興樂，欲救時弊。君棄不顧，道鬱不行。故敗國喪家亡人，必先廢其禮。昭公娶孟子而諱姓，[4]楊侯竊女色而傷人，故曰婚姻之禮廢，則淫僻之罪多矣。群飲而逸，不知其郵，鄉飲酒之禮廢，[5]則争鬭之獄繁矣。魯侯逆五廟之祀，[6]漢帝罷三年之制，[7]喪祭之禮廢，則骨肉之恩薄矣。諸侯下堂於天子，[8]五伯召君於河陽，[9]朝聘之禮廢，[10]則侵陵之漸起矣。

[1]犬戎弑后：指周幽王十一年（前771），申侯引犬戎入宗周攻殺幽王。事見《史記》卷四《周本紀》、卷三八《宋微子世家》。

[2]蜡（zhà）賓：年終祭祀的助祭人。

[3]丘有志焉，禹、湯、文、武、成王、周公未有不謹於禮者也：此句出《禮記·禮運》。

[4]昭公娶孟子而諱姓：魯昭公夫人孟子，吳女，魯人諱娶同姓，但稱孟子。詳見《左傳》魯哀公十二年。

[5]鄉飲酒之禮：周代鄉學三年業成大比，考其德行道藝優異者，薦於諸侯。將行之時，由鄉大夫設酒宴以賓禮相待，謂之鄉飲酒禮。後歷代沿用爲一種學禮，亦用爲地方官按時在學校舉行的一種敬老儀式。

[6]魯侯逆五廟之祀：古代諸侯通常立父、祖、曾祖、高祖、始祖之廟，合稱五廟。通常三年喪畢，致新死者之主於廟，廟之遠主當遷入祧，因是大祭以審昭穆，謂之禘。魯莊公去世纔二年，魯閔公時別立廟，廟成而吉祭，又不於大廟，故稱"逆五廟之祀"。詳見《左傳》魯閔公二年。

[7]漢帝罷三年之制：西漢文帝遺詔改儒家服喪三年制度，變爲三十六天。

[8]諸侯下堂於天子：據《禮記·郊特牲》云："覲禮，天子不下堂而見諸侯；下堂而見諸侯，天子之失禮也。"

[9]五伯召君於河陽：五伯指春秋時期的五霸，據《左傳》載魯僖公二十八年（前632）晉文公召見周襄王於河陽。

[10]朝聘：古代諸侯親自或派使臣按期朝見天子。

　　秦氏以戰勝之威，并吞九國，盡收其儀禮，歸之咸陽。[1]唯採其尊君抑臣，以爲時用。至於退讓起於趨步，忠孝成於動止，華葉靡舉，鴻纖並擯。甚芻狗之棄路，[2]若章甫之游越，[3]儒林道盡，《詩》《書》爲煙。[4]

[1]咸陽：縣名。在今陝西咸陽市東北，秦孝公遷都於此，遂置爲縣。

[2]芻狗：古代祭祀時用草扎成的狗。

[3]章甫：古代一種禮帽。

[4]《詩》《書》：指儒家經典《詩經》《尚書》。按，宋刻遞修本、汲古閣本、中華本同底本。殿本、庫本作《詩》《禮》。

漢高祖既平秦亂，[1]初誅項羽，[2]放賞元勳，未遑朝制。群臣飲酒爭功，或拔劍擊柱，高祖患之。叔孫通言曰：[3]“儒者難與進取，可與守成。”於是請起朝儀而許焉，猶曰：“度吾能行者爲之。”微習禮容，皆知順軌。若祖述文、武，憲章洙、泗，[4]則良由不暇，自畏之也。武帝興典制而愛方術，[5]至於鬼神之祭，流宕不歸。世祖中興，[6]明皇纂位，[7]祀明堂，[8]襲冠冕，登靈臺，[9]望雲物，[10]得其時制，百姓悦之。而朝廷憲章，其來已舊，或得之於升平之運，或失之於凶荒之年。而世載遐邈，風流訛舛，必有人情，將移禮意，殷、周所以異軌，秦、漢於焉改轍。至於增輝風俗，廣樹隄防，非禮威嚴，亦何以尚！譬山祇之有嵩、岱，海若之有滄溟，飾以涓塵，不貽伊敗。而高堂生於所傳《士禮》亦謂之儀，[11]弘暢人情，粉飾行事。洎西京以降，用相裁準，咸稱當世之美，自有周旋之節。黃初之詳定朝儀，[12]太始之削除乖謬，[13]則《宋書》言之備矣。

［1］漢高祖：即劉邦。高祖是其廟號。紀見《史記》卷八、《漢書》卷一。

［2］項羽：人名。紀見《史記》卷七，傳見《漢書》卷三一。

［3］叔孫通：人名。漢初名臣，與儒生共立漢代朝儀典章。傳見《史記》卷九九、《漢書》卷四三。

［4］洙、泗：本指洙水和泗水，在今山東曲阜市北，春秋時屬魯國地。因孔子在洙、泗之間聚徒講學，後以“洙泗”代稱孔子及儒家。

［5］武帝：漢武帝劉徹。紀見《史記》卷一二、《漢書》卷六。方術：泛指天文（包括星占、風角等）、醫學（包括巫醫）、神仙術、房中術、占卜、相術、遁甲、堪輿、讖緯等。《後漢書》卷八二有《方術傳》。

［6］世祖：東漢光武帝劉秀的廟號。紀見《後漢書》卷一。

［7］明皇：東漢明帝劉莊的謚號。紀見《後漢書》卷二。

［8］明堂：古代帝王所建宣明政教的場所，凡朝會、祭祀、慶賞、選士、養老、教學等大典常舉行於此。

［9］靈臺：古時帝王觀察天文星象、妖祥災異的建築。

［10］雲物：雲的色彩，古人認爲通過觀察雲物，可以辨吉凶、豐荒等。

［11］高堂生：人名。西漢初年魯國人。漢興，傳《士禮》十七篇，即今本《儀禮》，載於《漢書·藝文志》。

［12］黃初：三國魏文帝曹丕年號（220—226）。

［13］太始：西漢武帝劉徹年號（前96—前93）。

梁武始命群儒，[1]裁成大典。吉禮則明山賓，[2]凶禮則嚴植之，[3]軍禮則陸璉，[4]賓禮則賀瑒，[5]嘉禮則司馬褧。[6]帝又命沈約、周捨、徐勉、何佟之等，[7]咸在參詳。陳武克平建業，[8]多準梁舊，仍詔尚書左丞江德藻、員外散騎常侍沈洙、博士沈文阿、中書舍人劉師知等，[9]或因行事，隨時取捨。後齊則左僕射陽休之、度支尚書元脩伯、鴻臚卿王晞、國子博士熊安生，[10]在周則蘇綽、盧辯、宇文弢，[11]並習於儀禮者也，平章國典，以爲時用。高祖命牛弘、辛彥之等採梁及北齊《儀注》，[12]以爲五禮云。

[1]梁武：南朝梁武帝蕭衍。紀見《梁書》卷一至三，《南史》卷六、七。

[2]明山賓：人名。南朝梁時禮官。傳見《梁書》卷二七，《南史》卷五〇有附傳。

[3]嚴植之：人名。南朝梁時禮官。傳見《梁書》卷四八、《南史》卷七一。

[4]陸璉：人名。南朝梁武帝時禮官，於當時禮制多所議定。事見《梁書》卷二五《徐勉傳》、卷四七《滕曇恭傳》及《南史》卷六〇《徐勉傳》、卷七一《儒林傳》、卷七四《滕曇恭傳》等。

[5]賀瑒：人名。南朝梁天監初年爲太常丞、五經博士。傳見《梁書》卷四八、《南史》卷六二。

[6]司馬褧（jiǒng）：人名。亦作“司馬絅”。南朝梁武帝時官任祠部郎中，掌治吉凶禮儀。傳見《梁書》卷四〇、《南史》卷六二。

[7]沈約：人名。歷宋、齊、梁三朝，以文學、史學著名，撰有《宋書》。傳見《梁書》卷一三、《南史》卷五七。 周捨：人名。南朝梁武帝時官任祠部郎中，掌治禮儀。傳見《梁書》卷二五，《南史》卷三四有附傳。 徐勉：人名。南朝梁武帝時人。博通經史，對國典朝儀多所議定。傳見《梁書》卷二五、《南史》卷六〇。 何佟之：人名。南朝齊、梁時禮官。傳見《梁書》卷四八、《南史》卷七一。

[8]陳武：南朝陳武帝陳霸先的諡號。紀見《陳書》卷一、《南史》卷九。　建業：地名。南朝都城。在今江蘇南京市。

[9]尚書左丞：官名。爲尚書省佐官，與右丞共掌尚書省庶務，率都令史監督稽核諸尚書曹、郎曹政務，督録文書章奏事，職權甚大。南朝陳第四品。　江德藻：人名。傳見《陳書》卷三四。　員外散騎常侍：官名。爲額外的散騎常侍，無定員。南朝宋以後常用來安置閑退官員。　沈洙：人名。南朝梁、陳時禮官。天嘉元年（560）嘗奏議章皇后爲其母蘇氏服喪之禮制。傳見《陳書》卷三三、《南史》卷七一。　博士：據《陳書》卷三三《沈文阿傳》爲"國子博士"。南朝陳時爲國子學的教官，掌以儒經教授國子學生，國有疑事則掌承問對。第四品。　沈文阿：人名。陳武帝末年官任國子博士、知儀禮。嘗奏議大行皇帝儀注事。傳見《陳書》卷三三，《南史》卷七一有附傳。　中書舍人：官名。全稱中書通事舍人，爲中書省屬官，職掌詔誥兼呈奏之事。南朝陳第八品。　劉師知：人名。南朝梁、陳時人。陳朝建立任中書舍人，掌制誥。傳見《陳書》卷一六、《南史》卷六八。

[10]後齊：即高齊、北齊（550—577），都鄴（今河北臨漳縣西南）。　左僕射：官名。北齊尚書省置左右僕射各一人，地位僅次於尚書令，左僕射領殿中、主客諸曹。北齊第二品。　陽休之：人名。北齊著名學者，官至和州刺史。傳見《北齊書》卷四二，《北史》卷四七有附傳。　度支尚書：官名。三國魏始置度支尚書寺，專掌軍國支計。北齊領度支、倉部、左户、右户、金部、庫部曹，掌會計、事役、倉廩帳籍、田宅租調、度量衡、軍械庫藏之政令。北齊第三品。　元脩伯：人名。北魏文成皇帝拓跋濬後代，北齊末任度支尚書，齊滅入周。事見《北齊書》卷四三《源彪傳》。

鴻臚卿：官名。北齊始置鴻臚寺，設鴻臚卿一員爲長官，掌蕃客接待朝會，吉凶吊祭，兼管佛教、祆教寺廟。領典客、典寺、司儀等署。北齊第三品。　王晞：人名。北齊人，武平初年任鴻臚卿。傳見《北齊書》卷三一，《北史》卷二四有附傳。　國子博士：官

名。北齊屬國子寺國子學。北齊第五品。　熊安生：人名。北朝經
學家，歷官北齊、北周。傳見《周書》卷四五、《北史》卷八二。

[11]周：即北周（557—581），都於長安（今陝西西安市西北
郊）。　蘇綽：人名。西魏大統十年（544）授大行臺度支尚書。傳
見《周書》卷二三、《北史》卷六三。　盧辯：人名。西魏時官至
尚書右僕射，爲當時碩儒，北周明帝時進位大將軍。傳見《周書》
卷二四，《北史》卷三〇有附傳。　宇文弼：人名。傳見本書卷五
六、《北史》卷七五。

[12]高祖：隋文帝楊堅。紀見本書卷一、二，《北史》卷一
一。　牛弘：人名。傳見本書卷四九、《北史》卷七二。　辛彥之：
人名。傳見本書卷七五、《北史》卷八二。

　　《禮》曰：“萬物本乎天，人本乎祖，所以配上帝
也。”秦人蕩六籍以爲煨燼，祭天之禮殘缺，儒者各守
其所見物而爲之義焉。一云：祭天之數，[1]終歲有九，
祭地之數，一歲有二，圓丘、方澤，[2]三年一行。若圓
丘、方澤之年，祭天有九，祭地有二。若天不通圓丘之
祭，終歲有八。地不通方澤之祭，終歲有一。此則鄭學
之所宗也。[3]一云：唯有昊天，無五精之帝，[4]而一天歲
二祭，壇位唯一。圓丘之祭，即是南郊，南郊之祭，即
是圓丘。日南至，於其上以祭天，春又一祭，以祈農
事，謂之二祭，無別天也。五時迎氣，[5]皆是祭五行之
人帝太皞之屬，[6]非祭天也。天稱皇天，亦稱上帝，亦
直稱帝。五行人帝亦得稱上帝，但不得稱天。故五時迎
氣及文、武配祭明堂，皆祭人帝，非祭天也。此則王學
之所宗也。[7]梁、陳以降，[8]以迄于隋，議者各宗所師，
故郊丘互有變易。

[1]祭：底本、汲古閣本、殿本、庫本、中華本同，宋刻遞修
本作“祀”。

[2]圓丘：亦作“圜丘”。古代帝王冬至祭天的圓形高壇。
方澤：亦稱“方丘”。古代夏至祭地祇的方壇。因壇設於澤中，故
名方澤。

[3]鄭學：指經學中的東漢鄭玄學派。

[4]五精：五方之星。

[5]五時：指立春、立夏、大暑、立秋、立冬。

[6]太皞：傳説中的古帝名，即伏羲氏。秦漢陰陽家以五帝配
四時五方，認爲太皞以木德王天下，故配東方，爲司春之神。

[7]王學：指經學中的三國曹魏王肅學派。

[8]梁：即蕭梁或南朝梁（502—557），都建康（今江蘇南京
市）。　陳：即南朝陳（557—589），都建康（今江蘇南京市）。

梁南郊，爲圓壇，在國之南。高二丈七尺，上徑十
一丈，下徑十八丈。其外再壝，[1]四門。常與北郊間歲。
正月上辛行事，用一特牛，[2]祀天皇上帝之神於其上，[3]
以皇考太祖文帝配。[4]禮以蒼璧制幣。五方上帝、五官
之神、太一、天一、日、月、五星、二十八宿、太微、
軒轅、文昌、北斗、三台、老人、風伯、司空、雷電、
雨師，[5]皆從祀。其二十八宿及雨師等座有坎，五帝亦
如之，餘皆平地。器以陶匏，席用稿秸。太史設柴壇於
丙地。[6]皇帝齋於萬壽殿，乘玉輅，[7]備大駕以行禮。[8]
禮畢，變服通天冠而還。[9]

[1]壝（wěi）：指設在壇、墠之外的矮土圍墻。亦用作壇、墠

及其矮土圍墻的總稱。

[2]特牛：公牛。

[3]天皇上帝：天帝。按，宋刻遞修本、汲古閣本作"大帝"。

[4]皇考太祖文帝：梁武帝追尊其父蕭順之的廟號和謚號。

[5]五方上帝：即東、南、西、北和中央的天帝。　五官之神：即五行之神。木正句芒，火正祝融，金正蓐收，水正玄冥，土正后土。　太一：星名。即帝星。又名北極二。因離北極星最近，故隋唐以前文獻多以之爲北極星。　天一：星名。《史記·天官書》："前列直斗口三星，隨北端兌，若見若不，曰陰德，或曰天一。"　五星：指水、木、金、火、土五大行星，即東方歲星（木星）、南方熒惑（火星）、中央鎮星（土星）、西方太白（金星）、北方辰星（水星）。　二十八宿：中國古代天文學家把周天黃道（太陽和月亮所經天區）的恒星分成二十八個星座。東方：角、亢、氐、房、心、尾、箕；北方：斗、牛、女、虛、危、室、壁；西方：奎、婁、胃、昴、畢、觜、參；南方：井、鬼、柳、星、張、翼、軫。　太微：即太微垣，古代星官名。三垣之一。位於北斗之南，軫、翼之北，大角之西，軒轅之東。諸星以五帝座爲中心，作屏藩狀。古以爲天庭。　軒轅：星座名。在星宿北。共十七星，蜿蜒如龍，故稱。　文昌：星官名，斗魁上六星的總稱。　北斗：指北斗星。　三台：星名。《晋書·天文志上》：三台六星……西近文昌二星曰上台，爲司命，主壽；次二星曰中台，爲司中，主宗室；東二星曰下台，爲司禄，主兵，所以昭德塞違也。　老人："老人星"省稱。南部天空一顆光度較亮的二等星。古人認爲它象徵長壽，故又名"壽星"。　風伯：神話中的風神。　司空：星名。《史記·天官書》："危東六星，兩兩相比，曰司空。"張守節《正義》："危東兩兩相比者，是司命等星也。司空唯一星耳，又不在危東，恐'命'字誤爲'空'也。"　雷電：神話中的雷神和電神。　雨師：神話中的雨神。

[6]太史：官名。指太史令，掌三辰時日、祥瑞妖災，歲終奏

新曆等。南朝梁位爲一班。　丙地：位南面的土地。

　　[7]玉輅：古代帝王所乘之車，以玉裝飾。

　　[8]大駕：皇帝出行，儀仗隊之規模最大者爲大駕，在法駕、小駕之上，即公卿奉引，大將軍參乘，太僕御，屬車八十一乘，備千乘萬騎。

　　[9]通天冠：皇帝戴的一種帽子。《續漢書·輿服志下》："通天冠，高九寸，正豎，頂少邪却，乃直下爲鐵卷梁，前有山，展筩爲述，乘輿所常服。"

　　北郊，爲方壇於北郊。上方十丈，下方十二丈，高一丈。四面各有陛。其外爲壝再重。與南郊間歲。正月上辛，以一特牛，祀后地之神於其上，[1]以德后配。[2]禮以黄琮制幣。五官之神、先農、五岳、沂山、嶽山、白石山、霍山、無閭山、蔣山、四海、四瀆、松江、會稽江、錢塘江、四望，[3]皆從祀。太史設埋坎於壬地焉。[4]

　　[1]后地之神：亦稱后土之神，指土神或地神。

　　[2]德后：梁武帝蕭衍追尊其母郗氏的謚號。

　　[3]先農：古代傳說中最先教民耕種的農神。或謂神農或后稷。五岳："岳"亦作"嶽"，中國五大名山的總稱。古書中記述略有不同，通常説法爲東岳泰山、南岳衡山、西岳華山、北岳恒山、中岳嵩山。　沂山：又名東泰山。在今山東臨朐縣南，接沂水縣界。嶽山：一名岳頂山。在今河南宜陽縣西南。一作吴山、岍山，在今陝西隴縣西南。　白石山：古代稱爲"白石山"的有九處，此位於今河北淶源縣南。　霍山：一即今安徽霍山縣天柱山，古時又稱南嶽。一在今山西霍州市東南，又名霍泰山、太嶽山、霍嶽。　無閭山：亦稱閭山、醫無閭山或醫巫閭山，在今遼寧省境内。按，底本、汲古閣本、殿本、庫本、中華本皆作"無閭山"，然宋刻遞修

本作“醫無閭山”，“醫”字恐爲傳刻所漏。中華書局新修訂本校勘記云：“《周禮·夏官·職方氏》：‘東北曰幽州，其山鎮曰醫無閭。’” 蔣山：一即今江蘇南京市中山門外鍾山。一在今安徽寧國市東。 四海：泛指東、南、西、北四方海疆。 四瀆：長江、黃河、淮河、濟水的合稱。 松江：即今江蘇南部、上海市境太湖尾閭吳淞江。 會稽江：會稽郡内之江，具體所指不詳。 錢塘江：在今浙江省，上游指今新安江。塘，宋刻遞修本作“唐”。 四望：四方山川及神靈。

[4]壬地：位北面的土地。壬，天干序數的第九位，在五行屬水，故位北方。

天監三年，[1]左丞吳操之啓稱：[2]“《傳》云‘啓蟄而郊’，郊應立春之後。”尚書左丞何佟之議：“今之郊祭，是報昔歲之功，而祈今年之福。故取歲首上辛，不拘立春之先後。周冬至於圓丘，大報天也。夏正又郊，以祈農事，故有啓蟄之説。自晉太始二年，并圓丘、方澤同於二郊。是知今之郊禋，禮兼祈報，不得限以一途也。”帝曰：“圓丘自是祭天，先農即是祈穀。但就陽之位，故在郊也。冬至之夜，陽氣起於甲子，既祭昊天，宜在冬至。祈穀時可依古，必須啓蟄。在一郊壇，分爲二祭。”自是冬至謂之祀天，啓蟄名爲祈穀。何佟之又啓：“案邑者盛以六彝，[3]覆以盡羃，[4]備其文飾，施之宗廟。今南北二郊，《儀注》有祼，[5]既乖尚質，謂宜革變。”博士明山賓議，以爲：“《表記》‘天子親耕，粢盛秬邑，以事上帝’，蓋明堂之祼耳。[6]郊不應祼。”帝從之。又有司以爲祀竟，器席相承還庫，請依典燒埋之。

佟之等議："案《禮》'祭器弊則埋之'。[7]今一用便埋，費而乖典。"帝曰："薦藉輕物，陶匏賤器，方還付庫，容復穢惡。但敝則埋之，[8]蓋謂四時祭器耳。"自是從有司議，燒埋之。

　　[1]天監：南朝梁武帝蕭衍年號（502—519）。

　　[2]左丞：官名。尚書左丞的省稱，職掌佐尚書令、尚書僕射理尚書省政事。南朝梁第九班。　吳操之：人名。南朝梁初任尚書左丞，其他事迹不詳。

　　[3]鬯（chàng）：古代宗廟祭祀用的香酒。以鬱金香合黑黍釀成。　六彝（yí）：祭祀所用的六種酒器。因刻畫圖飾各異，而名目不同。《周禮》鄭玄注"六彝"爲：雞彝、鳥彝、斝彝、黃彝、虎彝、蜼彝。

　　[4]盡羃：宋刻遞修本同，汲古閣本作"畫幕"，殿本、庫本、中華本皆爲"畫羃"。羃，爲遮蓋食物的帕子。"畫羃"可釋爲彩繪圖像的帕子。"盡羃"不可釋。另"畫""盡"字形相近，推斷"盡"當是"畫"之訛。"畫羃"確。

　　[5]祼（guàn）：祭名。以香酒灌地而求神。

　　[6]天子親耕，粢盛秬鬯，以事上帝：語出《禮記·表記》。

　　[7]祭器弊則埋之：語出《禮記·曲禮》。

　　[8]敝：汲古閣本、殿本、庫本、中華本同，宋刻遞修本作"弊"。

　　四年，佟之云："《周禮》'天曰神，地曰祇'。今天不稱神，地不稱祇，天欑題宜曰皇天座，[1]地欑宜曰后地座。又南郊明堂用沉香，[2]取本天之質，陽所宜也。北郊用上和香，[3]以地於人親，宜加雜馥。"帝並從之。

[1] 欑（cuán）：積聚。《禮記・喪大記》：“君殯用輴，欑至于上。”鄭玄注：“欑猶菆也。”孔穎達疏：“欑猶菆也者，謂菆聚其木周於外也。”菆，堆聚。特指把木材堆聚在靈柩的周圍。

[2] 沉香：香木名。亦作“沈香”。産於亞熱帶，木質堅硬而重，黄色，有香味。此處指用沉香木製作的香。

[3] 上和香：合諸香爲之，不止一香。

　　五年，明山賓稱：“伏尋制旨，周以建子祀天，五月祭地。殷以建丑祀天，六月祭地。夏以建寅祀天，七月祭地。自頃代以來，南北二郊，同用夏正。”[1] 詔更詳議。山賓以爲二儀並尊，[2] 三朝慶始，同以此日二郊爲允。并請迎五帝於郊，[3] 皆以始祖配饗。及郊廟受福，唯皇帝再拜，明上靈降祚，臣下不敢同也。詔並依議。

[1] 夏正：夏曆正月的省稱。代指夏曆。夏以正月爲歲首，商以夏曆十二月、周以夏曆十一月爲歲首。秦及漢初曾一度以夏曆十月爲正月。自漢武帝改用夏正後，歷代沿用。

[2] 二儀：指祭祀天、地的禮儀。

[3] 五帝：上古傳説中的五位帝王。説法不一。

　　六年，議者以爲北郊有岳鎮海瀆之座，而又有四望之座，疑爲煩重。儀曹郎朱异議曰：[1]“望是不即之名，豈容局於星海，拘於岳瀆？”明山賓曰：“《舜典》云‘望于山川’。[2]《春秋傳》曰‘江、漢、沮、漳，楚之望也’。[3] 而今北郊設岳鎮海瀆，又立四望，竊謂煩黷，宜省。”徐勉曰：“岳瀆是山川之宗。至於望祀之義，不止於岳瀆也。若省四望，於義爲非。”議久不能決。至十六年，有事北郊，帝復下其議。於是八座奏省四望、松江、浙江、五湖等座。[4]其鍾山、白石，[5]既土地所在，並留如故。

[1]儀曹郎：官名。尚書省儀曹長官，掌吉凶禮制。南朝梁第五班。　朱异：人名。南朝梁武帝時參掌機要，博通禮學，深受武帝寵信。傳見《梁書》卷三八、《南史》卷六二。

[2]望于山川：語出《尚書·舜典》。

[3]江、漢、沮、漳，楚之望也：語出《左傳》哀公六年。

[4]八座：亦作"八坐"。古代中央政府的八種高級官員。歷朝制度不一，所指不同。此指南朝梁八座，即尚書令、尚書二僕射及五曹尚書。　浙江：水名。即錢塘江。詳見前錢塘江注釋。　五湖：歷來注家解釋不一：一說即太湖；一說是太湖及其附近四湖，或與太湖相通的五個湖灣；一說是五個大湖的總稱，而對此"五個大湖"的解說亦衆多。近代一般以洞庭、鄱陽、太湖、巢湖、洪澤爲五湖。

[5]鍾山：即蔣山。

七年，帝以一獻爲質，三獻則文，事天之道，理不應然，詔下詳議。博士陸瑋、明山賓、禮官司馬褧以爲：[1]"宗祧三獻，義兼臣下，上天之禮，主在帝王，約理申義，一獻爲允"。自是天地之祭皆一獻，始省太尉亞獻，[2]光禄終獻。[3]又太常丞王僧崇稱：[4]"五祀位在北郊，[5]圓丘不宜重設。"帝曰："五行之氣，天地俱有，故宜兩從。"僧崇又曰："風伯、雨師，即箕、畢星矣。而今南郊祀箕、畢二星，復祭風師、雨師，恐乖祀典。"[6]帝曰："箕、畢自是二十八宿之名，風師、雨師自是箕、畢星下隸。兩祭非嫌。"

　　[1]陸瑋：人名。歷南朝齊、梁，入梁爲國子博士。　禮官：主司禮儀的官員。

　　[2]太尉：官名。多爲大臣加官，無實際職掌。南朝梁十八班。

　　[3]光禄：官名。即光禄卿。梁武帝改光禄勳置，掌宮殿門户及一部分宮廷供御事務。南朝梁十一班。

　　[4]太常丞：官名。兩漢魏晉和南朝爲太常副貳，員一人，掌宗廟祭祀禮儀的具體事務，總管本府諸曹，參議禮制。南朝梁第五班。　王僧崇：人名。南朝梁任太常丞，其他事迹不詳。

　　[5]五祀：古代祭祀五行之神或五官之神。

　　[6]恐乖祀典：底本原作"恐繁祀典"，中華本改爲"恐乖祀典"。其校勘記云："'乖'原作'繁'，文意不通。按：下文有'恐乖祀典'語，《元龜》一九三、《通典》四二也都作'恐乖祀典'。今據改。"今從改。

　　十一年，太祝牒，[1]北郊止有一海，及二郊相承用染俎盛牲，[2]素案承玉。又制南北二郊壇下衆神之座，悉以白茅，[3]詔下詳議。八座奏："《禮》云'觀天下之物，無可以稱其德'，[4]則知郊祭爲俎，理不應染。又藉用白茅，禮無所出。皇天大帝坐既用俎，則知郊有俎義。"於是改用素俎，并北郊置四海座。五帝以下，悉用蒲席稿薦，并以素俎。又帝曰："《禮》'祭月於坎'，[5]良由月是陰義。今五帝天神，而更居坎。又《禮》云'祭日於壇，祭月於坎'，並是別祭，不關在郊，故得各從陰陽，而立壇坎。兆於南郊，就陽之義，居於北郊，就陰之義。既云就陽，義與陰異。星月與

祭，理不爲坎。”八座奏曰：“五帝之義，不應居坎。良
由齊代圓丘，[6]小而且峻，邊無安神之所。今丘形既大，
易可取安。請五帝座悉於壇上，外域二十八宿及雨師等
座，[7]悉停爲坎。”自是南北二郊，悉無坎位矣。

[1]太祝：官名。“太祝令”簡稱，掌祭祀讀祝迎送神。南朝
梁一班。

[2]染俎：汲古閣本、殿本、庫本同底本，宋刻遞修本、中華
本作“柒俎”。“柒”《佩文韻府》云“俗漆字”，“柒俎”即爲髹漆
之俎。考《通典》卷四二《禮二》載：“太祝牒：‘壇下神座，悉用
白茅，俎以漆。’”則作“柒俎”是。下文“理不應染”亦同。

[3]白茅：植物名。多年生草本，花穗上密生白色柔毛，故名。
古代常用以包裹祭品及分封諸侯，象徵土地所在方位之土。

[4]觀天下之物，無可以稱其德：語出《禮記・禮器》。

[5]祭月於坎：語出《禮記・祭義》。

[6]齊：即南朝齊或蕭齊（479—502），都建康（今江蘇南京
市）。

[7]外域：宋刻遞修本、汲古閣本、殿本、庫本同底本。中華
本改爲“外壇”。校勘記云：“‘壇’原作‘域’，據《通典》四
二改。”

十七年，帝以威仰、魄寶俱是天帝，[1]於壇則尊，
於下則卑。且南郊所祭天皇，其五帝別有明堂之祀，不
煩重設。又郊祀二十八宿而無十二辰，[2]於義闕然。於
是南郊始除五帝祀，加十二辰座，與二十八宿各於其方
而爲壇。

[1]威仰：似“靈威仰”之省稱，即東方之神青帝。　魄寶：指月亮。

[2]十二辰：即子、丑、寅、卯、辰、巳、午、未、申、酉、戌、亥十二支。古代用以記星次。

　　陳制，[1]亦以間歲。正月上辛，用特牛一，祀天地於南北二郊。永定元年，[2]武帝受禪，[3]修南郊，圓壇高二丈二尺五寸，上廣十丈，柴燎告天。明年正月上辛，有事南郊，以皇考德皇帝配，[4]除十二辰座，加五帝位，其餘準梁之舊。北郊爲壇，高一丈五尺，[5]廣八丈，[6]以皇妣昭后配，[7]從祀亦準梁舊。及文帝天嘉中，[8]南郊改以高祖配，[9]北郊以德皇帝配天。

[1]陳：即南朝陳（557—589）。

[2]永定：南朝陳武帝陳霸先年號（557—559）。

[3]武帝：南朝皇帝陳霸先的謚號。紀見《陳書》卷一、二，《南史》卷九。

[4]德皇帝：諸本皆同。中華本校勘記云：“德皇帝，《陳書·高祖紀》下作‘景皇帝’。下同。”另，再檢《南史·陳武帝紀》、《通鑑》卷一六七《陳紀》永定元年條，亦皆載陳霸先追贈其父陳文讚的謚號爲“景皇帝”。

[5]高一丈五尺：諸本皆同。岑仲勉指出此與下文太建十一年（579）王元規議作“一丈五寸”之不同（岑仲勉：《隋書求是》，中華書局2004年版，第22頁）。中華本校勘記也指出此點，但均未考。“一丈五尺”確。

[6]廣八丈：諸本皆同。中華本校勘記指出：“下文王元規議作‘九丈三尺’。”檢《册府元龜》卷五七九《掌禮部·奏議第七》亦

載北郊壇廣"九丈三尺"。"九丈三尺"似確。

[7]以皇妣昭后配：諸本皆同。但據《陳書》卷二《高祖紀下》、卷七《高祖章皇后傳》，《南史·陳武帝紀》，《通鑑》卷一六七《陳紀》永定元年條，皆載陳霸先追贈其前夫人錢氏諡號爲"昭后"。"皇妣"乃"董太夫人"，追諡爲"安皇后"。再考前文云祀南郊，以皇考德皇帝配；祀北郊，確當以皇妣配。但陳霸先皇妣是"安皇后"而非"昭后"，故"以皇妣昭后配"之"昭后"似誤，當改爲"安后"。

[8]文帝：南朝陳文帝陳蒨。紀見《陳書》卷三、《南史》卷九。　天嘉：南朝陳文帝陳蒨年號（560—566）。

[9]高祖：即南朝陳霸先的廟號。

太中大夫、領大著作、攝太常卿許亨奏曰：[1]"昔梁武帝云：'天數五，地數五，五行之氣，天地俱有。'故南北郊內，並祭五祀。臣按《周禮》：'以血祭社稷五祀。'鄭玄云：'陰祀自血起，貴氣臭也。五祀，五官之神也。'五神主五行，隸於地，故與埋沈疈辜同爲陰祀。[2]既非煙柴，無關陽祭。故何休云：[3]'周爵五等者，法地有五行也。'五神位在北郊，圓丘不宜重設。"制曰："可。"亨又奏曰："梁武帝議，箕、畢自是二十八宿之名，風師、雨師自是箕、畢下隸，非即星也。故郊雩之所，[4]皆兩祭之。臣案《周禮》大宗伯之職云：'槱燎祀司中、司命、風師、雨師。'[5]鄭衆云：'風師，箕也；雨師，畢也。'《詩》云：'月離于畢，俾滂沱矣。'如此則風伯、雨師即箕、畢星矣。而今南郊祀箕、畢二星，復祭風伯、雨師，恐乖祀典。"制曰："若郊設星位，任即除之。"亨又奏曰："《梁儀注》曰：'一獻爲質，三獻爲文。事天之事，故不三獻。'臣案《周禮》司樽所言，三獻施於宗祧，而鄭注'一獻施於群小祀'。今用小祀之禮施於天神大帝，梁武此義爲不通矣。且樽俎之物，依於質文，拜獻之禮，主於虔敬。今請凡郊丘祀事，準於宗祧，三獻爲允。"制曰："依議。"

[1]太中大夫：官名。南北朝多安置老病退免的九卿等大臣。南朝陳第四品。　領：官制用語。初指兼領、暫代，即已有本官本職，又暫行他官他職而不具其位，不任其官。魏晋南北朝隋多爲兼攝之意，常有以卑官領高職。　大著作：官名。三國時魏始置著作郎，掌修國史及起居注。西晋惠帝時改隸秘書省，稱秘書著作，後別置著作省而仍隸秘書，設著作郎一人，稱爲大著作，常由中書監、散騎常侍、給事中等官兼領。南朝沿置。南朝陳六品。　太常卿：官名。掌邦國禮樂，郊廟祭祀。南北朝時因禮儀及郊廟制度等皆由尚書裁定，此職位尊而職閑。南朝陳第三品。　許亨：人名。歷南朝梁、陳。陳朝建立遷太中大夫、領大著作，知梁史事。傳見《陳書》卷三四，《南史》卷六〇有附傳。

[2]埋沈：古代祭川澤之禮。祭山林曰埋，川澤曰沈。　疈（pì）辜：分割、肢解牲體意。《周禮·春官·大宗伯》云："以疈辜祭四方百物。"又云："'以疈辜祭百物'，言分磔牲體以祭也。"

[3]何休：人名。東漢經學家。傳見《後漢書》卷七九下。

[4]雩（yú）：古代爲祈雨而舉行的祭祀。

[5]櫏（yǒu）燎：古代封禪祭天的一種儀禮。以牲體置柴堆上焚之，揚其光炎上達於天，以祀天神。

廢帝光大中，[1]又以昭后配北郊。[2]及宣帝即位，[3]以南北二郊卑下，更議增廣。久而不決。至太建十一

年，[4]尚書祠部郎王元規議曰：[5]

[1]廢帝：此即南朝陳被廢黜的皇帝陳伯宗。紀見《陳書》卷四、《南史》卷九。　光大：南朝陳廢帝陳伯宗年號（567—568）。

[2]昭后：南朝陳高祖追諡前夫人錢氏的諡號。

[3]宣帝：南朝陳皇帝陳頊的諡號。紀見《陳書》卷五、《南史》卷一〇。

[4]太建：南朝陳宣帝陳頊年號（569—582）。

[5]尚書祠部郎：官名。魏晋南北朝置祠部郎爲尚書祠部曹長官，亦稱祠部郎中。職掌禮制、祠祀、祭享等事。南朝陳第四品。

王元規：人名。歷仕南朝梁、陳。陳後主時除尚書祠部郎。傳見《陳書》卷三三、《南史》卷七一。

案前漢《黄圖》，[1]上帝壇徑五丈，高九尺；后土壇方五丈，高六尺。梁南郊壇上徑十一丈，下徑十八丈，高二丈七尺，北郊壇上方十丈，下方十二丈，高一丈。即日南郊壇廣十丈，高二丈二尺五寸，北郊壇廣九丈三尺，高一丈五寸。[2]今議增南郊壇上徑十二丈，則天大數，下徑十八丈，取於三分益一，高二丈七尺，取三倍九尺之堂。北郊壇上方十丈，以則地義，下至十五丈，亦取二分益一，高一丈二尺，亦取二倍漢家之數。

[1]《黄圖》：書名。即《三輔黄圖》。記載長安古迹，對宮殿苑囿記述尤詳。缺作者姓名。宋人晁公武《郡齋讀書志》認爲六朝梁、陳間人作，程大昌《雍録》認爲出於唐人。本書《經籍志》作一卷，《郡齋讀書志》作三卷，今本六卷、三十六篇。

[2]高一丈五寸：諸本皆同。岑仲勉指出此與前文所載"高一

丈五尺”之不同，疑“五寸”爲“五尺”之訛（岑仲勉：《隋書求是》，第22頁）。但未提出佐證。中華本校勘記也指出此歧異，同樣未考。檢《册府元龜》卷五七九《掌禮部・奏議第七》載：“北郊壇廣九丈三尺，高一丈五尺。”即與本書前文所載完全相同。可證“高一丈五寸”確爲“高一丈五尺”之訛。中華書局新修訂本亦將“寸”改爲“尺”，並出校勘記。

　　《禮記》云：“爲高必因丘陵，爲下必因川澤。因名山升中于天，因吉土饗帝于郊。”[1]《周官》云：“冬日至，祠天於地上之圜丘。夏日至，祭地於澤中之方丘。”[2]《祭法》云：“燔柴於泰壇，祭天也。瘞埋於泰折，祭地也。”[3]《記》云：“至敬不壇，掃地而祭。”[4]於其質也，以報覆燾持載之功。[5]《爾雅》亦云：“丘，言非人所造爲。”古圜方兩丘，並因見有而祭。本無高廣之數。後世隨事遷都，而建立郊禮。[6]或有地吉而未必有丘，或有見丘而不必廣絜。故有築建之法，而制丈尺之儀。愚謂郊祀事重，圜方二丘，高下廣狹，既無明文，但五帝不相沿，三王不相襲。[7]今謹述漢、梁并即日三代壇不同，及更增修丈尺如前。聽旨。

　　[1]“爲高必因丘陵”至“因吉土饗帝于郊”：語出《禮記・禮器》。吉土，古代王者卜居之地。

　　[2]“冬日至”至“祭地於澤中之方丘”：語出《周禮・春官・大司樂》。

　　[3]“燔柴於泰壇”至“祭地也”：語出《禮記・祭法》。泰折，古代瘞繒埋牲祭地神之處。

　　[4]至敬不壇，掃地而祭：語出《禮記・禮器》。

[5]覆燾持載：亦作“覆幬持載”，如天無不施恩，如地能承載萬物。

[6]郊禮：天子祭天地的大禮。

[7]三王：指夏、商、周三代之君。但具體所指有不同，一説夏禹、商湯、周文王；一説夏禹、商湯、周武王。

尚書僕射臣繕，左户尚書臣元饒、左丞臣周確、舍人臣蕭淳、儀曹郎臣沈客卿同元規議。[1]詔遂依用。

[1]尚書僕射：官名。爲尚書省次官，南朝尚書令爲宰相之任，不親庶務，尚書省日常政務常由左右僕射主持。梁、陳常缺尚書令，僕射實成尚書省的主官，位列宰相。南朝陳第二品。　繕：人名。即陸繕。南朝陳太建年間任尚書右僕射，後又遷左僕射。傳見《陳書》卷二三，《南史》卷四八有附傳。　左户尚書：官名。即左民尚書（避唐太宗諱改），爲尚書省左民曹長官，掌計帳、户籍，兼主工官之事。南朝陳第三品。　元饒：人名。即宗元饒。陳宣帝陳頊時歷左户尚書。傳見《陳書》卷二九、《南史》卷六八。　左丞：官名。“尚書左丞”省稱。南朝陳第四品。　周確：人名。陳宣帝陳頊時歷尚書左丞。《陳書》卷二四、《南史》卷三四有附傳。　舍人：官名。似“中書舍人”省稱。南朝諸帝皆非出身高門，遂引用寒士等親信爲之，入直禁中，於收納、轉呈文書之本職外，漸奪中書侍郎草擬詔令之任。陳置五員。八品。　蕭淳：人名。具體事迹不詳。　儀曹郎：官名。三國魏始置，掌吉凶禮制。兩晋、南朝、北齊沿置，爲尚書省儀曹長官通稱。南朝陳四品。　沈客卿：人名。陳後主時曾任中書舍人。傳見《陳書》卷三一、《南史》卷七七。　同元規議：宋刻遞修本、汲古閣本、殿本、庫本均作“周元規議”。中華本改爲“同元規議”。校勘記云：“‘同’原作‘周’，據《元龜》五七九改。”今從改。

後主嗣立，[1]無意典禮之事，加舊儒碩學，漸以凋喪，至於朝亡，竟無改作。

[1]後主：此指南朝陳末代君主陳叔寶。紀見《陳書》卷六、《南史》卷一〇。

後齊制，圓丘方澤，並三年一祭，謂之禘祀。圓丘在國南郊。丘下廣輪二百七十尺，[1]上廣輪四十六尺，高四十五尺。三成，[2]成高十五尺，上中二級，四面各一陛，下級方維八陛。周以三壝，去丘五十步。中壝去內壝，外壝去中壝，各二十五步。皆通八門。又爲大營於外壝之外，輪廣三百七十步。其營壍廣一十二尺，[3]深一丈，四面各通一門。又爲燎壇於中壝之外，當丘之景地。[4]廣輪三十六尺，高三尺，四面各有陛。方澤爲壇在國北郊。廣輪四十尺，高四尺，面各一陛。其外爲三壝，相去廣狹同圓丘。壝外大營，廣輪三百二十步。營壍廣一十二尺，深一丈，四面各通一門。又爲瘞坎於壇之壬地，中壝之外，廣深一丈二尺。

[1]廣（guàng）輪：廣袤。指土地的面積。

[2]成：重，層。

[3]壍：通“塹”。

[4]景地：因“丙”“昺”同音，本書避唐高祖父李昺諱，改“丙”爲“景”字，故“景地”實爲“丙地”。本卷後凡類此者的“景”字一律回改，不再出注。丙地，即位於南面的土地。古代以

十干配五方，丙爲南方之位，因以指南方。

　　圓丘則以蒼璧束帛，正月上辛，祀昊天上帝於其上，以高祖神武皇帝配。[1]五精之帝，[2]從祀於其中丘，面皆内向。日月、五星、北斗、二十八宿、司中、司命、司人、司禄、風師、雨師、靈星於下丘，[3]爲衆星之位，遷於内壝之中。合用蒼牲九。夕牲之旦，[4]太尉告廟，[5]陳幣於神武廟訖，埋於兩楹間焉。皇帝初獻，太尉亞獻，光禄終獻。[6]司徒獻五帝，[7]司空獻日月、五星、二十八宿，[8]太常丞已下薦衆星。[9]方澤則以黄琮束帛，[10]夏至之日，禘崐崘皇地祇於其上，[11]以武明皇后配。[12]其神州之神、社稷、岱岳、沂鎮、會稽鎮、云云山、亭亭山、蒙山、羽山、嶧山、崧岳、霍岳、衡鎮、荆山、内方山、大別山、敷淺原山、桐柏山、陪尾山、華岳、太岳鎮、積石山、龍門山、江山、岐山、荆山、嶓冢山、壺口山、雷首山、底柱山、析城山、王屋山、西傾朱圉山、鳥鼠同穴山、熊耳山、敦物山、蔡蒙山、梁山、岷山、武功山、太白山、恒岳、醫無閭山鎮、陰山、白登山、碣石山、太行山、狼山、封龍山、漳山、宣務山、闕山、方山、苟山、狹龍山、淮水、東海、泗水、沂水、淄水、濰水、江水、南海、漢水、穀水、洛水、伊水、瀁水、沔水、河水、西海、黑水、潦水、渭水、涇水、酆水、濟水、北海、松水、京水、桑乾水、漳水、呼沱水、衛水、洹水、延水，[13]並從祀。其神州位在青陛之北甲寅地，[14]社位赤陛之西未地，[15]稷位白陛之南庚地；自餘並内壝之内，内向，各如其方。合用牲十二，儀同圓丘。其後諸儒定禮，圓丘改以冬至云。

[1]高祖神武皇帝：北齊高歡的廟號和謚號。紀見《北齊書》卷一、二，《北史》卷六。

[2]五精之帝：古代讖緯家所謂五方天帝。即黄帝坐於太微中。四帝星夾黄帝坐：東方蒼帝靈威仰、南方赤帝赤熛怒、西方白帝白招矩、北方黑帝葉光紀。

[3]司中、司命：指司中、司命神，即南斗、北斗星。司中主生，司命主死，故並祀之。 司禄：掌司人間禄籍之神。 靈星：星名。又稱天田星、龍星。主農事。

[4]夕牲：祭祀前夕，查看犧牲。

[5]太尉：官名。戰國始置，魏晉以後多爲大臣加官，無實際職掌。北齊爲一品。

[6]光禄：官名。即光禄卿，掌祭祀、朝會、宴饗等事。北齊爲三品。

[7]司徒：官名。多係榮銜，無實際職掌。北齊爲一品。

[8]司空：官名。多係榮銜，無實際職掌。北齊爲一品。

[9]太常丞：官名。爲太常寺屬官，參領寺務。北齊從六品。

[10]琮（cóng）：六瑞玉之一，外方内圓中間有孔的禮器，以黄琮禮地。

[11]禘（dì）：古代帝王、諸侯舉行各種大祭的總名。凡祀天、宗廟大祭與宗廟時祭均稱爲“禘”。 崑崙：山名。即今新疆、西藏之間的崑崙山脈。 皇地祇：對地神的尊稱。

[12]武明皇后：即高歡武明皇后婁昭君。傳見《北齊書》卷九、《北史》卷一四。

[13]神州：指中原地區。 社稷：古代帝王、諸侯所祭的土神和穀神。 岱岳：東岳泰山的別稱。 沂鎮：即沂山，在今山東臨

胸縣東。　會稽鎮：即會稽山，在今浙江紹興市北。　云云山：在今山東泰安市東南。　亭亭山：在今山東泰安市南五十里。　蒙山：又名東蒙山，在今山東蒙陰縣西南。　羽山：在今山東郯城縣東北。傳說舜殺鯀之處。　嶧山：一作繹山、嶧陽山，又名鄒山、鄒嶧山、朱嶧山。在今山東鄒城市東南。　崧岳：山名。即嵩山。在今河南登封市北。　霍岳：山名。漢武帝以之爲南岳，即今安徽霍山縣西南天柱山。　衡鎮：即衡山，在今湖南衡陽市境内。　荆山：在湖北南漳縣西，古爲豫州與荆州界山。　内方山：《尚書·禹貢》所載的内方山說法有三：一說即今湖北荆門市東南的馬良山；一說是今湖北武漢市武昌區的大洪山；一說在今湖北漢川市西南。再者，今福建長泰縣東北亦有山名此。　大別山：在今湖北東北與安徽西南部交界處。　敷淺原山：此似即指《尚書·禹貢》所載的“敷淺原”。敷淺原今地所在歷來說法不一：一般認爲在今江西德安縣南，又作博陽山、傅陽山；一說即今江西廬山；一說是指今安徽大別山山脈的尾閭。　桐柏山：稱此山名有二：一在今河南桐柏縣西南，接湖北棗陽市及隨州市界；一在今湖南臨武縣西。華岳：山名。即華山。在今陝西華陰市南。　太岳鎮：即霍山，在今山西霍州市東南。　積石山：即今青海東南部積石山脈。　龍門山：稱此山名者有二：一即伊闕山，在今河南洛陽市南；一在今山西河津市西北與陝西韓城市東北，夾河對峙。又名禹門山。　岐山：在今陝西岐山縣東北。　荆山：宋刻遞修本、汲古閣本、殿本、庫本、中華本皆同。但本段前已列荆山，此又重出，似衍文。

嶓冢山：一作嶓山。名此山名者有二：一在今陝西寧強縣西北；一在今甘肅天水市西南。　壺口山：稱此山名者有三：一在今山西吉縣西南；一在今山西臨汾市西南；一在今山西長治市東南，跨壺關縣界。又名“壺關山”“壺山”。　雷首山：又名薄山、襄山。在今山西永濟市南，中條山脈西南端。　底柱山：又名砥柱、砥柱山、三門。在今河南三門峽市東北黃河中。　析城山：又名析津山。在今山西陽城縣西南。　王屋山：在今山西陽城縣與河南濟源市之間。　西傾朱圉山：《尚書·禹貢》載："西傾、朱圉、鳥鼠，至於泰華。"此似西傾山、朱圉山合稱。西傾山，又作西頃山。在今青海東部和甘肅西南部交界處。朱圉山，又作朱圄山，在今甘肅甘谷縣西南。　鳥鼠同穴山：觀前引《尚書·禹貢》所載，"鳥鼠同穴山"似即鳥鼠山。若此，此山在今甘肅渭源縣西。　熊耳山：在今陝西東南和河南西部。　敦物山：即華山之別名。　蔡蒙山：大約在今山西境內，具體所指不詳。　梁山：稱此山名者有三：一在今陝西乾縣北；一在今陝西韓城市西北；一在今山東梁山縣南，又名"良山"。　岷山：又作汶山。在今四川松潘縣北。　武功山：在今陝西武功縣南。　太白山：此指秦嶺（南山）主峰，在今陝西太白縣東南。　恒岳：山名。即恒山。在今河北曲陽縣西北與山西接壤處。　醫無閭山鎮：即醫無閭山，在今遼寧北寧市西，接義縣境。　陰山：在今內蒙古南部。　白登山：在今山西大同市東北。　碣石山：一說即今遼寧綏中縣東南海中姜女墳。一說即今河北昌黎縣北碣石山。　太行山：又稱五行山。綿亘在今山西、河南、河北三省界。　狼山：此指今內蒙古烏拉特後旗南部之狼山。　封龍山：稱此山名者有二：一在今河北鹿泉市南；一即今山西渾源縣西南龍山。　漳山：在今山東臨朐縣西一百八十里，北臨漳水。　宣務山：又名虛無山、權務山。在今河北隆堯縣西北。　關山：或指今燕山，在河北北部。　方山：古稱此名之山甚多，根據《禮儀志》山名排列，此方山在山西、河北境內可能性較大。一亦稱"方嶺"，在今山西大同市北；一在今山西壽陽縣東北。　苟山：具體所指不詳。　狹龍山：在今河南禹州市西四十里。　淮水：稱此河名者有二：一即今淮河。古爲四瀆之一。一即今江蘇西南部長江下游支流秦淮河。　東海：海名。所指因時而異。先秦古籍的東海相當今黃海，但戰國時已有兼指今東海北部的；秦漢以後，始以今黃海、東海同稱爲東海；明代以後，其海域始和今東海相當。　泗水：在今山東西南部。　沂水：即今山東南部、江蘇北部沂河。淄水：即今山東淄河。　濰水：即今山東東部濰河。　江水：又稱大江。即今長江。　南海：所指因時而異。西漢後纔用以專指今南海。　漢水：即今長江中游支流漢江。　穀水：稱此河名者有三：一即今河南澠池縣南澠水及其下游澗水；二即古獲水下游流經今安徽碭山縣北；三即今浙江之衢江。　伊水：即今河南境内伊河。漾水：一作養水、瀁水，即今漢水南源。　沔水：即今漢江及湖北武漢市以下長江。　河水：又稱大河，即今黃河。　西海：所指因時而異。先秦史籍所載西海泛指西方海域，確指未詳；西漢指今青海湖；東漢指居延海；《水經·河水注》中西海指今新疆博斯騰湖；《通典》引《經行記》中西海指今地中海。　黑水：稱此河名者衆多。一爲古代傳説中的水道，無可確指；二爲今陝西橫山縣淖泥河；三爲今四川松潘縣白水江上游支流之一；四即今黑龍江。　澇水：一作潦水，即今陝西渭水支流澇峪河。　渭水：即今黃河中游支流渭河。　涇水：即今陝西涇陽縣渭水支流涇河。　酆水：一作豐水。古號爲關中八川之一。源出陝西秦嶺，北流西安市西北入渭河。　濟水：稱此河名者有二：其一爲“四瀆”之一。包括黃河南、北兩部分，河北部分今仍名濟水。源出今河南濟源市西王屋山，唯其下游入黃河處歷代屢有變遷。其二亦名泜水，又作石濟水，即今河北贊皇、柏鄉二縣境内泜河。　北海：所指因時而異。初爲北方遠僻地域泛稱；春秋戰國又或指今渤海；秦漢以後凡塞北大澤，往往被稱爲北海，如今裏海、貝加爾湖、巴爾喀什湖等。松水：即今江蘇太湖尾閭吳淞江。　京水：源出今河南滎陽市南，東北流入古濟水。　桑乾水：即今山西北部永定河上游桑乾河。漳水：一源出今山西長子縣西，東流穿過太行山至河北臨漳縣北。一源出今湖北南漳縣東南流至當陽市東南會沮水南流入長江。　呼沱水：即今山西、河北境内滹沱河。　衛水：古水名。源出河北靈壽縣（今正定縣）東北，東入滹沱河。　洹水：即今河南北部衛河支流安陽河。　延水：即今陝西北部黃河支流延河。

　　[14]甲寅地：指東北偏南方位。古代陰陽五行家將十二地支和四方相配，子在正北，卯在正東，午在正南，酉在正西。

[15]未地：指西南偏南方位。

其南北郊則歲一祀，皆以正月上辛。[1]南郊爲壇於國南，廣輪三十六尺，高九尺，四面各一陛。爲三壇，內壝去壇二十五步，中壝、外壝相去如內壝。四面各通一門。又爲大營於外壝之外，廣輪二百七十步。營墼廣一丈，深八尺，四面各一門。又爲燎壇於中壝之外丙地，[2]廣輪二十七尺，高一尺八寸，四面各一陛。祀所感帝靈威仰於壇，[3]以高祖神武皇帝配。禮用四圭有邸，[4]幣各如方色。其上帝及配帝，各用騂特牲一，[5]儀燎同圜丘。其北郊則爲壇如南郊壇，爲瘞坎如方澤坎，[6]祀神州神於其上，以武明皇后配。禮用兩圭有邸，各用黃牲一，儀瘞如北郊。

[1]上辛：農曆每月第一個辛日。
[2]燎壇：燎祭天神的高臺。
[3]靈威仰：中國古代指東方之神。
[4]四圭有邸：古代祭祀禮器，由整塊玉雕成，中央爲璧，四面銳出爲圭邸。
[5]騂（xīng）：赤色馬。亦指赤色牛、羊等。
[6]瘞坎：古代行祭地禮時用以埋牲、玉帛的坑穴。

後周憲章姬周，[1]祭祀之式，多依《儀禮》。司量掌爲壇之制，[2]圜丘三成，成崇一丈二尺，深二丈。上徑六丈，十有二階，每等十有二節。在國陽七里之郊。圜壝徑三百步，內壝半之。方一成，下崇一丈，徑六丈八尺，上崇五尺，方四丈，八方，方一階，階十級，級一尺。[3]方丘在國陰六里之郊。丘一成，八方，下崇一丈，方六丈八尺，上崇五尺，方四丈。方一階，尺一級。其壇八面，徑百二十步，内壇半之。南郊爲方壇於國南五里。其崇一丈二尺，其廣四丈。其壇方百二十步，内壇半之。神州之壇，崇一丈，方四丈，在北郊方丘之右。其壇如方丘。

[1]後周：即北周（557—581），都長安（今陝西西安市西北）。

[2]司量：官名。北周爲冬官府屬官，掌爲壇之制。其司量中士，正二命。司量下士，正一命。

[3]“方一成”至“級一尺”：宋刻遞修本、汲古閣本、殿本、庫本、中華本皆同。中華本校勘記云：“此三十字上無所屬，疑涉下‘方丘’而衍。”

其祭圓丘及南郊，並正月上辛。圓丘則以其先炎帝神農氏配昊天上帝於其上。五方上帝、日月、内官、中官、外官、衆星，[1]並從祀。皇帝乘蒼輅，[2]載玄冕，[3]備大駕而行。預祭者皆蒼服。南郊，以始祖獻侯莫那配所感帝靈威仰於其上。[4]北郊方丘，則以神農配后地之祇。神州則以獻侯莫那配焉。

[1]内官、中官、外官：星位或星區名。錢大昕《廿二史考異·宋史·天文志》：“天文經星，分爲三段：一爲中官，一爲二十八舍，一爲星官在二十八舍之外者。古人謂之外官。……其中官之星，以北極紫宮爲首，而北斗次之。”

［2］蒼輅：皇帝祀天時乘坐的一種車。

［3］玄冕：古代天子、諸侯蠟祭百神、朝日、夕月之禮服。五旒，衣無文，裳刺黻一章。

［4］獻侯莫那：人名。莫那爲北周始祖，始自陰山南徙，居遼西，稱爲獻侯。事見《周書》卷一《文帝紀上》、《北史》卷九《周文帝紀》。

　　其用牲之制，祀昊天上帝，祭皇地祇及五帝、日月、五星、十二辰、四望、五官，各以其方色毛。宗廟以黃，社稷以黝，散祭祀用純，表貉磔禳用厖。[1]

　　［1］表貉：亦作“表禡”。古代田獵或出征，於陣前或營前立望表以祭神。　磔（zhé）禳：亦作“磔攘”，分裂牲體祭神以除不祥。　厖（máng）：古通“龙”，雜色。按，底本、汲古閣本作“厖”，宋刻遞修本作“龙”，殿本、庫本作“龐”。

　　高祖受命，[1]欲新制度。乃命國子祭酒辛彥之議定祀典。[2]爲圓丘於國之南，太陽門外道東二里。[3]其丘四成，各高八尺一寸。下成廣二十丈，再成廣十五丈，又三成廣十丈，四成廣五丈。再歲冬至之日，祀昊天上帝於其上，以太祖武元皇帝配。[4]五方上帝、日月、五星、內官四十二座、次官一百三十六座、外官一百一十一座、衆星三百六十座，並皆從祀。上帝、日月在丘之第二等，北斗五星、十二辰、河漢、內官在丘第三等，二十八宿、中官在丘第四等，外官在內壝之內，衆星在內壝之外。其牲，上帝、配帝用蒼犢二，五帝、日月用方色犢各一，五星已下用羊豕各九。

　　[1]高祖：隋文帝楊堅的廟號。紀見本書卷一、二，《北史》卷一一。

　　[2]國子祭酒：官名。爲國子寺長官。初隸太常寺，統國子、太學、四門、書算學。開皇十三年（593）不隸太常寺，改爲國子學長官。仁壽元年（601）罷，唯置太學，以博士領之。大業三年（607）改置國子監依舊置祭酒爲長官。從三品。　辛彥之：人名。傳見本書卷七五、《北史》卷八二。

　　[3]太陽門：隋都城宮城東門。

　　[4]太祖武元皇帝：即楊堅父楊忠廟號、謚號合稱。傳見《周書》卷一九。

　　爲方丘於宮城之北十四里。其丘再成，成高五尺，下成方十丈，上成方五丈。夏至之日，祭皇地祇於其上，以太祖配。[1]神州、迎州、冀州、戎州、拾州、柱州、營州、咸州、陽州九州山、海、川、林、澤、丘陵、墳衍、原隰，[2]並皆從祀。地祇及配帝在壇上，用黃犢二。神州九州神座於第二等八陛之間：神州東南方，迎州南方，冀州、戎州西南方，拾州西方，柱州西北方，營州北方，咸州東北方，陽州東方，各用方色犢一。九州山海已下，各依方面八陛之間。其冀州山林川澤，丘陵墳衍，於壇之南，少西，加羊豕各九。南郊爲壇於國之南，太陽門外道西一里，去宮十里。壇高七尺，廣四丈。孟春上辛，祠所感帝赤熛怒於其上，以太祖武元皇帝配。其禮四圭有邸，牲用騂犢二。[3]北郊孟冬祭神州之神，以太祖武元皇帝配。牲用騂犢二。

　　[1]太祖：即楊堅父楊忠廟號。

　　[2]"神州"至"陽州九州"：古人認爲天有九道，地有九州：
東南曰神州、正南曰迎州（一説次州）、西南曰戎州、正西曰拾州、
中央曰冀州、西北曰柱州（一作括州）、正北曰玄州（亦曰營州或
齊州）、東北曰咸州（一作薄州）、正東曰陽州。　墳衍：水邊和
低下平坦的土地。　原隰：廣平低濕之地。

　　[3]騂犢：赤色小牛。

凡大祀，[1]齋官皆於其晨集尚書省，[2]受誓戒。散齋
四日，[3]致齋三日。[4]祭前一日，晝漏上水五刻，到祀
所，沐浴，著明衣，[5]咸不得聞見衰絰哭泣。[6]昊天上
帝、五方上帝、日月、皇地祇、神州社稷、宗廟等爲大
祀，星辰、五祀、四望等爲中祀，司中、司命、風師、
雨師及諸星、諸山川等爲小祀。大祀養牲，在滌九旬，
中祀三旬，小祀一旬。其牲方色難備者，聽以純色代。
告祈之牲者不養。祭祀犧牲，不得捶扑。其死則埋之。

　　[1]大祀：帝王最隆重的祭祀，如祭祀天地、宗廟等。

　　[2]齋官：執掌齋祀的官員。　尚書省：官署名。隋尚書省與
門下、内史並號三省，共掌軍國大政。尚書省爲全國政務中樞，職
事尤重。

　　[3]散齋：古禮於祭祀父母前七日不御不樂不吊，謂之"散
齋"。又古代皇帝祭社稷太歲等壇，行散齋，即在宮中齋戒，以別
於祭天地等之行致齋。

　　[4]致齋：古代在舉行祭祀前清心潔身的禮式。

[5]明衣：古人在齋戒期間沐浴後所穿的乾净内衣。

[6]衰（cuī）絰（dié）：喪服。古人喪服胸前當心處綴有長六寸、廣四寸的麻布，名衰，因名此衣爲衰；圍在頭上的散麻繩爲首絰，纏在腰間的爲腰絰。衰、絰兩者是喪服的主要部分。

初，帝既受周禪，恐黎元未愜，多説符瑞以耀之。[1]其或造作而進者，不可勝計。仁壽元年冬至祠南郊，[2]置昊天上帝及五方天帝位，並于壇上，如封禪禮。[3]板曰：

[1]符瑞：吉祥的徵兆。多指帝王受命的徵兆。

[2]仁壽：隋文帝楊堅年號（601—604）。

[3]封禪：古代帝王祭天地的大典。在泰山上築土爲壇，報天之功，稱封；在泰山下的梁父山上辟場祭地，報地之德，稱禪。

維仁壽元年，歲次作噩，[1]嗣天子臣諱，[2]敢昭告于昊天上帝：璇璣運行，大明南至。臣蒙上天恩造，群靈降福，撫臨率土，安養兆人。顧惟虛薄，德化未暢，夙夜憂懼，不敢荒怠。天地靈祇，降錫休瑞，鏡發區宇，昭彰耳目。爰始登極，蒙授龜圖，遷都定鼎，醴泉出地，平陳之歲，龍引舟師。省俗巡方，展禮東岳，[3]盲者得視，瘖者得言，復有躄人，忽然能步。自開皇已來，[4]日近北極，行於上道，晷度延長。天啓太平，獸見一角，改元仁壽，楊樹生松。石魚彰合符之徵，玉龜顯永昌之慶，山圖石瑞，前後繼出，皆載臣姓名，褒紀國祚。經典諸緯，爰及玉龜，文字義理，遞相符會。

　　[1]作噩：十二支中酉的別稱，用以紀年，指該年太歲星在酉。按，汲古閣本、殿本、庫本、中華本同底本，然宋刻遞修本作"咢"。

　　[2]諱：即楊堅。

　　[3]東岳：山名。即今山東泰山。

　　[4]開皇：隋文帝楊堅年號（581—600）。

　　宫城之内，及在山谷，石變爲玉，不可勝數。桃區一嶺，盡是琉璃，黄銀出於神山，碧玉生於瑞巘。[1]多楊山響，三稱國興，連雲山聲，萬年臨國。野鵝降天，仍住池沼，神鹿入苑，頻賜引導。騶虞見質，[2]游麟在野，[3]鹿角生於楊樹，龍湫出於荆谷。慶雲發彩，壽星垂耀。宫殿樓閣，咸出靈芝，山澤川原，多生寶物。威香散馥，零露凝甘。敦煌烏山，黑石變白，弘禄巖嶺，石華遠照。玄狐玄豹，白兔白狼，赤雀蒼烏，野薑天豆，嘉禾合穗，珍木連理。神瑞休徵，洪恩景福，降賜無疆，不可具紀。此皆昊天上帝，爰降明靈，矜愍蒼生，寧静海内，故錫兹嘉慶，咸使安樂，豈臣微誠，所能上感。虔心奉謝，敬薦玉帛犧齊粢盛庶品，燔祀于昊天上帝。皇考太祖武元皇帝，配神作主。

　　[1]巘（yǎn）：山，山頂。

　　[2]騶虞：傳説中的義獸。

　　[3]麟：即麒麟，同"麒麟"。古人以爲仁獸、瑞獸，拿它象徵祥瑞。形狀像鹿，頭上有角，全身有鱗甲，尾像牛尾。

　　大業元年，[1]孟春祀感帝，孟冬祀神州，改以高祖文帝配。其餘並用舊禮。十年，冬至祀圓丘，帝不齋于次。詰朝，備法駕，[2]至便行禮。是日大風，帝獨獻上帝，[3]三公分獻五帝。[4]禮畢，御馬疾驅而歸。

　　[1]大業：隋煬帝楊廣年號（605—618）。

　　[2]法駕：天子車駕的一種。天子的鹵簿分大駕、法駕、小駕三種，其儀衛之繁簡各有不同。法駕上所乘，曰金根車，駕六馬，有五時副車，皆駕四馬，侍中參乘，屬車三十六乘。

　　[3]帝：此指隋煬帝。

　　[4]三公：官名。隋三公爲太尉、司徒、司空的總稱。皆正一品。隋初依舊制，各置府僚，參議國家大事。但不久就省去府及僚佐，置三公則坐於尚書都省，從而失去實權。

　　明堂在國之陽。梁初，依宋、齊，[1]其祀之法，猶依齊制。禮有不通者，武帝更與學者議之。舊齊儀，郊祀，帝皆以袞冕。[2]至天監七年，始造大裘，[3]而《明堂儀注》猶云袞服。[4]十年，儀曹郎朱异以爲：“《禮》大裘而冕，祭昊天上帝。五帝亦如之。良由天神高遠，義須誠質，今從泛祭五帝，理不容文。”於是改服大裘。异又以爲：“齊儀初獻樽彝，明堂貴質，不應三獻。又不應象樽。《禮》云：‘朝踐用太樽。’[5]鄭云：‘太樽，瓦也。’《記》又云：‘有虞氏瓦樽。’此皆在廟所用，猶以質素，在明堂，禮不容象。今請改用瓦樽，庶合文質之衷。”又曰：“宗廟貴文，故庶羞百品，天義尊遠，則須簡約。今《儀注》所薦，與廟不異，即理徵事，如

爲未允。請自今明堂肴膳準二郊。但帝之爲名，本主生
育，成歲之功，實爲顯著。非如昊天，義絕言象，雖曰
同郊，復應微異。若水土之品，蔬果之屬，猶宜以薦，
止用梨、棗、橘、栗四種之果，薑、蒲、葵、韭四種之
菹，粳、稻、黍、粱四種之米。自此以外，郊所無者，
請並從省除。”

[1]宋：即南朝宋（420—479），都建康（今江蘇南京市）。

[2]袞冕：袞即袞衣，又稱袞服，古代帝王及上公所穿繡龍的
禮服。冕，古代帝王、諸侯、卿大夫所戴的禮帽。戴冕加穿袞衣曰
袞冕，天子、上公皆有之。

[3]大裘：古時天子祭天的禮服。以黑羔皮製，服以祀天，
示質。

[4]《明堂儀注》：《舊唐書·經籍志》載：“《明堂儀注》七
卷，姚璹等撰。”

[5]朝踐用太樽：語出《周禮·春官·司尊彝》。

　　初，博士明山賓制《儀注》，明堂祀五帝，行禮先
自赤帝始。异又以爲：“明堂既泛祭五帝，不容的有先
後，東階而升，宜先春帝。請改從青帝始。”又以爲：
“明堂籩豆等器，[1]皆以雕飾。尋郊祀貴質，改用陶
匏，[2]宗廟貴文，誠宜雕俎。[3]明堂之禮，既方郊爲文，
則不容陶匏，比廟爲質，又不應雕俎。斟酌二途，須存
厥衷，請改用純漆。”异又以“舊儀，明堂祀五帝，先
酌鬱鬯，灌地求神，及初獻清酒，[4]次酳，[5]終酳。[6]禮
畢，太祝取俎上黍肉，[7]當御前以授。請依郊儀，止一

獻清酒。且五帝天神，不可求之於地，二郊之祭，並無黍肉之禮。並請停灌及授俎法。"[8] 又以爲："舊明堂皆用太牢。案《記》云：'郊用特牲'；[9] 又云'天地之牛，角繭栗'。[10] 五帝既曰天神，理無三牲之祭。而《毛詩·我將》篇，云祀文王於明堂，有'維羊維牛'之説。良由周監二代，其義貴文，明堂方郊，未爲極質，故特用三牲，[11] 止爲一代之制。今斟酌百王，義存通典，蔬果之薦，雖符周禮，而牲牢之用，宜遵夏、殷。請自今明堂止用特牛，既合質文之中，又見貴誠之義。"帝並從之。

[1]籩豆：籩和豆。古代祭祀及宴會時常用的兩種禮器。竹製爲籩，木製爲豆。

[2]陶匏（páo）：泛指實用而合於古制的器皿。

[3]雕俎：飾以彩繪、花紋的俎案。

[4]清酒：古代祭祀用的清潔的酒。

[5]醽（líng）：酒名。據説取湘東醽湖水所釀之酒，名爲醽酒。

[6]醁：美酒名。

[7]太祝：官名。隋初於太常寺太祝署置太祝令、丞爲長、貳，掌祭祀祝禱等事。又置太祝二員爲屬官。從九品上。煬帝大業三年罷太祝署而留增太祝八員直屬太常寺，後又增爲十人。

[8]灌：古代祭祀的一種儀式。斟酒澆地以求神降臨。古人以天爲陽，以地爲陰。周人先求於陰，因此在祭祀開始時先行灌禮。

授俎：古代祭祀的一種儀式。即祭祀禮畢，太祝取俎上黍肉，當御前以授。

[9]郊用特牲：語出《禮記·郊特牲》。

[10]天地之牛，角繭栗：語出《禮記·王制》。

[11]三牲：宋刻遞修本、汲古閣本、殿本、庫本、中華本皆同底本。中華本校勘記云：“《元龜》五七九，‘三’作‘二’。”

先是，帝欲有改作，乃下制旨，而與羣臣切磋其義。制曰：“明堂準《大戴禮》：[1]‘九室八牖，三十六户。以茅蓋屋，上圓下方。’鄭玄據《援神契》，[2]亦云‘上圓下方’，又云‘八窗四達’。明堂之義，本是祭五帝神，九室之數，未見其理。若五堂而言，雖當五帝之數，向南則背叶光紀，向北則背赤熛怒，東向西向，又亦如此，於事殊未可安。且明堂之祭五帝，則是總義，在郊之祭五帝，則是別義。宗祀所配，復應有室，若專配一室，則是義非配五，若皆配五，則便成五位。以理而言，明堂本無有室。”朱异以爲：“《月令》‘天子居明堂左个、右个’，[3]聽朔之禮，[4]既在明堂，今若無室，則於義成闕。”制曰：“若如鄭玄之義，聽朔必在明堂，於此則人神混淆，莊敬之道有廢。《春秋》云：‘介居二大國之間。’此言明堂左右个者，謂所祀五帝堂之南，又有小室，亦號明堂，分爲三處聽朔。既三處，則有左右之義。在營域之内，明堂之外，則有个名，故曰明堂左右个也。以此而言，聽朔之處，自在五帝堂之外，人神有別，差無相干。”其議是非莫定，初尚未改。十二年，太常丞虞爵復引《周禮》明堂九尺之筵，[5]以爲高下修廣之數，堂崇一筵，故階高九尺。漢家制度，猶遵此禮，故張衡云“度堂以筵”者也。[6]鄭玄以廟寢三制既同，俱應以九尺爲度。制曰：“可。”於是毀宋太極殿，[7]以其材構明堂十二間，基準太廟。以中央六間安六座，悉南向。東來第一青帝，第二赤帝，第三黃帝，第四白帝，第五黑帝。配帝總配享五帝，在阼階東上，西向。大殿後爲小殿五間，以爲五佐室焉。

　　[1]《大戴禮》：又稱《大戴禮記》《大戴記》。本書《經籍志一》云：“《大戴禮記》十三卷。漢信都王太傅戴德撰。”

　　[2]《援神契》：讖緯之書。本書《經籍志二》著録八十一篇。燔燒之後，湮滅者多。自宋以後不見著録。

　　[3]左个、右个：左邊或右邊的偏室。

　　[4]聽朔：古代帝王、諸侯於每月初一聽朝治事前所行之禮。

　　[5]虞爵：人名。具體事迹不詳。按，殿本、庫本同底本。然汲古閣本作“虞蹻”，宋刻遞修本、中華本作“虞嶹”，《册府元龜》卷五六三《掌禮部·制禮》亦作“虞嶹”。

　　[6]張衡：人名。東漢著名天文學家、文學家。傳見《後漢書》卷五九。

　　[7]太極殿：南朝宋皇宮正殿。

　　陳制，明堂殿屋十二間。中央六間，依齊制，安六座。四方帝各依其方，黃帝居坤維，而配饗坐依梁法。武帝時，以德帝配。[1]文帝時，以武帝配。廢帝已後，以文帝配。牲以太牢，粢盛六飯，鉶羹果蔬備薦焉。[2]

　　[1]德帝：指南朝陳景帝陳文讚，見前文注條。

　　[2]鉶（xíng）：古通“銏”，古代盛菜羹的器皿。

　　後齊採《周官·考工記》爲五室，[1]周採漢《三輔黄圖》爲九室，各存其制，而竟不立。

[1]《周官·考工記》：即《周禮》之第六篇，述百工之事。清人江永考證認爲此書爲戰國時齊人所作。

高祖平陳，收羅杞梓，[1]郊丘宗社，典禮粗備，唯明堂未立。開皇十三年，詔命議之。禮部尚書牛弘、國子祭酒辛彦之等定議，[2]事在弘傳。後檢校將作大匠事宇文愷依《月令》文，[3]造明堂木樣，重櫓複廟，五房四達，丈尺規矩，皆有準憑，以獻。高祖異之，命有司於郭内安業里爲規兆。[4]方欲崇建，又命詳定，諸儒爭論，莫之能決。弘等又條經史正文重奏。時非議既多，久而不定，又議罷之。及大業中，愷又造《明堂議》及樣奏之。煬帝下其議，但令於霍山採木，而建都興役，其制遂寢。終隋代，祀五方上帝，止於明堂，恒以季秋在雩壇上而祀。[5]其用幣各於其方。人帝各在天帝之左。太祖武元皇帝在太昊南，[6]西向。五官在庭，亦各依其方。牲用犢十二。皇帝、太尉、司農行三獻禮于青帝及太祖。[7]自餘有司助奠。祀五官於堂下，行一獻禮。有燎。其省牲進熟，[8]如南郊儀。

[1]杞梓：杞和梓。兩木皆良材。比喻優秀人才。

[2]禮部尚書：官名。尚書省下轄六部之一禮部的長官。掌禮儀、祭祀、宴享等政令，總判禮部、祠部、主客、膳部四曹。置一員，正三品。

[3]檢校：官制用語。初謂代理，隋及唐初皆有。即尚未實授

其官，但已掌其職事。中唐已後“檢校”含義有變。　將作大匠：官名。隋初仿北齊設將作寺，長官爲將作大匠。職掌國家土木工程修建之政令。置一員，從三品。　宇文愷：人名。傳見本書卷六八，《北史》卷六〇有附傳。　《月令》：《禮記》篇名。傳爲周公所作，實爲秦、漢間人抄合《吕氏春秋》十二月紀之首章，收入《禮記》，題曰《月令》。記述每年農曆十二個月的時令、行政及相關事物。

[4]安業里：里名（隋曰“里”，唐改曰“坊”）。爲隋西京長安縣所領，朱雀門街之西、從北向南數第四個里。　規兆：規劃的區域。

[5]雩壇：古時祈雨所設的高臺。

[6]太昊：傳説中的古帝名，即伏羲氏。

[7]司農：官名。指司農卿，司農寺長官。掌倉儲委積之政，統領太倉等署。隋初正三品，煬帝降爲從三品。

[8]省牲：古代祭祀前，主祭及助祭者須審察祭祀用的牲畜，以示虔誠，稱爲“省牲”。

隋書　卷七

志第二

禮儀二

　　《春秋》"龍見而雩",[1]梁制不爲恒祀。[2]四月後旱，則祈雨，行七事：一，理冤獄及失職者；二，振鰥寡孤獨者；三，省繇輕賦；四，舉進賢良；五，黜退貪邪；六，命會男女,[3]恤怨曠;[4]七，撤膳羞，弛樂懸而不作。[5]天子又降法服。[6]七日，乃祈社稷;[7]七日，乃祈山林川澤常興雲雨者；七日，乃祈群廟之主于太廟;[8]七日，乃祈古來百辟卿士有益於人者;[9]七日，乃大雩,[10]祈上帝，遍祈所有事者。大雩禮，立圓壇於南郊之左,[11]高及輪廣四丈，周十二丈，四陛。[12]牲用黃牯牛一。[13]祈五天帝及五人帝於其上,[14]各依其方，以太祖配,[15]位於青帝之南,[16]五官配食於下。[17]七日乃去樂。又遍祈社稷山林川澤，就故地處大雩。國南除地爲墠,[18]舞童六十四人。祈百辟卿士於雩壇之左，除地爲墠，舞童六十四人，皆袀服,[19]爲八列，各執羽翳。[20]每列歌《雲漢》詩一章而畢。[21]旱而祈澍,[22]則報以太牢,[23]皆有司行事。唯雩則不報。若郡國縣旱請雨,則五事同時並行:一,理冤獄失職;二,存鰥寡孤獨;三,省徭役;四,進賢良;五,退貪邪。守令皆絜齋三日,[24]乃祈社稷。七日不雨,更齋祈如初。三變仍不雨,復齋祈其界内山林川澤常興雲雨者。祈而澍,亦各有報。

[1]龍見而雩:語出《左傳》桓公五年,"凡祀,啓蟄而郊,龍見而雩"。楊伯峻注曰:"龍,蒼龍,東方角、亢、氐、房、心、尾、箕七宿之總稱,其中有室女座、天秤座、天蝎座、人馬座之星。見同現,龍見,非謂七宿盡出現,角、亢兩宿(角宿有室女座之二星,亢宿有室女座之四星)黃昏出現于東方,即可謂之'龍見',是時當夏正四月,孟夏建巳之月。……雩,祈雨之祭。"(參見楊伯峻編著《春秋左傳注》,中華書局 1981 年版,第 107 頁)

[2]梁:即南朝梁(502—557),都建康(今江蘇南京市)。

[3]會男女:舉行婚姻之事。

[4]怨曠:指女無夫,男無妻。

[5]弛樂懸而不作:凡遇灾荒等事,將所懸鐘鼓放下,以示哀傷。

[6]法服:古代根據禮法規定的不同等級的服飾。

[7]社稷:社爲土神,稷爲穀神。設壇於路門外之右,亦即路寢之西。

[8]群廟:諸宗廟。古代帝王、諸侯祭祀祖宗的廟宇。 太廟:帝王的祖廟。

[9]百辟:諸侯。

[10]大雩:求雨之祭,祭時有女巫舞。

[11]圓壇:即圓丘。古代祭天的圓形高壇。 南郊:古代天子

在都城南面的郊外築圓丘以祭天的地方。

[12]陛：臺階。

[13]黄牯牛：黄色的閹割過的公牛。

[14]祈五天帝及五人帝：五天帝指五方天帝，配五行，蒼、赤、黄、白、黑五色，並以人帝配食。關於五天帝及配食之五人帝的名字，有不同説法。鄭玄以爲“五帝：蒼曰靈威仰，大昊食焉；赤曰赤熛怒，炎帝食焉；黄曰含樞紐，黄帝食焉；白曰白招拒，少昊食焉；黑曰汁光紀，顓頊食焉”。金鶚《求古録·禮説·五帝五祀説》：“五帝爲五行之精，佐昊天化育，其尊亞於昊天。有謂五帝即天者，非也。《月令》云：春帝大皡，夏帝炎帝，中央黄帝，秋帝少皡，冬帝顓頊。此五天帝之名也。伏羲、神農、軒轅、金天、高陽五人帝，以五德迭興，故亦以五天帝爲號。”

[15]太祖：此指南朝梁蕭順之。其事略見《梁書》卷一《武帝紀上》。

[16]青帝：五天帝之一，位於東方的司春之神，又稱蒼帝、木帝。

[17]五官：一説爲殷天子之五官，司徒、司馬、司空、司士、司寇。一説爲五行之官，即金、木、水、火、土之官也。《左傳》昭公二十九年：“故有五行之官，是謂五官……木正曰句芒，火正曰祝融，金正曰蓐收，水正曰玄冥，土正曰后土。” 配食：祔祭，配享。

[18]國：國都。 墠：祭祀之場地。

[19]袀服：黑色禮服，指武士之服。

[20]羽翳：羽毛做的華蓋。

[21]《雲漢》：《詩·大雅》中的篇名。全詩八章，八十句。雲漢，天河，銀河。這是在大旱之年，爲求雨祈神而寫的一首詩。

[22]澍：時雨。

[23]太牢：古代祭祀或饗宴，牛羊豕三牲俱備謂之太牢。

[24]絜齋：净潔身心，誠敬齋戒。絜，中華本作“潔”。齋，

古人於祭祀前整潔身心稱齋。

陳氏亦因梁制,[1]祈而澍則報以少牢。[2]武帝時,[3]以德皇帝配,[4]文帝時,[5]以武帝配。廢帝即位,[6]以文帝配青帝。牲用黃牯牛,而以清酒四升洗其首。[7]其壇墠配饗歌舞,[8]皆如梁禮。天子不親奉,則太宰、太常、光禄行三獻禮。[9]其法皆採齊建武二年事也。[10]

[1]陳:即南朝陳(557—589),都建康(今江蘇南京市)。

[2]少牢:古代祭祀或饗宴用一羊一豕爲少牢。

[3]武帝:即南朝陳陳霸先。紀見《陳書》卷一、二,《南史》卷九。

[4]德皇帝:即陳霸先之父陳文讚,其事略見《陳書·高祖紀上》《南史·陳武帝紀》。

[5]文帝:即南朝陳陳蒨。紀見《陳書》卷三、《南史》卷九。

[6]廢帝:即南朝陳陳伯宗。紀見《陳書》卷四、《南史》卷九。

[7]清酒:祭祀用的清潔的酒。

[8]壇墠:古代祭祀的場所。築土曰壇,除地曰墠。

[9]太宰:官名。南朝陳時多用以安置元老勳舊大臣,爲贈官,名義尊榮,無職掌。一品。　太常:官名。全稱爲太常卿。南朝陳時掌宗廟、祭祀、禮樂、賓客、車輿、天文、學校、陵園等事。三品。　光禄:官名。全稱爲光禄卿。南朝陳時掌宮殿門户及一部分宮廷供御事務。三品。　獻:祭社稷五祀之禮。獻謂陳放祭品後向神獻酒。

[10]齊:即南朝齊(479—502),都建康(今江蘇南京市)。

建武:南朝齊明帝蕭鸞年號(494—498)。南齊建武二年制具體內容可參《南齊書·禮志上》。

梁、陳制，諸祠官皆給除穢氣藥，[1]先齋一日服之，以取清潔。

[1]祠官：指祠部官員。南朝梁、陳祠部爲尚書省諸曹之一，負責宗廟、祭祀、禮樂制度，下設祠部、儀曹二郎曹。長官爲尚書，然不常授，如缺則由尚書右僕射兼領。

天監九年，[1]有事雩壇。[2]武帝以爲雨既類陰，而求之正陽，其謬已甚。東方既非盛陽，而爲生養之始，則雩壇應在東方，祈晴亦宜此地。於是遂移於東郊。[3]

[1]天監：南朝梁武帝蕭衍年號（502—519）。
[2]雩壇：古時祈雨所設的高臺。
[3]東郊：國都以東的郊區。

十年，帝又以雩祭燔柴，[1]以火祈水，於理爲乖。儀曹郎朱异議曰：[2]“案周宣《雲漢》之詩，[3]毛注有瘞埋之文，[4]不見有燔柴之説。若以五帝必柴，今明堂又無其事。”[5]於是停用柴，從坎瘞典。[6]

[1]燔柴：祭天。《禮記·祭法》：“燔柴於泰壇，祭天也。”祭時把玉帛、犧牲置於積柴之上，然後燃柴焚燒，使氣達於上天，歆享衆神。
[2]儀曹郎：官名。南朝梁時爲儀曹長官，亦稱郎中。負責車服、羽儀、朝覲、郊廟、饗宴等吉凶禮制。五班。　朱异：人名。南朝梁時人。傳見《梁書》卷三八、《南史》卷六二。

　　[3]周宣：即周宣王。周朝第十一位王姬静。

　　[4]毛注：漢代傳授《詩》之一家，爲《詩》流傳至今唯一版本。相傳爲漢初學者毛亨和毛萇所傳。　瘞（yì）埋之文：《詩·雲漢》中有"上下奠瘞，靡神不宗"之句，意謂將所有祭天祭地的禮神之物埋入地下，向所有的神道表示尊敬。

　　[5]明堂：周代天子聽朔布政、朝會諸侯、宣明教化之所。據近代學者王國維考證，明堂之制，中央大室，大室四方各有室，室旁各有房。室前房前又各有堂。（參見王國維《觀堂集林》，河北教育出版社2003年版，第58—67頁）

　　[6]坎瘞：古代行祭地禮時用坑穴以埋牲、玉帛。

　　十一年，帝曰："四望之祀，[1]頃來遂絶。宜更議復。"朱异議："鄭衆云：[2]'四望謂日月星海。'鄭玄云：[3]'謂五岳四鎮四瀆。'[4]尋二鄭之説，互有不同。竊以望是不即之名，[5]凡厥遥祭，皆有斯目。豈容局於星漢，[6]拘於海濱？[7]請命司天，有關水旱之義，爰有四海名山大川，能興雲致雨，一皆備祭。"帝從之。又揚州主簿顧協又云：[8]"《禮》'仲夏大雩'，[9]《春秋》'龍見而雩'，則雩常祭也，水旱且又禱之，謂宜式備斯典。"太常博士亦從協議。[10]祠部郎明巖卿以爲：[11]"祈報之祀，[12]已備郊禋，[13]沿革有時，不必同揆。"帝從其議，依舊不改。

　　[1]四望：遥祭四方大山川之禮稱四望。祭山川曰望。四望所祭爲五岳、四鎮、四瀆，一説爲日、月、星、海。

　　[2]鄭衆：人名。東漢大儒。傳見《後漢書》卷七八。

　　[3]鄭玄：人名。東漢大儒。傳見《後漢書》卷三五。

　　[4]五岳：即中岳嵩山、東岳泰山、西岳華山、南岳衡山、北岳恒山。　　四瀆：古人對四條獨流入海的大川之總稱，即長江、黄河、淮河、濟水。

　　[5]不即：不就。

　　[6]星漢：天河，銀河。

　　[7]海瀆：泛稱江海。

　　[8]揚州：南朝梁時治所在今江蘇南京市。　　主簿：官名。州郡官府屬官，典領文書簿籍，經辦事務。丞相或三公府稱黄閣主簿，録省衆事，職權甚重。梁揚州主簿，二班。　　顧協：人名。南朝梁時人。傳見《梁書》卷三〇、《南史》卷六二。

　　[9]仲夏大雩：語出《禮記·月令》："仲夏之月……命有司爲民祈祀山川百源，大雩帝，用盛樂。"

　　[10]太常博士：官名。爲太常屬官，掌引導乘輿，擬議王公以下謚號，參議朝廷禮儀、典章。梁品位不詳。

　　[11]祠部郎：官名。尚書祠部曹長官，亦稱祠部郎中，資深勤能者可轉侍郎。多以明禮通儒充任。梁五班。　　明巖卿：人名。南朝齊時人。曾擔任平西將軍崔慧景中兵參軍。事略見《南史》卷四五《崔慧景傳》。

　　[12]祈報：古代祀社，春夏祈而秋冬報。祈，對鬼神禱告懇求。報，祭名。報德之祭。

　　[13]郊禋：古帝王升煙祭祀天地的大禮。

　　大同五年，[1]又築雩壇於藉田兆内。[2]有祈禜，[3]則齋官寄藉田省云。[4]

　　[1]大同：南朝梁武帝蕭衍年號（535—546）。

　　[2]藉田：古代天子、諸侯徵用民力耕種的田。每逢春耕前，天子、諸侯躬耕藉田，以示對農業的重視。藉，通"籍"。　　兆：

界域。

　　[3]禜（yíng）：古代禳灾之祭。爲禳風雨、雪霜、水旱、癘疫
而祭日月星辰、山川之神。

　　[4]齋官：官名。即齋郎。南朝梁時隸太常屬官太廟令，掌郊
廟祭祀、雜役。　藉田省：官署名。南朝梁置，其具體職掌史書未
載，應與藉田事務有關。

　　後齊以孟夏龍見而雩，[1]祭太微五精帝於夏郊之
東。[2]爲圓壇，[3]廣四十五尺，高九尺，四面各一陛。爲
三壇外營，[4]相去深淺，并燎壇，[5]一如南郊。[6]於其上
祈穀實，以顯宗文宣帝配。[7]青帝在甲寅之地，[8]赤帝在
丙巳之地，[9]黃帝在己未之地，[10]白帝在庚申之地，[11]黑
帝在壬亥之地。[12]面皆内向，藉以藁秸。[13]配帝在青帝
之南，[14]小退，藉以莞席，[15]牲以騂。[16]其儀同南郊。
又祈禱者有九焉：一曰雩，二曰南郊，三曰堯廟，[17]四
曰孔、顔廟，[18]五曰社稷，六曰五岳，七曰四瀆，八曰
滏口，[19]九曰豹祠。[20]水旱癘疫，皆有事焉。無牲，皆
以酒脯棗栗之饌。[21]若建午、建未、建申之月不雨，[22]
則使三公祈五帝於雩壇。[23]禮用玉幣，[24]有燎，不設金
石之樂，[25]選伎工端潔善謳詠者，使歌《雲漢》詩於壇
南。自餘同正雩。南郊則使三公祈五天帝於郊壇，有
燎，座位如雩。五人帝各在天帝之左。其儀如郊禮。堯
廟，則遣使祈於平陽。[26]孔、顔廟，則遣使祈於國
學，[27]如堯廟。社稷如正祭。五岳，遣使祈於岳所。四
瀆如祈五岳，滏口如祈堯廟，豹祠如祈滏口。

［1］後齊：即北齊（550—577），都鄴（今河北臨漳縣西南）。

［2］太微：亦作"大微"。古代星官名。三垣之一。位於北斗之南，軫、翼之北，大角之西，軒轅之東。諸星以五帝座爲中心，作屏藩狀。《史記·天官書》曰："衡，太微，三光之廷。匡衛十二星，藩臣：西，將；東，相；南四星，執法；中，端門；門左右，掖門。"古以太微爲天庭。　夏郊：夏代郊祀配享之神。《左傳》昭公七年："昔堯殛鯀于羽山，其神化爲黃熊，以入于羽淵，實爲夏郊，三代祀之。"

［3］壇：高臺。古代祭祀天地、帝王、遠祖或舉行朝會、盟誓及拜將的場所，多用土石等建成。

［4］壝（wěi）：環繞祭壇及行宮的矮墙。　外壝：外方位。

［5］燎壇：即燎祭天神的高臺。燎，祭祀名，燒柴祭天。

［6］南郊：帝王祭天的大禮。

［7］顯宗文宣帝：即北齊高洋。顯宗爲其廟號，文宣爲其謚號。紀見《北齊書》卷四、《北史》卷七。

［8］青帝：五天帝之一，位於東方的司春之神。　甲寅：本爲干支名，此處用以表示方位，相當於西南方向。

［9］赤帝：五天帝之一，位於南方的司夏之神。　丙巳：本爲干支名，此處用以表示方位，相當於西北方向。

［10］黃帝：五天帝之一，位於中央之神。　己未：本爲干支名，此處用以表示方位。

［11］白帝：五天帝之一，位於西方的司秋之神。　庚申：本爲干支名，此處用以表示方位，相當於東北方向。

［12］黑帝：五天帝之一，位於北方的司冬之神。　壬亥：本爲干支名，此處用以表示方位，相當於東南方向。

［13］藁秸：祭祀用的草席。

［14］配帝：配祭於天帝。

［15］莞（guān）席：用莞草編織的席子。莞，草名，亦稱水蔥、席子草。

［16］騂（xīng）：赤色的牛。

［17］堯：傳說中古帝陶唐氏之號。

［18］孔：即孔子。　顏：即孔子弟子顏回。

［19］滎口：滎水之口。滎，河名。即今河南滎陽河。

［20］豹祠：西門豹的祠堂。西門豹，人名。戰國時魏國人，爲鄴令時帶領當地百姓開渠引水，促進了當地的農業發展。傳見《史記》卷一二六。

［21］酒脯：酒和乾肉。泛指酒肴。

［22］建午、建未、建申：古代天文學稱北斗星斗柄所指爲建。周天分爲子、丑、寅、卯等十二辰，斗柄每月旋轉而依次指向十二辰，稱爲十二月建。夏曆（農曆）的月份即由此而定，如十一月稱建子，十二月稱建丑，正月稱建寅，依次類推。建午爲五月，建未爲六月，建申爲七月。

［23］三公：周朝爲最高輔政大臣的合稱。一說指太師、太傅、太保。戰國至秦習慣上作爲對輔佐君主執掌軍政的最高官員的泛稱。兩漢時亦爲中央最高行政長官。三國以後已非行政首腦，而爲名譽宰相，很少參與朝政，無具體職掌，多作爲大臣的加官、贈官，有時亦備皇帝顧問，參理庶務。北齊三公爲太尉、司徒、司空，後主時爲了激賞人心，常增員而授，或三或四，不可勝數。

［24］玉幣：亦稱幣獻。諸侯朝天子時所獻玉帛之類。

［25］金石：指鐘磬一類樂器。

［26］平陽：地名。傳說爲堯都，在今山西臨汾市西南一帶。

［27］國學：官署名。國子學之省稱，爲國立儒學最高學府。北齊與太學、四門學並隸國子寺。置博士、助教等。

隋雩壇，國南十三里啓夏門外道左。[1]高一丈，周百二十尺。孟夏之月，龍星見，則雩五方上帝，配以五人帝於上，以太祖武元帝配饗，[2]五官從配於下。牲用犢十，[3]各依方色。[4]京師孟夏後旱，則祈雨，理冤獄失職，存鰥寡孤獨，振困乏，掩骼埋胔，[5]省徭役，進賢良，舉直言，退佞諂，黜貪殘，命有司會男女，恤怨曠。七日，乃祈岳鎮海瀆及諸山川能興雲雨者；又七日，乃祈社稷及古來百辟卿士有益於人者；又七日，乃祈宗廟及古帝王有神祠者；又七日，乃修雩，祈神州；[6]又七日，仍不雨，復從岳瀆已下祈如初典。秋分已後不雩，但禱而已。皆用酒脯。初請後二旬不雨者，即徙市禁屠。[7]皇帝御素服，避正殿，減膳撤樂，或露坐聽政。[8]百官斷傘扇。[9]令人家造土龍。[10]雨澍，則命有司報。州郡尉祈雨，則理冤獄，存鰥寡孤獨，掩骼埋胔，潔齋祈于社。七日，乃祈界內山川能興雨者，徙市斷屠如京師。祈而澍，亦各有報。霖雨則禜京城諸門，三禜不止，則祈山川岳鎮海瀆社稷。又不止，則祈宗廟神州。報以太牢。州郡縣苦雨，亦各禜其城門，不止則祈界內山川。及祈報，用羊豕。

[1]啟夏門：城門名。隋大興城南面東門，在今陝西西安市城東南。

[2]太祖武元帝：即楊忠。太祖爲其廟號，武元皇帝爲其謚號。傳見《周書》卷一九。

[3]犢：小牛。

[4]方色：五行家將東、南、西、北、中與青、赤、白、黑、黃相配，一方一色，簡稱"方色"。《禮記·曾子問》："如諸侯皆在而日食，則從天子救日，各以其方色與其兵。"鄭玄注曰："方色者，東方衣青，南方衣赤，西方衣白，北方衣黑。"

［5］掩骼埋胔（zì）：謂收葬暴露於野的尸骨。爲古代的恤民之政。

［6］神州：傳説中神仙活動處。

［7］徙市：古禮，天子諸侯喪，庶人不外出求覓財利，以示憂戚，因移市於巷中以供其急需，謂之徙市。後遇旱灾比若天子諸侯喪，亦徙市。　禁屠：因禳灾祈福而禁止屠宰牲畜。

［8］露：露天。

［9］傘扇：古代的兩種儀仗物。均有長柄，上端分別爲傘形和扇形。

［10］土龍：用土製成的龍。古代用以乞雨。

《禮》，[1]天子每以四立之日及季夏，[2]乘玉輅，[3]建大旂，[4]服大裘，[5]各於其方之近郊爲兆，迎其帝而祭之。所謂燔柴於泰壇，[6]掃地而祭者也。春迎靈威仰者，[7]三春之始，萬物稟之而生，莫不仰其靈德，服而畏之也。夏迎赤熛怒者，[8]火色熛怒，[9]其靈炎至明盛也。秋迎白招拒者，[10]招集，拒大也，言秋時集成萬物，其功大也。冬迎叶光紀者，[11]叶拾，光華，紀法也，言冬時收拾光華之色，伏而藏之，皆有法也。中迎含樞紐者，[12]含容也，樞機有開闔之義，紐者結也。言土德之帝，[13]能含容萬物，開闔有時，紐結有法也。然此五帝之號，皆以其德而名焉。梁、陳、後齊、後周及隋，[14]制度相循，皆以其時之日，各於其郊迎，而以太皥之屬五人帝配祭。[15]並以五官、三辰、七宿於其方從祀焉。[16]

［1］《禮》：即《禮記》。

［2］四立：立春、立夏、立秋、立冬四個節氣的合稱。　季夏：夏季的最後一個月，農曆六月。

［3］玉輅（lù）：天子所用五種車之一，飾以玉，因名玉輅。亦稱"玉路"。

［4］大旂（qí）：古代畫有兩龍並在竿頭懸鈴的旗。

［5］大裘：古時天子祭天的禮服。

［6］泰壇：祭壇名。古代祭天之壇，在都城南郊。

［7］靈威仰：即青帝。五帝之一。東方之神，春神。《禮記·大傳》："禮，不王不禘。王者禘其祖之所自出。以其祖配之。"鄭玄注："王者之先祖皆感大微五帝之精以生。蒼則靈威仰，赤則赤熛怒，黃則含樞紐，白則白招拒，黑則汁光紀。"宋人李如篪《東園叢說·雜說·感生帝》："五行之帝，居太微中，受命之君，必感其精氣而生。東方木帝曰靈威仰，西方金帝曰白招拒，北方水帝曰叶光紀，南方火帝曰赤熛怒，中央土帝曰含樞紐。"

［8］赤熛怒：即赤帝。五帝之一。南方之神，夏神。

［9］熛怒：火盛貌。

［10］白招拒：即白帝。五帝之一。西方之神，秋神。

［11］叶光紀：即黑帝。五帝之一。北方之神，冬神。亦稱汁光紀、協光計。

［12］含樞紐：即黃帝。五帝之一。中央之神。

［13］土德：五德之一。古以五行相生相克附會王朝命運，謂土勝者爲得土德。此亦以指黃帝。

［14］後周：即北周（557—581），都長安（今陝西西安市西北郊）。

［15］太皞：即伏羲氏，古帝，尊爲神名。太，庫本作"大"。

［16］三辰：指日月星。《周禮·春官》："凡以神仕者，掌三辰之法，以猶鬼神示之居，辯其名物。"　七宿：星座。古代天文學家把周天黃道（太陽和月亮所經天區）的恒星分成二十八個星座。二十八宿按東、北、西、南四個方位分作四組，每組七宿，自西向

東排列。

　　梁制，迎氣以始祖配，[1]牲用特牛一，[2]其儀同南郊。天監七年，尚書左丞司馬筠等議：[3]“以昆蟲未蟄，不以火田，[4]鳩化爲鷹，罻羅方設。[5]仲春之月，[6]祀不用牲，止珪璧皮幣。[7]斯又事神之道，可以不殺，明矣。況今祀天，豈容尚此？請夏初迎氣，祭不用牲。”帝從之。八年，明山賓議曰：[8]“《周官》祀昊天以大裘，[9]祀五帝亦如之。頃代郊祀之服，皆用衮冕，[10]是以前奏迎氣、祀五帝，亦服衮冕。愚謂迎氣、祀五帝亦宜用大裘，禮俱一獻。”[11]帝從之。

　　[1]迎氣：古人於立春日祭青帝，立夏日祭赤帝，立秋日祭白帝，立冬日祭黑帝。後漢除祭四帝外，又於立秋前十八日祭黃帝。用以迎接四季，祈求豐年，謂之“迎氣”。

　　[2]特牛：公牛。

　　[3]尚書左丞：官名。南朝梁時爲尚書省佐官，位次尚書，與右丞共掌尚書都省庶務，率諸都令史監督稽核諸尚書曹、郎曹政務，督録近道文書章奏，監察糾彈尚書令、僕射、尚書等文武百官，號稱“監司”，分管宗廟祠祀、朝儀禮制、選授官吏等文書奏事，職權甚重。九班。　司馬筠：人名。南朝梁大儒。傳見《梁書》卷四八、《南史》卷七一。

　　[4]火田：以火焚燒草木而田獵。此句語出《禮記·王制》。

　　[5]罻羅：捕鳥的網。此句語出《禮記·王制》：“鳩化爲鷹，然後設罻羅。”

　　[6]仲春：農曆二月。

　　[7]珪璧：古代祭祀或朝拜所用的玉器。　皮幣：毛皮和繒帛。

古代用作聘享的貴重禮物。

[8]明山賓：人名。南朝梁大儒。傳見《梁書》卷二七，《南史》卷五〇有附傳。

[9]《周官》：亦稱《周官經》《周禮》等。爲記述周代官制的著作。與《儀禮》《禮記》並稱"三禮"。　昊天：有兩種解釋。一指蒼天。昊，元氣博大貌。《尚書·堯典》："乃命羲和，欽若昊天，曆象日月星辰，敬授人時。"另亦可指一定季節的天空。《爾雅·釋天》："夏爲昊天。"郭璞注："言氣皓旰。"亦有指春天，《詩·王風·黍離》"悠悠蒼天"，孔穎達疏引今文《尚書》歐陽生説："春曰昊天。"

[10]袞冕：袞衣和冕。古代帝王與上公的禮服和禮冠。

[11]一獻：古代祭祀和宴飲時進酒一次爲一獻。

陳迎氣之法，皆因梁制。

後齊五郊迎氣，[1]爲壇各於四郊，又爲黃壇於未地。[2]所祀天帝及配帝五官之神同梁。其玉帛牲各以其方色。其儀與南郊同。帝及后各以夕牲日之旦，[3]太尉陳幣，[4]告請其廟，以就配焉。其從祀之官，位皆南陛之東，西向。壇上設饌畢，太宰丞設饌於其座。[5]亞獻畢，[6]太常少卿乃於其所獻。[7]事畢，皆撤。又云，立春前五日，[8]於州大門外之東，造青土牛兩頭，[9]耕夫犁具。立春，有司迎春於東郊，竪青幡於青牛之傍焉。[10]

[1]五郊：謂東郊、南郊、西郊、北郊、中郊。古代禮儀，帝王於五郊設祭迎氣。立春之日，迎春於東郊，祭青帝句芒；立夏之日，迎夏於南郊，祭赤帝祝融；立秋前十八日，迎黃靈於中兆，祭黃帝后土；立秋之日，迎秋於西郊，祭白帝蓐收；立冬之日，迎冬

於北郊，祭黑帝玄冥。

[2]黄壇：郊天迎氣的壇坫。　未地：指西南偏南方位。

[3]夕牲：祭祀前夕，察看犧牲。

[4]太尉：官名。北齊時爲名譽宰相，多爲大臣加官，無實際職掌。一品。

[5]太宰丞：官名。全稱爲太宰署丞。北齊時爲太宰署次官，佐太宰署令負責祭祀諸神時的烹宰及行禮等食物。

[6]亞獻：古代祭祀時獻酒三次，第二次獻酒稱“亞獻”。

[7]太常少卿：官名。北齊時爲太常寺次官，位列諸寺少卿之首，掌宗廟禮儀等事。四品上。

[8]立春：二十四節氣之一。在陽曆二月三、四或五日。

[9]青土牛：用泥土製的牛，色黑。古代在農曆十二月出土牛以除陰氣。後來，立春時造土牛以勸農耕，象徵春耕開始。《續漢書·禮儀志上》：“立春之日，夜漏未盡五刻，京師百官皆衣青衣，郡國縣道官下至斗食令史，皆服青幘，立青幡，施土牛、耕人于門外，以示兆民，至立夏。”

[10]竪：底本原作“登”，諸本作“竪”，據文意，應爲“竪”。因改。　青幡：古代春令作勸耕、護花等用的青旗。

後周五郊壇，其崇及去國，[1]如其行之數。其廣皆四丈，[2]其方俱百二十步。[3]內壝皆半之。祭配皆同後齊。星辰、七宿、岳鎮、海瀆、山林、川澤、丘陵、墳衍，亦各於其方配郊而祀之。其星辰爲壇，[4]崇五尺，方二丈。岳鎮爲坎，[5]方二丈，深二尺。山林已下，亦爲坎。壇，崇三尺，坎深一尺，俱方一丈。其儀頗同南郊。冢宰亞獻，[6]宗伯終獻，[7]禮畢。

[1]崇：高度。從下往上的距離。

[2]廣：指寬度。

[3]方：古代計量面積單位。多用於計量土地。 步：古代的長度單位。歷代定制的實際長度不一。周代以八尺爲步，秦代以六尺爲步，舊制以營造五尺爲步。

[4]岳鎮：指五岳等名山。 海瀆：泛指江海。 墳衍：指水邊和低下平坦的土地。《周禮·夏官·邊師》賈公彥疏："水涯曰墳，下平曰衍。"

[5]坎：掘洞，挖洞。

[6]冢宰：官名。全稱爲大冢宰卿。本爲西周官名。爲六卿之首，亦稱太宰。西魏恭帝三年（556）宇文泰仿《周官》改革官制，設大冢宰卿。爲居六官之首的天官府長官，職掌宮廷供奉、侍御以及全國財政收支、賦役收入、百官俸給等事務。如加"五府總於天官"之詔命，則可總攝百官，執掌朝政。正七命。

[7]宗伯：官名。全稱爲大宗伯卿。本爲西周官名，又稱宗長，禮官之長，卿爵。掌宗室禮法及宗廟社稷禮儀。西魏恭帝三年宇文泰仿《周官》改革官制，設爲春官府長官。掌禮、樂、祭祀、天文曆法、卜祝以及綸誥、著作等方面事務。七命。 終獻：古代祭祀時獻酒三次，第三次獻酒稱"終獻"。

　　隋五時迎氣。[1]青郊爲壇，國東春明門外道北，[2]去宮八里。高八尺。赤郊爲壇，國南明德門外道西，[3]去宮十三里。高七尺。黃郊爲壇，國南安化門外道西，[4]去宮十二里。高七尺。白郊爲壇，國西開遠門外道南，[5]去宮八里。高九尺。黑郊爲壇，宮北十一里田地。[6]高六尺。並廣四丈。各以四方立日，[7]黃郊以季夏土王日。[8]祀其方之帝，各配以人帝，以太祖武元帝配。

五官及星三辰七宿，亦各依其方從祀。其牲依方色，各用犢二，星辰加羊豕各一。其儀同南郊。其岳瀆鎮海，各依五時迎氣日，遣使就其所，祭之以太牢。

[1]五時：謂春、夏、季夏、秋、冬五個時令。泛指一年四季。

[2]春明門：城門名。大興城東面中門，在今陝西西安市東。

[3]明德門：城門名。大興城南面中門，在今陝西西安市南。

[4]安化門：城門名。大興城南面最西門，在今陝西西安市西南郊。

[5]開遠門：城門名。大興城西面北門，在今陝西西安市西北郊。

[6]田地："田"字中華本作"丑"。

[7]立日：指立春、立夏、立秋、立冬日。

[8]土王：土氣旺盛。古人以爲四季皆有土王日，班固《白虎通·五行》："土王四季……土所以王四季何？木非土不生，火非土不榮，金非土不成，水非土不高，土扶微助衰，歷成其道，故五行更王亦須土也。"

晋江左以後，[1]乃至宋、齊，相承始受命之主，皆立六廟，[2]虛太祖之位。宋武初爲宋王，[3]立廟於彭城，[4]但祭高祖已下四世。

[1]江左：區域名。本指今安徽蕪湖市、江蘇南京市長江以東地區。後亦指東晋南朝統治下的全部區域。

[2]六廟：兩晋南朝時期，從在位皇帝六世祖以下立六親廟。

[3]宋武：南朝宋劉裕的謚號。紀見《宋書》卷一至三、《南史》卷一。　宋王：爵名。東晋時一品。

[4]彭城：郡名。南朝宋時治所在今江蘇徐州市。

中興二年，[1]梁武初爲梁公。[2]曹文思議：[3]“天子受命之日，便祭七廟。[4]諸侯始封，即祭五廟。”[5]祠部郎謝廣等並駁之，[6]遂不施用。乃建臺，於東城立四親廟，并妃郗氏而爲五廟。[7]告祠之禮，並用太牢。其年四月，即皇帝位。謝廣又議，以爲初祭是四時常祭，首月既不可移易，宜依前克日於東廟致齋。[8]帝從之。遂於東城時祭訖，遷神主於太廟。[9]始自皇祖太中府君、皇祖淮陰府君、皇高祖濟陰府君、皇曾祖中從事史府君、皇祖特進府君，[10]并皇考，[11]以爲三昭三穆。[12]凡六廟。追尊皇考爲文皇帝，皇妣爲德皇后，[13]廟號太祖。皇祖特進以上，皆不追尊。擬祖遷於上，[14]而太祖之廟不毀，與六親廟爲七，皆同一堂，共庭而別室。春祠、夏礿、秋嘗、冬蒸并臘，[15]一歲凡五，謂之時祭。[16]三年一禘，[17]五年一祫，[18]謂之殷祭。[19]禘以夏，祫以冬，皆以功臣配。其儀頗同南郊。又有小廟，[20]太祖太夫人廟也。[21]非嫡，故別立廟。皇帝每祭太廟訖，乃詣小廟，亦以一太牢，如太廟禮。

[1]中興：南朝齊和帝蕭寶融年號（501—502）。

[2]梁武：南朝梁蕭衍的諡號。紀見《梁書》卷一至三，《南史》卷六、七。

[3]曹文思：人名。南朝梁時人。具體事迹不詳。

[4]七廟：古代天子立七廟，指四親廟（父、祖、曾祖、高祖）、二祧（遠祖）和始祖廟。《禮記·王制》：“天子七廟，三昭

三穆，與太祖之廟而七。"

[5]五廟：古代諸侯立五廟，即父、祖、曾祖、高祖、始祖之廟。《禮記·祭法》："諸侯立五廟、一壇、一墠。曰考廟，曰王考廟，曰皇考廟，皆月祭之。顯考廟、祖考廟享嘗乃止。"

[6]祠部郎：官名。尚書祠部曹長官，亦稱祠部郎中，資深勤能者可轉侍郎。多以明禮通儒充任。南朝梁五班。 謝廣：人名。南朝梁時人。具體事迹不詳。《通典》卷五〇《吉禮九》亦載其論禮事。

[7]郗氏：蕭衍妃郗徽。傳見《梁書》卷七、《南史》卷一二。"郗"字底本作"郄"，中華本作"郗"，據中華本改。

[8]克日：約定或限定日期。

[9]神主：古代爲已死的君主、諸侯做的牌位，用木或石製成。

[10]皇祖太中府君：即蕭裔。事略見《梁書·武帝紀中》。皇祖淮陰府君：即蕭整。事略見《梁書·武帝紀中》。 皇高祖濟陰府君：即蕭鎋。事略見《梁書·武帝紀中》。 皇曾祖中從事史府君：即蕭副子。事略見《梁書·武帝紀中》。 皇祖特進府君：即蕭道賜。事略見《梁書·武帝紀中》。

[11]皇考：對亡父的尊稱。此處指蕭順之。事見《梁書·武帝紀上》《南史·梁武帝紀》。

[12]三昭三穆：古代宗法制度，宗廟或宗廟中神主的排列次序，始祖居中，以下父子（祖、父）遞爲昭穆，左爲昭，右爲穆。《周禮·春官·小宗伯》："辨廟祧之昭穆。"鄭玄注："父曰昭，子曰穆。"

[13]皇妣爲德皇后：《梁書·武帝紀中》記："皇妣爲獻皇后，追諡妃郗氏爲德皇后。"卷七《太祖張皇后傳》："天監元年五月甲辰，追上尊號爲皇后，諡曰獻。"《南史·梁武帝紀》亦記："皇妣張氏爲獻皇后，陵曰建陵。郗氏爲德皇后，陵曰修陵。"則本書此處有誤，應爲"獻"而非"德"。

[14]擬：揣度。陳戍國以爲此指一堂七廟之制，在擬議中

（參見陳戍國《魏晋南北朝禮制研究》，湖南教育出版社 1995 年版，
第 256 頁）。

　　［15］春祠、夏礿（yuè）、秋嘗、冬蒸：古代宗廟時祭名。《禮
記·王制》：“天子諸侯宗廟之祭，春曰礿，夏曰禘，秋曰嘗，冬曰
烝。”董仲舒《春秋繁露·四祭》：“四祭者，因四時之所生孰，而
祭其先祖父母也。故春曰祠，夏曰礿，秋曰嘗，冬曰蒸……祠者，
以正月始食韭也；礿者，以四月食麥也；嘗者，以七月嘗黍稷也；
蒸者，以十月進初稻也。”　臘：祭名。古代稱祭百神爲“蠟”，
祭祖先爲“臘”，秦漢以後統稱“臘”。《禮記·月令》：“（孟冬之
月）天子乃祈來年于天宗，大割祠于公社及門閭，臘先祖五祀，勞
農以休息之。”

　　［16］時祭：四時的祭祀。

　　［17］禘（dì）：古代帝王、諸侯舉行各種大祭的總名。凡祀天、
宗廟大祭與宗廟時祭均稱爲“禘”。《禮記·祭法》：“有虞氏禘黄
帝而郊嚳。”孔穎達疏：“經傳之文，稱禘非一，其義各殊。《論語》
云‘禘自既灌’及《春秋》‘禘于大廟’，謂宗廟之祭也……《爾
雅·釋天》云‘禘，大祭’，以比餘處爲大祭，總得稱禘。”《爾
雅·釋天》：“禘，大祭也。”郝懿行義疏：“禘者，《説文》云‘諦，
祭也’，引《周禮》曰‘五歲一禘’，本《禮》緯文也。《公羊·文
二年傳》‘五年而再殷祭’。何休注以爲‘五年，禘也’。按禘之
名，古多異説。有時祭之禘：則《王制》云‘春曰礿，夏曰禘’，
《祭義》云‘春禘秋嘗’，鄭玄注以爲殷禮也。有殷祭之禘：則
《詩序》云‘雝，禘大祖也’，鄭玄箋‘禘，大祭也。大於四方而
小於祫’。又有郊祭之禘：亦《詩序》云‘《長發》，大禘也’，鄭
玄箋‘大禘，郊祭天也’，《祭法》云‘有虞氏禘黄帝而郊嚳’，鄭
玄注‘此禘謂祭昊天於圜丘也’。”

　　［18］祫（xiá）：古代天子諸侯宗廟祭禮之一。集合遠近祖先的
神主於太祖廟大合祭。三年喪畢時舉行一次，次年禘祭後又舉行一
次，以後每五年一次。《春秋公羊傳》文公二年：“大事者何？大祫

也。大祫者何？合祭也。其合祭奈何？毀廟之主陳于大祖，未毀廟之主，皆升，合食于大祖。五年而再殷祭。”何休注：“殷，盛也。謂三年祫，五年禘。”

[19]殷祭：盛大的祭典。指三年一次的祖廟大祭（禘）及五年一次合祭諸祖神主的大祭（祫）。《禮記·曾子問》：“君之喪服除，而後殷祭，禮也。”孔穎達疏曰：“殷，大也。小大二祥變除之大祭，故謂之殷祭也。”

[20]小廟：帝王之庶出者爲其生母所立之廟。

[21]太祖太夫人：即蕭衍母，蕭順之妻獻皇后張氏。傳見《梁書》卷七、《南史》卷一二。

　　天監三年，尚書左丞何佟之議曰：[1]“禘於首夏，物皆未成，故爲小。祫於秋冬，萬物皆成，其禮尤大。司勳列功臣有六，[2]皆祭於大蒸，[3]知祫尤大，乃及之也。近代禘祫，並（不）及功臣，[4]有乖典制。宜改。”詔從之。自是祫祭乃及功臣。是歲，都令史王景之，[5]列自江左以來，郊廟祭祀，帝已入齋，百姓尚哭，以爲乖禮。佟之等奏：“案《禮》國門在皋門外，[6]今之籬門是也。[7]今古殊制，若禁凶服不得入籬門爲太遠，[8]宜以六門爲斷。”[9]詔曰：“六門之內，士庶甚多，四時蒸嘗，[10]俱斷其哭。若有死者，棺器須來，既許其大，而不許其細也。到齋日，宜去廟二百步斷哭。”

[1]何佟之：人名。南朝梁時儒生。傳見《梁書》卷四八、《南史》卷七一。

[2]司勳：官名。《周禮》記爲夏官屬官，掌六卿賞地之法，以等其功。此指《周禮》中的司勳篇。

［3］大蒸：即大烝。宗廟之冬祭。《周禮·夏官·司勳》：“凡有功者，銘書於王之大常，祭於大烝。”

［4］並（不）及功臣：此句原作“並不及功臣”，中華本校勘記以爲“衍‘不’字，今據《通典》五〇、《元龜》五七八删”。從改。

［5］都令史：官名。全稱爲尚書都令史。南朝梁時爲尚書省屬官，位在令史上，協助尚書左、右丞管理都省事務，監督諸曹尚書、尚書郎。二班。　王景之：人名。南朝齊時人。善禮。事見《南齊書》卷四四《徐孝嗣傳》，《新唐書·藝文志二》載其撰《要典》三十九卷。

［6］國門：國都的城門。　皋門：古時王宮的外門。《禮記·明堂位》：“大廟，天子明堂；庫門，天子皋門。”皋，通“高”。

［7］籬門：用竹籬做的門，以備防守之用。《通鑑》卷一四二《齊紀》齊東昏侯永元元年八月條胡三省注曰：“臺城外城六門皆設籬門。”

［8］凶服：喪服，孝衣。《禮記·祭義》曰：“郊之祭也，喪者不敢哭，凶服者不敢入國門，敬之至也。”

［9］六門：即臺城六門，大司馬門、東華門、西華門、萬春門、太陽門、承明門。

［10］四時蒸嘗：泛指祭祀。

　　四年，何佟之議：“案《禮》未祭一日，大宗伯省牲鑊，[1]祭日之晨，君親牽牲麗碑。[2]後代有冒暗之防，[3]而人主猶必親奉，故有夕牲之禮。頃代人君，不復躬牽，相承丹陽尹牽牲，[4]於古無取。宜依以未祭一日之暮，太常省牲視鑊，[5]祭日之晨，使太尉牽牲出入也。[6]少牢饋食殺牲於廟門外，今《儀注》詣廚烹牲，[7]謂宜依舊。”帝可其奏。佟之又曰：“鄭玄云：‘天子諸侯之祭禮，先有祼尸之事，[8]乃迎牲。’今《儀注》乃至薦熟畢，[9]太祝方執珪瓚祼地，[10]違謬若斯。又近代人君，不復躬行祼禮。太尉既攝位，實宜親執其事，而越使卑賤太祝，甚乖舊典。愚謂祭日之晨，宜使太尉先行祼獻，[11]乃後迎牲。”帝曰：“祼尸本使神有所附。今既無尸，祼將安設？”[12]佟之曰：“如馬、鄭之意，[13]祼雖獻尸，而義在求神。今雖無尸，求神之義，恐不可闕。”帝曰：“此本因尸以祀神。今若無尸，則宜立寄求之所。”祼義乃定。佟之曰：“《祭統》云：[14]‘獻之屬，莫重於祼。’今既存尸卒食之獻，則祼鬯之求，[15]實不可闕。又送神更祼經記無文。宜依禮革。”奏未報而佟之卒。後明山賓復申其理。帝曰：“佟之既不復存，宜從其議也。”自是始使太尉代太祝行祼而又牽牲。太常任昉，[16]又以未明九刻呈牲，[17]加又太尉祼酒，三刻施饌，間中五刻，行儀不辦。近者臨祭從事，實以二更，[18]至未明三刻方辦。明山賓議：“謂九刻已疑太早，況二更非復祭旦。”帝曰：“夜半子時，[19]即是晨始。宜取三更省牲，餘依《儀注》。”又有司以爲三牲或離杙，[20]依制埋瘞，猪羊死則不埋。請議其制。司馬褧等議，[21]以爲“牲死則埋，必在滌矣。[22]謂三牲在滌死，悉宜埋”。帝從之。

[1]牲鑊：古代烹祭牲用的大鍋。

[2]麗：繫，纏縛。

[3]冒暗：謂在昏暗中行動。

[4]丹陽尹：官名。亦作“丹楊尹”。東晉南朝時爲京城所在

郡府長官，掌京城行政諸務並詔獄，一度掌少府職事，地位頗重。南齊位次九卿，南朝梁品秩不詳。

[5]太常：官名。主管宗廟、祭祀、禮樂、賓客、車輿、天文、學校、陵園等事，但梁時禮儀郊廟制度由尚書八座及儀曹裁定，太常位尊職閑。天監九年改稱太常卿。十四班。

[6]太尉：官名。南朝梁時位於三公之首，爲名譽宰相，多爲大臣加官，無實際職掌。十八班。

[7]《儀注》：具體所指不明，本書《經籍志二》載南朝梁嚴植之撰《凶儀注》四百七十九卷，或指此書。

[8]祼（guàn）尸：對尸主行灌禮。尸，代表死者受祭的人。《禮記·祭統》：“君執圭瓚祼尸，大宗執璋瓚亞祼。”鄭玄注：“圭瓚、璋瓚，祼器也。以圭璋爲柄，酌鬱鬯曰祼……天子諸侯之祭禮，先有祼尸之事，乃後迎牲。”

[9]薦：示祀宗廟進獻祭品。 熟：被加熱到可以食用的食物。

[10]太祝：官名。全稱爲太祝令。南朝梁時職掌大祭祀時宣讀祝文和迎神、送神等事宜。一班。 珪瓚：亦作“圭瓚”。古代的一種玉製酒器，形狀如勺，以圭爲柄，用於祭祀。

[11]祼獻：古代帝王、王后祭祀時，以香酒灌地、以腥熟之食獻神的禮儀。亦泛指祼禮。《周禮·天官·內宰》：“大祭祀，后祼獻則瓚，瑤爵亦如之。”鄭玄注：“謂祭宗廟。王既祼而出迎牲，后乃從後祼也……獻，謂王薦腥薦孰，后亦從後獻也。”

[12]祼：祭名。以香酒灌地而求神。《尚書·洛誥》：“王入太室祼。”孔穎達疏：“王以圭瓚酌鬱鬯之酒以獻尸，尸受祭而灌於地，因奠不飲，謂之祼。”

[13]馬：即馬融。東漢時大儒。傳見《後漢書》卷六〇上。

[14]《祭統》：指《禮記》中的《祭統》篇。

[15]祼鬯（chàng）：古代祭祀儀式。以香酒灌地而告神。《尚書·洛誥》“王入太室祼。”孔安國傳：“太室，清廟，祼鬯告神。”

[16]任昉：人名。南朝梁時人。傳見《梁書》卷一四、《南

史》卷五九。

　　[17]刻：計時單位。古代以漏壺計時，一晝夜分爲百刻。漢哀帝建平二年（前5）分晝夜爲百二十刻。梁武帝天監年間，以八刻爲一辰，晝夜十二辰共得九十六刻。未明九刻相當於現在的凌晨二點一刻。

　　[18]更：量詞。夜間計時的單位，一夜分爲五更，每更約兩小時。二更指晚上九時至十一時。

　　[19]子時：指晚上十一點到凌晨一點。

　　[20]杙（yì）：木樁。

　　[21]司馬褧（jiǒng）：人名。南朝梁時儒生，善禮。傳見《梁書》卷四〇、《南史》卷六二。

　　[22]滌：指滌宮，養祭牲之室。《公羊傳》宣公三年：“帝牲在於滌三月。”何休注：“滌，宮名，養帝牲三牢之處也。謂之滌者，取其蕩滌潔清。”

　　五年，明山賓議：“樽彝之制，[1]祭圖唯有三樽：[2]一曰象樽，[3]周樽也；二曰山罍，[4]夏樽也；三曰著樽，[5]殷樽也。徒有彝名，竟無其器，直酌象樽之酒，以爲珪瓚之實。竊尋祼重於獻，[6]不容共樽，宜循彝器，[7]以備大典。案禮器有六彝，[8]春祠夏礿，祼用雞彝鳥彝，[9]王以珪瓚初祼，[10]后以璋瓚亞祼，[11]故春夏兩祭，俱用二彝。今古禮殊，無復亞祼，止循其二。春夏雞彝，秋冬斝彝，[12]庶禮物備也。”帝曰：“雞是金禽，亦主巽位。[13]但金火相伏，[14]用之通夏，於義爲疑。”山賓曰：“臣愚管，不奉明詔，則終年乖舛。案鳥彝是南方之物，則主火位，[15]木生於火，[16]宜以鳥彝春夏兼用。”帝從之。

[1]樽彝：古代祭祀用的酒器。

[2]祭圖：應指東漢阮諶的《三禮圖》。

[3]象樽：亦作象尊。酒器名。《周禮·春官·司尊彝》："其再獻用兩象尊。"鄭玄注引鄭司農曰："象尊，以象鳳皇。或曰以象骨飾尊。"王肅謂全刻象形，鑿背爲尊。阮諶以爲是畫象以爲飾。後世出土古祭器多如王肅説。

[4]山罍（léi）：古代刻有山雲圖紋的盛酒的祭器。也稱"山尊"。《禮記·明堂位》："山罍，夏后氏之尊也。"孔穎達疏："罍爲雲雷也，畫爲山雲之形也。"

[5]著樽：酒器名。爲祭祀酒器中的較高等級，僅次於太樽。

[6]尋：追索，探求。

[7]彝器：古代宗廟常用的青銅祭器的總稱。如鐘、鼎、尊、罍、俎、豆之屬。

[8]六彝：祭祀所用的六種酒器。因刻畫圖飾各異，而名目不同。《周禮·春官·小宗伯》："辨六彝之名物，以待果將。"鄭玄注："六彝：鷄彝、鳥彝，斝彝、黃彝、虎彝、蜼彝。"

[9]鷄彝：古代祭器之一。刻畫有鷄形圖飾的酒尊。 鳥彝：古代祭器之一。刻有鳳鳥形圖案的祭器。《周禮·春官·司尊彝》："春祠夏禴，裸用鷄彝、鳥彝，皆有舟。"

[10]初裸：行第一次裸禮。

[11]璋瓚：指古代祭祀時打鬯酒的玉器，以璋爲柄。璋，古代的一種玉器，形狀像半個圭。 亞裸：行第二次裸禮。

[12]斝（jiǎ）彝：古代祭器之一。刻畫有禾稼紋飾的酒器。斝，底本作"牛"，中華本作"斝"。《周禮·春官·司尊彝》："秋嘗，冬烝，裸用斝彝、黃彝。"鄭玄注："斝讀爲稼，稼彝，畫禾稼也。"今據中華本改。

[13]巽（xùn）：東南方。《易·説卦》："巽，東南也。"

[14]金火相伏：根據五行説，火克金。伏即屈服的意思。

[15]火位：五行中火行的方位，爲南方。

[16]木生於火：根據五行説，木生火。

七年，舍人周捨以爲：[1]"《禮》'玉輅以祀，金輅以賓'，[2]則祭日應乘玉輅。"詔下其議。左丞孔休源議：[3]"玉輅既有明文，而《儀注》金輅，當由宋、齊乖謬，宜依捨議。"帝從之。又禮官司馬筠議：[4]"自今大事，遍告七廟，小事止告一室。"於是議以封禪，[5]南、北郊，[6]祀明堂，巡省四方，[7]御臨戎出征，[8]皇太子加元服，[9]寇賊平蕩，築宮立闕，纂戎戒嚴、解嚴，[10]合十一條，則遍告七廟。講武修宗廟明堂、臨軒封拜公王，[11]四夷款化貢方物，[12]諸公王以愆削封，[13]及詔封王紹襲，[14]合六條，則告一室。帝從之。

[1]舍人：官名。據《梁書》卷二五《周捨傳》，其所任爲中書通事舍人，則此指中書通事舍人。中書通事舍人，亦稱中書舍人。掌收納、轉呈文書章奏，多任用名流。梁四班。　周捨：人名。南朝梁時人。傳見《梁書》卷二五，《南史》卷三四有附傳。

[2]金輅：天子所用五種車之一，用於載其同姓賓客。飾以金，因名金輅。《周禮・春官・巾車》："金輅，鈎，樊纓九就，建大旂，以賓同姓。"

[3]孔休源：人名。南朝梁時人。傳見《梁書》卷三六、《南史》卷六〇。

[4]禮官：主司禮儀官員的通稱。據上文，司馬筠時任尚書左丞。

[5]封禪：古代祭禮之一。即封土爲壇而祭，是帝王祭祀天地

的儀式，封爲祭天之禮，禪爲祭地之儀。據《史記·封禪書》記載，封禪之禮始於伏羲氏之前的無懷氏，他曾封泰山，其後有伏羲、神農、炎帝、黃帝、顓頊等行封禮，表達了人對自然的崇拜。秦漢以後，歷朝帝王均於泰山舉行封禪祭祀。

[6]北郊：古代帝王舉行祭地之儀的地方。

[7]巡省四方：亦稱巡守。天子所行的規章，即離開國都巡省境内。《禮記·王制》："天子五年一巡守。"鄭玄注曰："天子以海内爲家，時一巡省之五年者，虞夏之制也。周則十二歲一巡守。"

[8]臨戎：親臨戰陣，從軍。

[9]元服：帽子。《儀禮·士冠禮》："令月吉日，始加元服。"

[10]纂戎：謂繼承先人的武功。 戒嚴：在戰時或其他非常情況下，所采取的嚴密防備措施。 解嚴：解除非常的戒備措施。

[11]講武：講習武事。 臨軒：皇帝不坐正殿而御前殿。殿前堂陛之間近簷處兩邊有檻楯，如車之軒，故稱。

[12]方物：本地的産物，土産。

[13]愆：罪過，過失。 封：領地，邦國。

[14]封：帝王以爵位、土地、名號等賜人。 紹襲：承襲。

九年，詔簠簋之實，[1]以藉田黑黍。[2]

[1]簠簋：簠與簋，古代祭祀、宴饗時用以盛黍稷稻粱之禮器。簠，長方形，口外侈，有四短足及二耳。蓋與器形狀相同，合上爲一器，打開則成大小相同的兩個器皿。簋，一般爲圓腹，侈口，圈足。商代的簋多無蓋、無耳或有二耳。西周和春秋的簋常帶蓋，有二耳，四耳。《周禮·地官·舍人》："凡祭祀，共簠、簋，實之陳之。"

[2]黑黍：稻米的一種，又稱黑米，古人常用於煮飯或釀酒。

　　十二年，詔曰："祭祀用洗匜中水盥，[1]仍又滌爵。[2]爵以禮神，宜窮精潔，而一器之內，雜用洗手，外可詳議。"於是御及三公應盥及洗爵，各用一匜。

　　[1]洗匜（yí）：古代一種盛水盥洗的器皿。匜，出現於西周中期，盛行於東周。青銅製，也有陶製的，多是明器。形似瓢，無蓋。有的有足或圈足，並有流、鋬；有的無足，柄中有道。古代盥洗時用以盛水之具。《左傳》僖公二十三年："奉匜沃盥，既而揮之。"杜預注："匜，沃盥器也。"楊伯峻注："匜，音移，古人洗手洗面之具，用以盛水。古人洗盥，一人持匜，灌水於洗盥者之手以洗之，下有槃，以盛盥訖之水。"《論文·匸部》："匜，似羹魁，柄中有道，可以注水。"亦可用作酒器。　盥：澆水洗手。

　　[2]爵：古代一種盛酒禮器。青銅製，像雀形，有流、兩柱、三足，用以溫酒或盛酒，盛行於殷代和西周初期。

　　十六年四月，詔曰："夫神無常饗，[1]饗于克誠，所以西鄰祔祭，[2]實受其福。宗廟祭祀，猶有牲牢，[3]無益至誠，有累冥道。[4]自今四時蒸嘗外，可量代。"八座議：[5]"以大脯代一元大武。"[6]八座又奏："既停宰殺，無復省牲之事，請立省饌儀。其衆官陪列，並同省牲。"帝從之。十月，詔曰："今雖無復牲腥，猶有脯脩之類，即之幽明，義爲未盡。可更詳定，悉薦時蔬。"左丞司馬筠等參議："大餅代大脯，[7]餘悉用蔬菜。"帝從之。又舍人朱异議："二廟祀，相承止有一鉶羹，[8]蓋祭祀之禮，應有兩羹，相承止於一鉶，即禮爲乖。請加熬油蓴羹一鉶。"[9]帝從之。於是起至敬殿、景陽臺，[10]立七廟

座。月中再設净饌。自是訖於臺城破,[11]諸廟遂不
血食。

[1]饗：通“享”，祭祀、祭獻。

[2]西鄰：西邊的鄰國。　袷祭：古代宗廟時祭名。在夏商時
爲春祭，在周代則爲夏祭。

[3]牲牢：猶牲畜。《詩·小雅·瓠葉序》：“上棄禮而不能行,
雖有牲牢饕餗，不肯用也。”鄭玄箋：“牛羊豕爲牲，繫養者曰牢。”

[4]冥道：冥界。

[5]八座：高級官員合稱。東漢用以稱尚書令、僕射、六曹尚
書。魏晉至隋用以稱尚書令、左右僕射、諸曹尚書，無論共有幾
人，皆沿其稱。

[6]脯：將肉割成條曬成的肉乾。　一元大武：古代祭祀用牛
的別稱。

[7]餅：古稱烤熟或蒸熟的麵食。取面水合並之意。後專指扁
圓形的用麵粉、米粉等做成的食品。

[8]鉶（xíng）：通“鉶”。盛菜羹的器皿。古常用於祭祀。
羹：用肉類或菜蔬等製成的帶濃汁的食物。

[9]蓴羹：用蓴菜烹製的羹。

[10]敬殿：宮殿名。確址不詳。　景陽臺：地名。確址不詳。
按，三國吳時建景陽山於今江蘇南京市鷄鳴山南古臺城華林園內，
景陽臺或與之相近。

[11]臺城：地名。在今江蘇南京市鷄鳴山南乾河沿北。本三國
吳後苑城，東晉時改建，稱臺城。

普通七年,[1]袷皇太子所生丁貴嬪神主于小廟。[2]其
儀，未袷前，先修坎室,[3]改塗。[4]其日，有司行掃除，
開坎室，奉皇考太夫人神主於坐。奠制幣訖,[5]衆官入

自東門，位定，祝告訖，撤幣，埋於兩楹間。有司遷太夫人神主於上，又奉穆貴嬪神主於下，[6]陳祭器，如時祭儀。禮畢，納神主，閉于坎室。

[1]普通：南朝梁武帝蕭衍年號（520—527）。

[2]祔：在祠廟中配享，附祭。　丁貴嬪：南朝梁武帝蕭衍妃，名令光。傳見《梁書》卷七、《南史》卷一二。

[3]坎室：坑，地洞。

[4]改塗：改變路徑。

[5]奠：謂置祭品祭祀鬼神或亡靈。　制幣：古代祭祀時所供之繒帛。帛的長寬皆有定制，因稱“制幣”。

[6]穆貴嬪：即丁貴嬪。其爲南朝梁簡文帝蕭綱的生母，謚曰穆。

陳制，立七廟，一歲五祠，謂春夏秋冬臘也。每祭共以一太牢，始祖以三牲首，餘唯骨體而已。五歲再殷，殷大祫而合祭也。初文帝入嗣，而皇考始興昭烈王廟在始興國，[1]謂之東廟。天嘉四年，[2]徙東廟神主，祔于梁之小廟，改曰國廟。祭用天子儀。

[1]始興昭烈王：即陳道談。南朝陳高祖之兄，陳世祖之父。事見《陳書》卷一《高祖紀上》、卷二八《始興王伯茂傳》。　始興國：地名。南朝陳時治所在今廣東韶關市東南蓮花嶺下。

[2]天嘉：南朝陳文帝陳蒨年號（560—566）。

後齊文襄嗣位，[1]猶爲魏臣，置王高祖秦州使君、王曾祖太尉武貞公、王祖太師文穆公、王考相國獻武王，[2]凡四廟。文宣帝受禪，置六廟：曰皇祖司空公廟、皇祖吏部尚書廟、皇祖秦州使君廟、皇祖文穆皇帝廟、太祖獻武皇帝廟、世宗文襄皇帝廟，[3]爲六廟。獻武已下不毀，已上則遞毀。並同廟而別室。既而遷神主於太廟。文襄、文宣，並太祖之子，文宣初疑其昭穆之次，欲別立廟。衆議不同。至二年秋，[4]始祔太廟。春祠、夏礿、秋嘗、冬蒸，皆以孟月，[5]并臘，凡五祭。禘祫如梁之制。每祭，室一太牢，始以皇后預祭。河清定令，[6]四時祭廟禘祭及元日廟庭，並設庭燎二所。[7]

[1]文襄：北齊高澄死後被追尊的諡號。紀見《北齊書》卷三、《北史》卷六。

[2]王高祖秦州使君：即高湖。傳見《魏書》卷三二。　王曾祖太尉武貞公：即高謐。《魏書》卷三二有附傳。　王祖太師文穆公：即高樹生。《魏書》卷三二有附傳。　王考相國獻武王：即高歡。紀見《北齊書》卷一、二，《北史》卷六。

[3]皇祖司空公：即高慶。事見《魏書·高湖傳》。　皇祖吏部尚書：即高泰。事見《魏書·高湖傳》。

[4]二年：此指天保二年。天保，北齊文宣帝高洋年號（550—559）。

[5]孟月：四季的第一個月，即農曆正月、四月、七月、十月。

[6]河清：北齊武成帝高湛年號（562—565）。

[7]庭燎：古代庭中照明的火炬。

王及五等開國，[1]執事官、散官從三品已上，[2]皆祀五世。五等散品及執事官、散官正四品已下從五品已上，[3]祭三世。三品已上，牲用一太牢，五品已上，[4]少牢。執事官正六品已下，從七品已上，祭二世，用特牲。[5]正八品已下，達於庶人，祭於寢，[6]牲用特肫，[7]或亦祭祖禰。[8]諸廟悉依其宅堂之制，其間數各依廟多少爲限。其牲皆子孫見官之牲。

[1]王：爵名。多用以封授宗室，少數建有殊勳的功臣亦封王。五等開國：指公、侯、伯、子、男五等開國爵。開國本指封爵中開國置官食封者，後僅爲爵位名。

[2]執事官：指各級官府内有具體職務的官員，相對於散官而言。　散官：指有官名而無固定職事的官。

[3]正四品：諸本皆作“正三品”，侯旭東以爲當作“正四品”。否則正、從三品官既可祭五世，又可祀三世，就制度言，顯然不妥。（參見侯旭東《〈隋書〉標點勘誤及校勘補遺五則》，《中國史研究》2001年第1期）從改。

[4]五品已上：諸本皆作“五品已下”，侯旭東以爲當作“五品已上”，與上文對應（參見侯旭東《〈隋書〉標點勘誤及校勘補遺五則》）。從改。

[5]特牲：祭禮或賓禮祇用一種牲畜。

[6]寢：臥室。

[7]特肫（chún）：古代祭祀用牲後體的一部分。《儀禮·特牲饋食禮》：“尸俎，右肩臂臑肫胳。”

[8]祖禰：祖廟與父廟。《周禮·春官·甸祝》：“舍奠于祖禰，乃斂禽，禂牲，禂馬，皆掌其祝號。”

後周之制，思復古之道，乃右宗廟而左社稷。置太祖之廟，并高祖已下二昭二穆，凡五。親盡則遷。其有德者謂之祧，[1]廟亦不毀。閔帝受禪，[2]追尊皇祖爲德皇帝，[3]文王爲文皇帝，[4]廟號太祖。擬已上三廟遞遷，至太祖不毀。其下相承置二昭二穆爲五焉。明帝崩，[5]廟號世宗，武帝崩，[6]廟號高祖，並爲祧廟而不毀。其時祭，各於其廟，祫禘則於太祖廟，亦以皇后預祭。其儀與後齊同。所異者，皇后亞獻訖，后又薦加豆之籩，[7]其實菱芡芹菹兔醢。[8]冢宰終獻訖，皇后親撤豆，降還板位。[9]然後太祝撤焉。[10]

[1]祧（tiāo）：遠祖廟。

[2]閔帝：北周宇文覺的謚號。紀見《周書》卷三、《北史》卷九。

[3]德皇帝：即宇文肱。北魏人，參與六鎮起義，死於與定州軍的戰鬥。事見《周書》卷一《文帝紀上》、《北史》卷九《周太祖紀》。

[4]文皇帝：即宇文泰。紀見《周書》卷一、二，《北史》卷九。

[5]明帝：北周宇文毓的謚號。紀見《周書》卷四、《北史》卷九。

[6]武帝：北周宇文邕的謚號。紀見《周書》卷五、六，《北史》卷一〇。

[7]豆：本指一種食器。亦用作裝酒肉的祭器。形似高足盤，大多有蓋。多爲陶製，也有用青銅、木、竹製成的。此借指食物。
籩（biān）：古代祭祀和宴會時盛果脯的竹器，形狀像木製的豆。

[8]菱：一年生水生草本植物。果實有硬殼，一般有角，俗稱菱角。　芡：水生植物名。又名鷄頭。種子稱“芡實”，供食用，亦可入藥。　芹：即水芹。多年生水生宿根草木。莖葉可做菜。菹：醃菜。《詩·小雅·信南山》：“疆場有瓜，是剝是菹。”鄭玄箋：“淹漬以爲菹。”　兔醢：用兔肉做的肉醬。

[9]板位：亦稱"版位"。古代舉行典禮時以板牌標明的參加者的就位處。

[10]太祝：官名。全稱太祝下大夫，北周時爲春官府屬官，掌祭祀祝禱等事，員一人，正四命。

高祖既受命，[1]遣兼太保宇文善、兼太尉李詢，[2]奉策詣同州，[3]告皇考桓王廟，[4]兼用女巫，[5]同家人之禮。上皇考桓王尊號爲武元皇帝，皇妣尊號爲元明皇后，[6]奉迎神主，歸于京師。犧牲尚赤，祭用日出。是時帝崇建社廟，改周制，左宗廟而右社稷。宗廟未言始祖，又無受命之祧，自高祖已下，置四親廟，同殿異室而已。一曰皇高祖太原府君廟，[7]二曰皇曾祖康王廟，[8]三曰皇祖獻王廟，[9]四曰皇考太祖武元皇帝廟。擬祖遷於上，而太祖之廟不毁。各以孟月，饗以太牢。四時薦新於太廟，有司行事，而不出神主。祔祭之禮，並準時饗。其司命、户以春，[10]竈以夏，[11]門以秋，[12]行以冬，[13]各於享廟日，[14]中霤則以季夏祀黄郊日，[15]各命有司，祭於廟西門道南。牲以少牢。三年一祫，以孟冬，[16]遷主、未遷主合食於太祖之廟。五年一禘，以孟夏，其遷主各食於所遷之廟，未遷之主各於其廟。禘祫之月，則停時饗，而陳諸瑞物及伐國所獲珍奇於廟庭，及以功臣配饗。并以其日，使祀先代王公帝堯於平陽，以契配；[17]帝舜於河東，[18]咎繇配；[19]夏禹於安邑，[20]伯益配；[21]殷湯於汾陰，[22]伊尹配；[23]文王、武王於灃渭之郊，[24]周公、召公配；[25]漢高帝於長陵，[26]蕭何配。[27]各以一太牢而無樂。配者饗於廟庭。

[1]高祖：隋文帝楊堅的廟號。紀見本書卷一、二，《北史》
卷一一。

[2]兼：官制用語。即以本官兼任、兼行或兼領其他官職。南
北朝時凡祭祀、奉使等臨時委官代行某職，皆曰兼某職。　太保：
官名。爲三師之一，無職事，不置府僚，與皇帝坐而論道。正一
品。煬帝時罷。　宇文善：人名。宇文貴之子，在北周官至上柱
國、許國公。隋文帝受禪後，對其更加禮遇。開皇六年（586）受
其兄宇文忻謀反事牽連，被除名廢於家，不久後卒。事見本書卷四
〇《宇文忻傳》、《北史》卷六〇《宇文貴傳》。　太尉：官名。名
義上參議大政，其位多曠，遇有典禮，以他官攝行其事。如置，則
坐於尚書都省。正一品。　李詢：人名。北周、隋時人。本書卷三
七、《北史》卷五九有附傳。

[3]同州：治所在今陝西大荔縣。隋大業三年（607）廢。

[4]桓王：即楊忠。北周、隋時人，隋文帝楊堅父。傳見《周
書》卷一九，事另見《北史·隋文帝紀》。

[5]女巫：古代以歌舞迎神、掌占卜祈禱的女官。

[6]元明皇后：楊忠妻呂氏。事見本書《高祖紀上》、《北史·
隋文帝紀》。

[7]太原府君：即楊惠嘏。事見本書《高祖紀上》、《北史·隋
文帝紀》。

[8]康王：即楊烈。事見本書《高祖紀上》、《北史·隋文帝紀》。

[9]獻王：即楊禎。事見本書《高祖紀上》、《北史·隋文帝紀》。

[10]司命：神名。《禮記·祭法》：“王爲群姓立七祀，曰司命、
曰中霤、曰國門、曰國行、曰泰厲、曰户、曰竈。”孔穎達疏：“司
命者，宮中小神。熊氏云：非天之司命，故祭於宮中。”　户：神
名。户神。按，司命與户之間中華本斷以逗號，侯旭東以爲司命、
户等乃古代王爲群姓所立七祀，其中應作頓號（侯旭東《〈隋書〉

標點勘誤及校勘補遺五則》）。從改。

[11]竈（zào）：灶神。

[12]門：神名。亦稱"國門"，爲主城門之神。

[13]行：神名。行神。《禮記‧祭法》："王爲群姓立七祀，曰司命、曰中霤、曰國門、曰國行、曰泰厲、曰戶、曰竈。"孔穎達疏："國行者，謂行神，在國門外之西。"

[14]享廟：帝王祭祖廟。

[15]中霤（liù）：即后土之神。《禮記‧郊特牲》："家主中霤而國主社。"

[16]孟冬：農曆十月。

[17]契：傳說中商的祖先，爲帝嚳之子。舜時佐禹治水有功，任爲司徒，封於商，賜姓子氏。其事參《尚書‧舜典》、《史記》卷三《殷本紀》。

[18]舜：即虞舜。相傳受堯禪讓，後禪位於禹，死在蒼梧。其事參《尚書‧堯典》、《史記》卷一《五帝本紀》。　河東：地區名。大約在今山西西南部。

[19]咎繇：即皋陶。傳說虞舜時的司法官，爲舜之賢臣。咎，通"皋"。

[20]夏禹：又稱大禹、戎禹。姒姓，名文命，鯀之子。其事詳見《尚書》之《舜典》《大禹謨》《皋陶謨》《益稷》《禹貢》等篇及《史記》卷二《夏本紀》。　安邑：地名。在今山西夏縣西北禹王城。

[21]伯益：人名。爲舜時東夷部落的首領，爲嬴姓各族的祖先。相傳伯益助禹治水有功，禹欲讓位於益，益避居箕山之北。其事略見《尚書‧舜典》《孟子‧萬章上》。

[22]殷湯：商開國之君。事見《史記‧殷本紀》。　汾陰：地名。即今山西萬榮縣西南古城。

[23]伊尹：商湯大臣，名伊，一名摯，尹是官名。事見《尚書》《左傳》及《呂氏春秋》。

　　[24]灃渭：地名。在今陝西西安市長安區西北灃河西岸。
“灃”原作“澧”，中華本據《通典》卷五三改，從改。

　　[25]周公：即姬旦。事詳見《史記》卷三三《魯周公世家》。
召公：即姬奭。因封地在召，故稱召公或召伯，又作邵公、邵
伯。與周公共同輔佐周成帝。事詳見《史記》卷三四《燕召公世
家》。

　　[26]漢高帝：即西漢皇帝劉邦。紀見《史記》卷八，《漢書》
卷一、二。　　長陵：地名。在今陝西咸陽市東北，爲劉邦所葬
之處。

　　[27]蕭何：人名。西漢初功臣。傳見《史記》卷五三、《漢
書》卷三九。

　　大業元年，[1]煬帝欲遵周法，[2]營立七廟，詔有司詳
定其禮。禮部侍郎、攝太常少卿許善心，[3]與博士褚亮
等議曰：[4]

　　[1]大業：隋煬帝楊廣年號（605—618）。
　　[2]煬帝：隋楊廣的謚號。紀見本書卷三、四，《北史》卷
一二。
　　[3]禮部侍郎：官名。禮部司之長官，掌禮部司事，置一人。
正六品上。開皇三年升爲從五品。大業三年，升爲禮部副長官，以
佐尚書掌部事。禮部司長官改稱儀曹郎。　　攝：代理、兼職。長官
兼理部屬職責，低級官員代行較高職權，均可稱攝。　　太常少卿：
官名。爲太常寺次官，位列諸寺少卿之首。協助太常卿管理禮樂宗
廟祭祀事務。四品上。煬帝時降爲從四品。　　許善心：人名。南朝
陳、隋時人。傳見本書卷五八、《北史》卷八三。
　　[4]博士：官名。全稱爲太常博士。太常寺屬官，專掌討論禮
制。從七品。　　褚亮：人名。南朝陳、隋、唐時人。傳見《舊唐

書》卷七二、《新唐書》卷一○二。

　　謹案《禮記》："天子七廟，三昭三穆，與太祖之廟而七。"鄭玄注曰："此周制也。七者，太祖及文王、武王之祧，與親廟四也。殷則六廟，契及湯，與二昭二穆也。夏則五廟，無太祖，禹與二昭二穆而已。"[1]玄又據王者禘其祖之所自出，而立四廟。案鄭玄義，天子唯立四親廟，并始祖而爲五。周以文、武爲受命之祖，特立二祧，是爲七廟。王肅注《禮記》：[2]"尊者尊統上，卑者尊統下。故天子七廟，諸侯五廟。其有殊功異德，非太祖而不毀，不在七廟之數。"案王肅以爲天子七廟，是通百代之言，又據《王制》之文"天子七廟，諸侯五廟，大夫三廟"，降二爲差。是則天子立四親廟，又立高祖之父，高祖之祖，并太祖而爲七。周有文、武、姜嫄，[3]合爲十廟。漢諸帝之廟各立，無迭毀之義，至元帝時，[4]貢禹、匡衡之徒，[5]始建其禮，以高帝爲太祖，而立四親廟，是爲五廟。唯劉歆以爲天子七廟，[6]諸侯五廟，降殺以兩之義。[7]七者，其正法，可常數也，宗不在數內，有功德則宗之，不可預設爲數也。[8]是以班固稱，[9]考論諸儒之議，劉歆博而篤矣。光武即位，[10]建高廟於雒陽，[11]乃立南頓君以上四廟，[12]就祖宗而爲七。至魏初，高堂隆爲鄭學，[13]議立親廟四，太祖武帝，[14]猶在四親之內，乃虛置太祖及二祧，以待後代。至景初間，[15]乃依王肅，更立五世、六世祖，就四親而爲六廟。晋武受禪，[16]博議宗祀，自文帝以上六世祖征西府君，[17]而宣帝亦序於昭穆，[18]未升太祖，故祭止六也。江左中興，賀循知禮，[19]至於寢廟之儀，皆依魏、晉舊事。宋武帝初受晉命爲王，[20]依諸侯立親廟四。即位之後，增祠五世祖相國掾府君、六世祖右北平府君，[21]止於六廟。逮身殁，主升從昭穆，猶太祖之位也。降及齊、梁，守而弗革，加崇迭毀，禮無違舊。

[1]"天子七廟"至"禹與二昭二穆而已"：引文出於《禮記·王制》。鄭玄注原文爲："此周制。七者，太祖及文王、武王之祧，與親廟四。太祖、后稷，殷則六廟，契及湯，與二昭二穆。夏則五廟，無太祖，禹與二昭二穆而已。"

[2]王肅：人名。東漢、曹魏時人。《三國志》卷一三有附傳。

[3]姜嫄：人名。亦作"姜原"。周人始祖后稷之母。帝嚳之妻。傳說她於郊野踐巨人足迹懷孕生稷。事見《詩·大雅·生民》、《史記》卷四《周本紀》。

[4]元帝：西漢劉奭的謚號。紀見《漢書》卷九。

[5]貢禹：人名。西漢時人。傳見《漢書》卷七二。　匡衡：人名。西漢時人。傳見《漢書》卷八一。

[6]劉歆：人名。兩漢時人。傳見《漢書》卷三六。

[7]降殺：遞減。

[8]設：原作"毀"，中華本據《册府元龜》卷五八四、《舊唐書》卷七二《褚亮傳》改。從改。

[9]班固：人名。東漢時人。傳見《後漢書》卷四〇。

[10]光武：東漢劉秀的謚號。紀見《後漢書》卷一。

[11]高廟：指宗廟。　雒陽：地名。即今河南洛陽市。

[12]南頓君：即漢劉欽。事見《後漢書·光武帝紀上》。

[13]高堂隆：人名。東漢、曹魏時人。傳見《三國志》卷二五。

卷七

志第二

383

［14］太祖武帝：曹操被追封的謚號。紀見《三國志》卷一。

［15］景初：魏明帝曹叡年號（237—239）。

［16］晋武：西晋司馬炎的謚號。紀見《晋書》卷三。

［17］征西府君：即司馬鈞，東漢時曾爲征西將軍，故稱。其事略見《後漢書》卷五《安帝紀》、卷一六《鄧騭傳》、卷五一《龐參傳》、卷八七《西羌傳》。

［18］宣帝：司馬懿被追封的謚號。紀見《晋書》卷一。

［19］賀循：人名。西晋時人。傳見《晋書》卷六八。

［20］宋武帝：南朝宋劉裕的謚號。紀見《宋書》卷一至三、《南史》卷一。

［21］相國掾府君：即劉熙。事見《宋書·武帝紀上》《南史·宋武帝紀》。　右北平府君：即劉旭孫。事見《宋書·武帝紀上》《南史·宋武帝紀》。

臣等又案姬周自太祖已下，皆別立廟，至於禘祫，俱合食於太祖。是以炎漢之初，[1]諸廟各立，歲時嘗享，亦隨處而祭，所用廟樂，皆象功德而歌舞焉。[2]至光武乃總立一堂，而群主異室，斯則新承寇亂，欲從約省。自此以來，因循不變。伏惟高祖文皇帝，睿哲玄覽，神武應期，受命開基，垂統聖嗣，當文明之運，定祖宗之禮。且損益不同，沿襲異趣，時王所制，可以垂法。自歷代以來，雜用王、鄭二義，若尋其指歸，校以優劣，康成止論周代，非謂經通，子雍總貫皇王，事兼長遠。今請依據古典，崇建七廟。受命之祖，宜別立廟祧，百代之後，爲不毀之法。至於鑾駕親奉，申孝享於高廟，有司行事，竭誠敬於群主，俾夫規模可則，嚴祀易遵，表有功而彰明德，大復古而貴能變。

［1］炎漢：即漢朝。因漢自稱以火德王，故稱炎漢。

［2］功德：功業與德行。

　　臣又案周人立廟，亦無處置之文。據冢人處職而言
之，[1]先王居中，以昭穆爲左右。阮忱撰《禮圖》，[2]亦
從此議。漢京諸廟既遠，[3]又不序禘祫。今若依周制，
理有未安，雜用漢儀，事難全採。謹詳立別圖，附之
議末。

［1］冢人：春秋戰國官名。掌墓地兆域。《周禮・春官・冢
人》：“冢人，掌公墓之地，辨其兆域而爲之圖。”《儀禮・士喪禮》：
“筮宅，冢人營之。”

［2］阮忱：人名。其事不詳。

［3］漢京：指東漢的都城洛陽。

　　其圖，太祖、高祖各一殿，准周文武二祧，與始祖
而三。餘並分室而祭。始祖及二祧之外，從迭毀之法。
詔可，未及創制。

　　既營建洛邑，帝無心京師，乃於東都固本里北，[1]
起天經宮，[2]以游高祖衣冠，[3]四時致祭。於三年，有司
奏，請准前議，於東京建立宗廟。帝謂秘書監柳晉
曰：[4]“今始祖及二祧已具，今後子孫，處朕何所？”又
下詔，唯議別立高祖之廟，屬有行役，遂復停寢。

［1］東都：即洛陽。在今河南洛陽市。　固本里：地名。位於

洛陽城中，確址不詳。

［2］天經宮：宮名。《通鑑》卷一八○《隋紀》大業元年三月條胡三省注曰：“《經》曰：夫孝，天之經也。故以名宮。”位於固本里（坊）中，確址不詳。

［3］游高祖衣冠：漢代制度，每月初一將高帝的衣冠從陵墓的宮殿中移到祭祀高帝的宗廟裏去，謂之“游衣冠”。後代或有沿襲。游，移置。

［4］秘書監：官名。掌圖書經籍。領著作、太史二曹。初爲正三品，煬帝大業三年改爲從三品。後改名秘書令。　柳䛒：人名。南朝梁、隋時人。傳見本書卷五八、《北史》卷八三。

　　自古帝王之興，皆禀五精之氣。每易姓而起，以致太平，必封乎太山，[1]所以告成功也。封訖而禪乎梁甫，[2]梁甫者，太山之支山卑下者也，能以其道配成高德。故禪乎梁甫，亦以告太平也。封禪者，高厚之謂也。天以高爲尊，地以厚爲德，增太山之高，以報天也，厚梁甫之基，以報地也。明天之所命，功成事就，有益於天地，若天地之更高厚云。《記》曰：“王者因天事天，因地事地。因名山升中于天，而鳳凰降，龜龍格。”[3]齊桓公既霸而欲封禪，[4]管仲言之詳矣。[5]秦始皇既黜儒生，而封太山，禪梁甫，其封事皆秘之，不可得而傳也。漢武帝頗採方士之言，造爲玉牒，[6]而編以金繩，[7]封廣九尺，高一丈二尺。光武中興，聿遵其故。晉、宋、齊、梁及陳，皆未遑其議。後齊有巡狩之禮，并登封之儀，[8]竟不之行也。

　　［1］太山：即泰山。在今山東泰安市北，爲五岳之一。

　　[2]梁甫：山名。亦稱梁父山。原在今山東泰安市東南，西連
徂徠山。後以徂徠山南隋梁父縣故城北一小山爲梁父山。

　　[3]“王者因天事天”至“龜龍格”：該句出於《禮記·禮
器》。鳳凰，古代傳說中的百鳥之王。雄的叫鳳，雌的叫凰。通稱
爲鳳或鳳凰。羽毛五色，聲如簫樂。常用來象徵瑞應。《詩·大
雅·卷阿》：“鳳皇鳴矣，于彼高岡。”龜龍，龜和龍。古人以爲均
是靈物。格，至，來。

　　[4]齊桓公：戰國時齊國君主。事詳見《史記》卷三二《齊太
公世家》。

　　[5]管仲：人名。春秋時人。傳見《史記》卷六二。

　　[6]玉牒：古代帝王封禪、郊祀的玉簡文書。

　　[7]金繩：黃金或其他金屬製的繩索。用以編連策書。

　　[8]登封：登山封禪。指古帝王登泰山祭天祭地。

　　開皇十四年，群臣請封禪。高祖不納。晋王廣又率
百官抗表固請，帝命有司草儀注。[1]於是牛弘、辛彦之、
許善心、姚察、虞世基等創定其禮，[2]奏之。帝逡巡其
事，[3]曰：“此事體大，朕何德以堪之。但當東狩，[4]因
拜岱山耳。”十五年春，行幸兗州，[5]遂次岱岳。爲壇，
如南郊，又壇外爲柴壇，[6]飾神廟，[7]展宮懸於庭。[8]爲
埋坎二，於南門外。又陳樂設位於青帝壇，如南郊。帝
服衮冕，乘金輅，備法駕而行。[9]禮畢，遂詣青帝壇而
祭焉。

　　[1]儀注：制度、儀節。

　　[2]牛弘：人名。北周、隋時人。傳見本書卷四九、《北史》
卷七二。　辛彦之：人名。北周、隋時人。傳見本書卷七五、《北

史》卷八二。 姚察：人名。南朝陳、隋時人。傳見《陳書》卷二七、《南史》卷六九。 虞世基：人名。南朝陳、隋時人。傳見本書卷六七、《北史》卷八三。

[3]逡巡：遲疑、猶豫。

[4]狩：同“守”。指帝王視察諸侯所守的地方。

[5]兖州：治所在今山東兖州市。隋大業二年改爲魯州，次年又改爲魯郡。

[6]柴壇：古代焚柴祭天的高臺。

[7]神廟：帝王的宗廟。

[8]宮懸：亦作“宮縣”。古代鐘磬等樂器懸掛在架上，其形制因用樂者身份地位不同而有別。帝王懸掛四面，象徵宮室四面的墙壁，故名“宮縣”。縣，“懸”的古字。《周禮·春官·小胥》：“正樂縣之位：王宮縣，諸侯軒縣，卿大夫判縣，士特縣。”鄭玄注引鄭司農云：“宮縣，四面縣，軒縣去其一面，判縣又去其一面，特縣又去其一面。四面象宮室，四面有墙，故謂之宮縣。”

[9]法駕：天子車駕的一種。天子的鹵簿分大駕、法駕、小駕三種，其儀衛之繁簡各有不同。

開皇十四年閏十月，詔東鎮沂山，[1]南鎮會稽山，[2]北鎮醫無閭山，[3]冀州鎮霍山，[4]並就山立祠。東海於會稽縣界，[5]南海於南海鎮南，[6]並近海立祠。及四瀆、吳山，[7]並取側近巫一人，[8]主知灑掃，並命多蒔松柏。[9]其霍山，雩祀日遣使就焉。十六年正月，又詔北鎮於營州龍山立祠。[10]東鎮晋州霍山鎮，[11]若修造，並准西鎮吳山造神廟。

[1]鎮：古代稱一地區內最大最重要的名山，主山。《周禮·

夏官・職方氏》："其山鎮曰會稽。"孫詒讓正義："注云：'鎮，名
山安地德者也'者，《廣雅・釋詁》云：'鎮，安也。'《大司樂》
'四鎮'注云：'四鎮，山之重大者。'《書・舜典》'封十有二山'。
僞孔傳云：'每州之名山殊大者，以爲其州之鎮。'此九州九山，亦
並當州重大之山，以鎮安地域者，故尊之曰鎮也。" 沂山：又名
東泰山。在今山東臨朐縣南，接沂水縣界。

　[2]會稽山：即今浙江紹興市東南會稽山。

　[3]醫無閭山：亦稱"醫巫閭山"。在今遼寧北寧市西，接義
縣界，北入阜新市境。

　[4]冀州：治所在今河北信都縣。隋大業初，改爲信都郡。
霍山：又名霍陽山。在今河南汝州市西南。

　[5]會稽縣：治所在今浙江紹興市。

　[6]南海鎮：治所在今廣東廣州市。

　[7]吳山：一名吳岳、岍山、西鎮山。在今陝西隴縣西南。

　[8]巫：古代從事祈禱、卜筮、星占，並兼用藥物爲人求福、
祛災、治病的人。商代巫的地位較高。周時分男巫、女巫，司職各
異，同屬司巫。春秋以後，醫道漸從巫術中分出，但民間專行巫
術、裝神弄鬼爲人祈禱治病者，仍世世不絕。《周禮・春官・司
巫》："司巫掌群巫之政令。若國大旱，則帥巫而舞雩；國有大災，
則帥巫而造巫恒。"

　[9]蒔（shì）：移栽，種植。

　[10]營州：治所在今遼寧朝陽縣。隋大業初廢。 龍山：一名
和龍山。在今遼寧朝陽縣東。

　[11]晉州：治所在今山西臨汾市，隋大業初改臨汾郡，義寧初
改平陽郡。 霍山鎮：確址不詳。應在霍山附近。

　　大業中，煬帝因幸晉陽，[1]遂祭恒岳。[2]其禮頗採高
祖拜岱宗儀，增置二壇，命道士女官數十人，於壝中設

醮。[3]十年，幸東都，過祀華岳，[4]築場於廟側。事乃不經，蓋非有司之定禮也。

[1]晉陽：縣名。治所在今山西太原市西南古城營西古城。
[2]恒岳：即恒山。在今河北曲陽縣西北與山西接壤處。
[3]醮：道士設壇祈禱。
[4]華岳：即華山。即今陝西華陰市南華山。

《禮》天子以春分朝日於東郊，秋分夕月於西郊。[1]漢法，不俟二分於東西郊，常以郊泰時。[2]旦出竹宮東向揖日，[3]其夕西向揖月。魏文譏其煩褻，[4]似家人之事，而以正月朝日于東門之外。前史又以爲非時。及明帝太和元年二月丁亥，[5]朝日于東郊。八月己丑，夕月于西郊。始合於古。

[1]《禮》天子以春分朝日於東郊，秋分夕月於西郊：該句出自《周禮·春官·典瑞》。朝日，古代帝王祭日之禮。《周禮·天官·掌次》："朝日，祀五帝，則張大次小次，設重帟重案。"鄭玄注："朝日，春分拜日於東門之外。"夕月，指古代帝王祭月的儀式。《國語·周語上》："古者，先王既有天下，又崇立於上帝、明神而敬事之，於是乎有朝日、夕月以教民事君。"韋昭注："禮，天子搢大圭、執鎮圭，繅藉五采五就，以春分朝日，秋分夕月，拜日於東門之外，然則夕月在西門之外也。"
[2]泰時：古代天子祭天神之處。
[3]竹宮：用竹建造的宮室，多用於祭祀。
[4]魏文：三國魏曹丕的諡號。紀見《三國志》卷二。
[5]明帝：三國魏曹叡的諡號。紀見《三國志》卷三。　太

和：三國魏明帝曹叡年號（227—233）。

　　後周以春分朝日於國東門外，爲壇，如其郊。用特牲青幣，[1]青圭有邸。[2]皇帝乘青輅，[3]及祀官俱青冕，[4]執事者青弁。[5]司徒亞獻，[6]宗伯終獻。[7]燔燎如圓丘。[8]秋分夕月於國西門外，爲壇，於坎中，方四丈，深四尺，燔燎禮如朝日。

　　[1]青幣：青帛。古代春祭時的獻禮之一。
　　[2]青圭：亦稱“青珪”。古代禮器。用青玉製成，上尖下方。《周禮·春官·大宗伯》：“以青圭禮東方，以赤璋禮南方。”鄭玄注：“圭銳，象春物初生。”　邸：通“柢”。物的基部。《周禮·春官·典瑞》：“四圭有邸，以祀天旅上帝。”孫詒讓《正義》：“四圭共著一璧爲柢。”
　　[3]青輅：塗以青色的天子車。
　　[4]冕：古代天子、諸侯、卿、大夫等行朝儀、祭禮時所戴的禮帽。
　　[5]弁：古代貴族的一種帽子，通常穿禮服時用之（吉禮之服用冕）。赤黑色的布做的叫爵弁，是文冠；白鹿皮做的叫皮弁，是武冠。
　　[6]司徒：官名。全稱爲大司徒卿，北周時爲地官府長官，掌民戶、土地、賦役、教育、倉廩、關市及山澤漁獵等方面事務。正七命。
　　[7]宗伯：官名。全稱爲大宗伯卿，北周時爲春官府長官，掌禮、樂、祭祀、天文曆法、卜祝以及綸誥、著作等方面的事務。正七命。
　　[8]燔燎：燒柴祭天。《禮記·郊特牲》：“取膟膋燔燎升首，報陽也。”

開皇初，於國東春明門外爲壇，如其郊。每以春分朝日。又於國西開遠門外爲坎，深三尺，廣四丈。爲壇於坎中，高一尺，廣四尺。每以秋分夕月。牲幣與周同。

凡人非土不生，非穀不食，土穀不可徧祭，故立社稷以主祀。古先聖王，法施於人則祀之，故以勾龍主社，[1]周棄主稷而配焉。歲凡再祭，蓋春求而秋報，列於中門之外，外門之內，尊而親之，與先祖同也。然而古今既殊，禮亦異制。故左社稷而右宗廟者，得質之道也。右社稷而左宗廟者，文之道也。

[1]勾龍：社神名。

梁社稷在太廟西，其初蓋晉元帝建武元年所創，[1]有太社、帝社、太稷，[2]凡三壇。門墻並隨其方色。每以仲春仲秋，并令郡國縣祠社稷、先農，[3]縣又兼祀靈星、風伯、雨師之屬。[4]及臘，又各祠社稷于壇。百姓則二十五家爲一社，[5]其舊社及人稀者，不限其家。春秋祠水旱，禱祈祠具，隨其豐約。其郡國有五岳者，置宰祝三人，[6]及有四瀆若海應祠者，皆以孟春仲冬祠之。[7]

[1]晉元帝：東晉司馬睿的謚號。　建武：東晉元帝司馬睿年號（317—318）。

[2]太社：古代天子爲百姓祈福、報功而設立的祭祀土神的場

所。 帝社：古代帝王祭祀土神、穀神所設的壇。又名王社、藉田
壇、先農壇。 太稷：稷神，即五穀神。太稷即天子爲百姓祈福、
報功而設立的祭祀穀神的場所。

[3]先農：古代傳説中最先教民耕種的農神。或謂神農，或謂
后稷。

[4]靈星：星名。又稱天田星、龍星。主農事。古代以壬辰日
祀於東南，取祈年報功之義。 風伯：神話中的風神。 雨師：神
話中司雨的神。

[5]社：祭祀社神之所。《左傳》哀公十五年：子貢謂齊“因
與衛地，自濟以西，禚、媚、杏以南，書社五百”。杜預注：“二十
五家爲一社，籍書而致之。”

[6]宰祝：本爲春秋戰國時官名，掌獻犧牲以薦祭祝。此應代
指祭祀官員。

[7]孟春：農曆正月。 仲冬：農曆十一月。

舊太社，廩犧吏牽牲、司農省牲，[1]太祝吏讚牲。[2]
天監四年，明山賓議，以爲：“案郊廟省牲日，則廩犧
令牽牲，太祝令讚牲。祭之日，則太尉牽牲。《郊特牲》
云‘社者神地之道’，國主社稷，義實爲重。今公卿貴
臣，親執盛禮，而令微吏牽牲，頗爲輕末。且司農省
牲，又非其義，太常禮官，實當斯職。《禮》，祭社稷無
親事牽之文。謂宜以太常省牲，廩犧令牽牲，太祝令讚
牲。”帝唯以太祝讚牲爲疑，又以司農省牲，於理似傷，
犧吏執紖，[3]即事成卑。議以太常丞牽牲，[4]餘依明議。
於是遂定。至大同初，又加官社、官稷，[5]并前爲五
壇焉。

[1]廩犧史：負責管理祭祀所用藏穀養牲的官員。南朝梁廩牲令爲太常屬官，此指廩牲令下的低級官員。　司農：官名。東晉稱大司農，南朝稱司農卿。職掌勸農、倉儲、園苑、供應宮廷膳饈。司省牲：古代祭祀前，主祭及助祭者須審察祭祀用的牲畜，以示虔誠，稱爲"省牲"。

[2]太祝史：負責祭祀、祝禱的官員。南朝梁太祝令爲太常屬官，掌郊廟贊祝，祭社衣服等。此指太祝令下的低級官員。　讚牲：負責祭祀的官員親自到社稷壇前監督宰牲，主持典禮。

[3]紖（zhèn）：穿在牛鼻子上備牽引的繩子。

[4]太常丞：官名。南朝梁時掌管宗廟祭祀禮儀的具體事務，總管本府諸曹，參議禮制。五班。

[5]官社：帝王祭祀土神的社宮。　官稷：帝王祭祀五穀神的社宮。

　　陳制皆依梁舊。而帝社以三牲首，餘以骨體。薦粢盛爲六飯：[1]粳以敦，[2]稻以牟，[3]黃粱以簠，[4]白粱以簋，[5]黍以瑚，[6]粱以璉。[7]又令太（中）史署，[8]常以二月八日，於署庭中，以太牢祠老人星，[9]兼祠天皇大帝、太一、日月、五星、鈎陳、北極、北斗、三台、二十八宿、大人星、子、孫星，[10]都四十六坐。[11]

[1]粢：穀物總稱。《周禮・春官・小宗伯》"辨六齍之名物與其用。"鄭玄注："齍，讀爲粢。六粢，謂六穀：黍、稷、稻、粱、麥、苽。"

[2]粳：稻之不黏者。今指一種介於秈稻、糯稻之間的晚稻品種，米粒短而粗，米質黏性較强，脹性小。　敦（duì）：古代食器。用以盛黍、稷、稻、粱等。形狀較多，一般爲三短足，圓腹，二環耳，有蓋。圈足的敦，蓋上多有提柄。流行於春秋戰國時期。

[3]稻：有水稻、旱稻兩類，通常多指水稻。子實碾製去殼後叫大米，是重要的糧食作物之一。　牟：通“堥”。釜屬器皿。《禮記·內則》：“敦、牟、卮、匜，非餕莫敢用。”鄭玄注：“齊人呼土釜爲牟。”

[4]黃粱：即黃小米。

[5]白粱：雜糧的一種。

[6]黍：古代專指一種子實稱黍子的一年生草本作物。子實淡黃色者，去皮後北方通稱黃米，性黏，可釀酒。其不黏者，別名稷，亦稱稷，可做飯。　瑚：古代宗廟盛黍稷的禮器。

[7]璉：古代宗廟盛黍稷的禮器。

[8]太史署：官署名。按，此處或有誤。史載南朝陳未置太史署，僅設太史令負責天文曆法的相關事務，隸太常卿。太史令，一班。北齊置太史署。

[9]老人星：星名。亦省稱“老人”。南部天空一顆光度較亮的二等星。古人認爲它象徵長壽，故又名“壽星”。《史記·天官書》：“狼比地有大星，曰南極老人。老人見，治安；不見，兵起。”張守節《正義》：“老人一星，在弧南，一曰南極，爲人主占壽命延長之應。”《史記·封禪書》“壽星祠”，唐司馬貞《索隱》：“壽星，蓋南極老人星也。”

[10]天皇大帝：星官名。屬紫微垣，一星，在仙王座內。　太一：星名。即帝星。又名北極二。因離北極星最近，故隋唐以前文獻多以之爲北極星。《星經》卷上：“太一星，在天一南半度。”五星：指水、木、金、火、土五大行星，即東方歲星（木星）、南方熒惑（火星）、中央鎮星（土星）、西方太白（金星）、北方辰星（水星）。《史記·天官書》：“水、火、金、木、填星，此五星者，天之五佐。”劉向《説苑·辨物》：“所謂五星者，一曰歲星，二曰熒惑，三曰鎮星，四曰太白，五曰辰星。”　鈎陳：星官名。《文選》揚雄《甘泉賦》：“詔招搖與太陰兮，伏鈎陳使當兵。”李善注引服虔曰：“鈎陳，神名也。紫微宮外營陳星也。”　北極：星名。

即極星。亦稱北辰。是出現於天空北部的一顆亮星。距北天極很近，差不多正對着地軸，從地球上看，其位置幾乎不變，人們常靠它來辨別方向。　北斗：星名。在北天排列成斗形的七顆亮星，屬大熊星座。其名稱爲：一天樞、二天璇（或謂"天璿"）、三天璣、四天權、五玉衡、六開陽、七搖光（或謂"瑶光"）。一至四爲斗魁，又名"璇璣"；五至七爲斗柄，又名"玉衡"。把天璇和天樞連接起來，延長約五倍距離，即可找到現在的北極星。　三台：星名。《晋書·天文志上》："三台六星，兩兩而居……在人曰三公，在天曰三台，主開德宣符也。西近文昌二星曰上台，爲司命，主壽。次二星曰中台，爲司中，主宗室。東二星曰下台，爲司禄，主兵，所以昭德塞違也。"　大人星：《通典》卷四四《吉禮三》作"丈人星"。大人星，史書中未見，或以《通典》爲是。丈人星，星名。亦稱農丈人星。在南極星的隱西北方向，主糧食收成。《唐開元占經》卷七〇云："甘氏曰，農丈人一星在南斗西南。郗萌曰：'農丈人主歲豐耗，在箕東歲大熟；在箕西饑；在箕南小旱穰；在箕北大穰。'"　子、孫星：《通典》卷四四《吉禮三》作"孫星"，無"子"。子星，屬井宿，即天鴿座中間二星。《晋書·天文志上》："丈人東二星曰子。"孫星，屬井宿，爲子星東面二星。

〔11〕坐：量詞，通"座"。

凡應預祠享之官，亦太醫給除穢氣散藥，先齋一日服之，以自潔。其儀本之齊制。

後齊立太社、帝社、太稷三壇於國右。每仲春仲秋月之元辰及臘，[1]各以一太牢祭焉。皇帝親祭，則司農卿省牲進熟，[2]司空亞獻，司農終獻。

〔1〕仲秋：農曆八月。　元辰：良辰，吉辰。
〔2〕進熟：指祭祀時進熟食。

後周社稷，皇帝親祀，則冢宰亞獻，宗伯終獻。

開皇初，社稷並列於含光門內之右，[1]仲春仲秋吉戊，[2]各以一太牢祭焉。牲色用黑。孟冬下亥，[3]又臘祭之。州郡縣二仲月，並以少牢祭，百姓亦各爲社。又於國城東南七里延興門外，[4]爲靈星壇，立秋後辰，令有司祠以一少牢。

[1]含光門：地名。唐太極宮西有門曰含光門，在朱雀街西，百司庶府居之。或亦即隋之含光門。

[2]吉戊：即戊日，指逢戊子、戊寅、戊辰、戊午、戊申、戊戌之日。其日卜須吉，故稱"吉戊"。

[3]下亥：下旬的亥日。

[4]延興門：地名。隋大興城東面最南門，在今陝西西安市東南。

古典有天子東耕儀。[1]江左未暇，至宋始有其典。梁初藉田，依宋、齊，以正月用事，不齋不祭。天監十二年，武帝以爲："啓蟄而耕，[2]則在二月節內。[3]《書》云：'以殷仲春。'[4]藉田理在建卯。"[5]於是改用二月。"又《國語》云：'王即齋宮，與百官御事並齋三日。'[6]乃有沐浴裸饗之事。前代當以耕而不祭，故闕此禮。《國語》又云：'稷臨之，太史讚之。'[7]則知耕藉應有先農神座，兼有讚述耕旨。今藉田應散齋七日，[8]致齋三日，[9]兼於耕所設先農神座，陳薦羞之禮。讚辭如社稷法。"又曰："齊代舊事，藉田使、御史乘馬車，[10]載耒耜，[11]於五輅後。[12]《禮》云：‘親載耒耜，措于參保介之御間。’[13]則置所乘輅上。若以今輅與古不同，則宜升之次輅，[14]以明慎重。而遠在餘處，於義爲乖。且御史掌視，尤爲輕賤。自今宜以侍中奉耒耜，[15]載於象輅，[16]以隨木輅之後。”[17]

[1]東耕：指天子耕於藉田。

[2]蟄：動物冬眠，潛伏起來不食不動。《易·繫辭下》：“龍蛇之蟄，以存身也。”虞翻注：“蟄，潛藏也。”此指驚蟄，二十四節氣之一。在西曆三月五、六或七日。此時氣温上升，土地解凍，春雷始鳴，蟄伏過冬的動物驚起活動，故名。

[3]二月節：《禮記·月令》“驚蟄始振”，鄭玄注：“漢始，亦以驚蟄爲正月中。”孔穎達疏曰：“前漢之末，劉歆作《三統曆》，改驚蟄爲二月節。”

[4]以殷仲春：此句出自《尚書·堯典》：“日中星鳥，以殷仲春。”

[5]建卯：夏曆二月。夏正建寅，二月爲卯。《晋書·樂志上》：“二月之辰名爲卯，卯者茂也，言陽氣生而孳茂也。”

[6]王即齋宫，與百官御事並齋三日：此句出於《國語·周語上》：“王即齋宫，百官御事各即其齋三日。”

[7]稷臨之，太史讚之：此句亦出《國語·周語上》：“及藉，后稷監之，膳夫、農正陳藉禮，大史贊王。”

[8]散齋：古禮於祭祀父母前七日不御、不樂、不吊，謂之“散齋”。亦稱“散齊”。《禮記·祭義》：“致齊於内，散齊於外。”鄭玄注：“散齊，七日不御不樂不弔耳。”《禮記·祭統》：“散齊七日以定之，致齊三日以齊之。”

[9]致齋：古代在舉行祭祀前清心潔身的禮式。亦稱“致齊”。《禮記·祭統》：“故散齊七日以定之，致齊三日以齊之。定之之謂

齊，齊者精明之至也，然後可以交於神明也。"

［10］藉田使：官名。據《玉海》卷七六《禮儀》記：南朝宋元嘉二十年（443）十二月壬午置藉田使。具體職掌未詳，應與藉田事務有關。南朝齊沿置。　御史：官名。西周時爲侍從屬吏，南朝時爲侍御史、治書侍御史、督軍糧侍御史、殿中侍御史、監國侍御史等的簡稱。

［11］耒耜：古代耕地翻土的農具。耒是耒耜的柄，耜是耒耜下端的起土部分。《禮記·月令》："（孟春之月）天子親載耒耜，措之于參保介之御間。"鄭玄注："耒，耜之上曲也。"

［12］五輅：古代帝王所乘的五種車子，即玉輅、金輅、象輅、革輅、木輅。輅亦作"路"。《周禮·春官·巾車》："王之五路，一曰玉路，錫樊纓，十有再就，建大常，十有二斿，以祀；金路，鉤，樊纓九就，建大旂以賓，同姓以封；象路，朱，樊纓七就，建大赤以朝，異姓以封；革路，龍勒，條纓五就，建大白以即戎，以封四衛；木路，前樊鵠纓，建大麾，以田，以封蕃國。"

［13］親載耒耜，措于參保介之御間：此句出自《禮記·月令》。保介，指古時立於車右，披甲執兵，擔任侍衛的勇士。《詩·周頌·臣工》："嗟嗟保介，維莫之春，亦又何求，如何新畬。"鄭玄箋："保介，車右也……介，甲也。車右勇力之士，被甲執兵也。"《禮記·月令》："（孟春之月）天子親載耒耜，措之于參保介之御間。"鄭玄注："人君之車必使勇士衣甲居右而參乘，備非常也。保猶衣也；介，甲也。"

［14］次輅：副車。

［15］侍中：官名。南朝陳時爲門下省長官，侍奉皇帝生活起居，侍從左右，有顧問應對，諫諍糾察之職能，同時兼掌出納、璽封詔奏，有封駁權，參預機密政務，上親皇帝，下接百官，官顯職重。多選美姿容、有文才、與皇帝親近者任之。並爲親王之起家官，員四人。三品。

［16］象輅：以象牙爲飾的車子，爲帝王所乘。亦作"象路"。

[17]木輅：指古代帝王所乘的一種車，祇塗漆而不覆以革，亦無金、玉、象牙之飾。亦作"木路"。

普通二年，又移藉田於建康北岸，築兆域大小，[1]列種梨柏，便殿及齋官省，[2]如南北郊。別有望耕臺，[3]在壇東。帝親耕畢，登此臺，以觀公卿之推伐。[4]又有祈年殿云。[5]

[1]兆域：墓地四周的疆界。亦以稱墓地。
[2]便殿：正殿以外的別殿，古時帝王休息消閑之處。
[3]望耕臺：地名。宋人周應和《景定建康志》卷二二《城闕三》考證南朝梁望耕臺在宋建康白上村。
[4]推伐：推耜翻土。古代帝王率領公卿春令郊祀後以示勸農的一種禮儀。
[5]祈年殿：地名。確址不詳。

北齊藉於帝城東南千畞內，種赤粱、白穀、大豆、赤黍、小豆、黑穄、麻子、小麥，[1]色別一頃。自餘一頃，地中通阡陌，[2]作祠壇於陌南阡西，廣輪三十六尺，[3]高九尺，四陛三壝四門。又爲大營於外，[4]又設御耕壇於阡東陌北。每歲正月上辛後吉亥，[5]使公卿以一太牢祠先農神農氏於壇上，無配饗。祭訖，親耕。先祠，司農進種稑之種，[6]六宮主之。[7]行事之官并齋，設齋省。於壇所列宮懸。又置先農坐於壇上。衆官朝服，司空一獻，不燎。祠訖，皇帝乃服通天冠、青紗袍、黑介幘，[8]佩蒼玉，黃綬，[9]青帶、袜、舄，[10]備法駕，乘木輅。耕官具朝服從。殿中監進御耒於壇南，[11]百官定列。帝出便殿，升耕壇南陛，即御座。應耕者各進於列。帝降自南陛，至耕位，釋劍執耒，三推三反，升壇即坐。耕，官一品五推五反，二品七推七反，三品九推九反。藉田令帥其屬以牛耕，[12]終千畝。以青箱奉穜稑種，跪呈司農，詣耕所灑之。穫訖，[13]司農省功，[14]奏事畢。皇帝降之便殿，更衣饗宴。禮畢，班賚而還。[15]

[1]白穀：作物名。穀之一種。　黑穄：穄，作物名。跟黍子相似，而子實不黏，也叫穈子，可以作飯。黑穄或爲穄之一種。按，侯旭東考北齊藉田千畝合十頃，其中一頃作祠壇，餘下九頃每頃種一種作物，合爲九穀，但志中僅記八種，應據《通典》卷四六《吉禮五》於“小麥”上補“大麥”（參見侯旭東《〈隋書〉標點勘誤及校勘補遺五則》）。

[2]阡陌：田界。阡，田間東西嚮的小路。陌，田間南北嚮的小路。

[3]廣輪：廣袤。指土地的面積。《周禮·地官·大司徒》：“以天下土地之圖，周知九州之地域廣輪之數。”賈公彥疏引馬融曰：“東西爲廣，南北爲輪。”

[4]營：區域，邊界。

[5]上辛：上旬的辛日。辛，天干的第八位。《穀梁傳》哀公元年：“我以十二月下辛卜正月上辛。如不從，則以正月下辛卜二月上辛。如不從，則以二月下辛卜三月上辛。如不從，則不郊矣。”范寧注：“郊必用上辛者，取其新潔莫先也。”　吉亥：古禮，天子於每年農曆正月之亥日親耕。其日卜須吉，故稱“吉亥”。先卜上旬之亥日，如不吉，則再卜中旬、下旬。

[6]穜（tóng）稑（lù）：指先種後熟的穀類和後種先熟的穀類。《周禮·天官·內宰》：“上春，詔王后帥六宮之人，而生穜稑

之種，而獻之于王。”鄭玄注引鄭司農曰：“先種後孰謂之稑，後種先孰謂之稑。”

[7]六宮：皇后所居之所，此應代指皇后。

[8]通天冠：皇帝戴的一種帽子。《續漢書·輿服志下》：“通天冠，高九寸，正豎，頂少邪却，乃直下爲鐵卷梁，前有山，展筩爲述，乘輿所常服。” 青紗袍：青色的紗袍。袍，中式長衣的通稱。其形制不分上衣下裳。本爲閑居之服，漢以後亦用作朝服。紗，絹之輕細者。 黑介幘：黑色的長頭巾。幘，古代包扎髮髻的巾。漢蔡邕《獨斷》下：“幘者，古之卑賤執事不冠者之所服也……元帝額有壯髮，不欲使人見，始進幘服之，群臣皆隨焉，然尚無巾，如今半頭幘而已。”介幘爲文官所配頭巾。本書《禮儀志六》：“幘，尊卑貴賤皆服之。文者長耳，謂之介幘；武者短耳，謂之平上幘。”

[9]黃綬：古代官員繫官印的黃色絲帶。

[10]青帶：青色的腰帶。 舄：古代一種以木爲複底的鞋。亦可作爲鞋的通稱。

[11]殿中監：官名。北齊時爲門下省殿中局屬官，掌駕前奏引等事。

[12]藉田令：官名。北齊時爲司農寺藉田署長官，管理藉田之事。

[13]耰：本爲農具名。狀如槌，用以擊碎土塊，平整土地和覆種。此處指耕種。

[14]省功：視察農事。

[15]資：賜予，給予。

隋制，於國南十四里啓夏門外，置地千畝，爲壇，孟春吉亥，祭先農於其上，以后稷配。[1]牲用一太牢。皇帝服衮冕，備法駕，乘金根車。[2]禮三獻訖，因耕。司農授耒，皇帝三推訖，執事者以授應耕者，各以班九

推五推（五推九推）。而司徒帥其屬，[3]終千畝。播殖九
穀，納于神倉，[4]以擬粢盛。[5]穰稾以餉犧牲云。[6]

[1]后稷：周之先祖。相傳姜嫄踐天帝足迹，懷孕生子，因曾
被棄而不養，故名之爲"棄"。虞舜命爲農官，教民耕稼，稱爲
"后稷"。《詩·大雅·生民》："厥初生民，時維姜嫄……載生載育，
時維后稷。"

[2]金根車：以黃金爲飾的根車，一般爲帝王所乘。根車，用
自然圓曲的樹木做車輪裝配成的車子。古代以爲帝王有盛德，則山
出根車，爲祥瑞之兆。蔡邕《獨斷》卷下："上所乘曰金根車，駕
六馬，有五色安車、五色立車各一，皆駕四馬，是爲五時副車。"
《舊唐書·輿服志》："金根車，朱質，紫油通幰，油畫絡帶，朱絲
網，常行則供之。"

[3]司徒：官名。三公之一，名義上參議大政，其位多曠，遇
有典禮，以他官攝行其事，如置，則坐於尚書都省。正一品。

[4]神倉：古時藏祭祀用穀物的處所。《禮記·月令》："（季秋
之月）乃命冢宰，農事備收，舉五穀之要，藏帝籍之收於神倉，祗
敬必飭。"鄭玄注："藏祭祀之穀爲神倉。"孔穎達疏："神倉者，貯
祀鬼神之倉也。"

[5]粢盛：古代盛在祭器内以供祭祀的穀物。《公羊傳》桓公
十四年："禦廩者何，粢盛委之所藏也。"何休注："黍稷曰粢，在
器曰盛。"

[6]穰稾：泛指黍稷稻麥等植物的稈莖。

《周禮》王后蠶於北郊，[1]而漢法皇后蠶於東郊。魏
遵《周禮》，蠶于北郊。吳韋昭制《西蠶頌》，[2]則孫氏
亦有其禮矣。晉太康六年，[3]武帝楊皇后蠶于西郊，[4]依
漢故事。江左至宋孝武大明四年，[5]始於臺城西白石

里，[6]爲西蠶設兆域。置大殿七間，又立蠶觀。[7]自是有其禮。

[1]蠶：養蠶。《周禮・天官・掌皮》記："中春，詔后帥外、内命婦始蠶于北郊，以爲祭服。"

[2]韋昭：人名。三國時吳國人，《三國志》因避晉諱稱其"韋曜"。傳見《三國志》卷六五。

[3]太康：西晉武帝司馬炎年號（280—289）。

[4]武帝：西晉司馬炎的諡號。紀見《晉書》卷三。　楊皇后：即西晉楊艷。傳見《晉書》卷三一。楊皇后蠶於西郊事參《晉書・禮志上》。

[5]孝武：南朝宋劉駿的諡號。紀見《宋書》卷六、《南史》卷二。　大明：南朝宋孝武帝劉駿年號（457—464）。

[6]白石里：地名。按，東晉有白石陂，在今江蘇南京市城區西北部，應即此地。

[7]蠶觀：建築名。據稱西晉即有建蠶觀之例，南朝宋乃效晉朝之禮。

後齊爲蠶坊於京城北之西，[1]去皇宫十八里之外，方千步。蠶宫方九十步，[2]牆高一丈五尺，被以棘。其中起蠶室二十七口，[3]別殿一區。置蠶宫令丞佐史，[4]皆宦者爲之。路西置皇后蠶壇，[5]高四尺，方二丈，四出，階廣八尺。置先蠶壇於桑壇東南，[6]大路東，橫路之南。[7]壇高五尺，方二丈，四出，階廣五尺。外兆方四十步，面開一門。有緑襜襦、褠衣、黄履，[8]以供蠶母。[9]每歲季春，[10]穀雨後吉日，[11]使公卿以一太牢祀先蠶黄帝軒轅氏於壇上，無配，如祀先農。禮訖，皇后因親桑於桑壇。備法駕，服鞠衣，[12]乘重翟，[13]帥六宮升桑壇東陛，即御座。女尚書執筐，[14]女主衣執鈎，[15]立壇下。皇后（帝）降自東陛，執筐者處右，執鈎者居左，蠶母在後。乃躬桑三條訖，升壇，即御座。內命婦以次就桑，[16]鞠衣五條，展衣七條，[17]褖衣九條，[18]以授蠶母。還蠶室，切之授世婦，[19]灑一簿。[20]領預桑者並復本位。后乃降壇，還便殿，改服，設勞酒，[21]班賚而還。

[1]蠶坊：專用於養蠶的區域。

[2]蠶宮：古代王室養蠶的宮館。

[3]蠶室：古代王室飼蠶之所。

[4]蠶宮令丞佐史：官名。北齊時負責管理蠶宮事。

[5]皇后蠶壇：歷代皆未見皇后蠶壇之說，而有皇后采桑壇，如《晉書·禮志上》記西晉置先蠶壇於皇后采桑壇東南，又下文亦數稱“桑壇”，頗疑“蠶”乃“桑”之誤。

[6]先蠶壇：古代祀先蠶的祭壇。先蠶，古代傳說始教民育蠶之神。相傳周制王后享先蠶，以後歷代王朝皆由皇后主祭先蠶。《續漢書·禮儀志上》：“祠先蠶，禮以少牢。”劉昭注引《漢舊儀》：“祭蠶神曰菀窳婦人、寓氏公主，凡二神。” 桑壇：古代皇后祀先蠶時采桑之所。

[7]橫路：橫向的道路。

[8]襜襦：內衣，汗衣。 褠衣：袖狹而直，形狀如溝的單衣。《釋名·釋衣服》：“褠，禪衣之無胡者也，言袖夾直形如溝也。”王先謙《疏證補》：“蓋胡是頸咽皮肉下垂之義，因引伸爲衣物下垂者……今袖緊而直無垂下者，故云無胡也。”《通鑑》卷七七《魏紀》魏高貴鄉公甘露元年胡三省注：“褠，單衣，漢魏以來，士庶

以爲禮服。”

[9] 蠶母：古時主管蠶事的女官。

[10] 季春：農曆三月。

[11] 穀雨：二十四節氣之一。在四月十九、二十或二十一日。穀雨前後，中國大部分地區降雨量比之前增加，有利於作物生長。

[12] 鞠衣：古代王后六服之一，九嬪及卿妻亦服之。其色如桑葉始生。《周禮・天官・內司服》：“掌王后之六服：褘衣、揄狄、闕狄、鞠衣、展衣、緣衣。”鄭玄注：“鄭司農云：‘鞠衣，黃衣也。’……鞠衣，黃桑服也。色如麴塵，象桑葉始生。”

[13] 重翟：古代王后祭祀時乘坐的車子。《周禮・春官・巾車》：“王后之五路，重翟，錫面朱總。”鄭玄注：“重翟，重翟雉之羽也……後從王祭祀所乘。”賈公彥疏：“凡言翟者，皆謂翟鳥之羽，以爲兩旁之蔽。言重翟者，皆二重爲之。”

[14] 女尚書：官名。北齊時掌管宮中事務的女官。品位不詳。

[15] 主衣：官名。北齊時爲主衣局屬官，隸門下省。掌御用衣服器玩。

[16] 內命婦：古代宮廷中受封號的嬪妃稱爲內命婦。

[17] 展衣：古代王后六服之一，色白。又爲世婦及卿大夫妻之命服。展，通“襢”。《周禮・天官・內司服》：“掌王后之六服：褘衣、揄狄、闕狄、鞠衣、展衣、緣衣，素沙。”鄭玄注：“鄭司農云：‘展衣，白衣也。’……以禮見王及賓客之服。”一說展衣色赤。

[18] 褖（tuàn）衣：飾有邊沿的衣服。爲士的禮服或士妻等的命服。《儀禮・士喪禮》：“褖衣。”鄭玄注：“黑衣裳赤緣謂之褖，褖之言緣也，所以表袍者也。”《禮記・玉藻》：“再命褘衣，一命襢衣，士褖衣。”鄭玄注：“此子男之夫人及其卿大夫之妻命服也。”

[19] 切之授世婦：“切之”原作“初”，中華本據《通典》卷四六改，從改。世婦，宮中女官。《禮記・曲禮下》：“天子有后，有夫人，有世婦，有嬪，有妻，有妾。”孔穎達疏：“婦，服也，言其進以服事君子也；以其猶貴，故加以世言之，亦廣世胤也。”《周

禮・天官・世婦》："世婦掌祭祀、賓客、喪紀之事。"後世宮庭，每設此官，掌管賓客祭祀事務。

[20]簿：蠶簾，一種用竹篾等編成的養蠶器具。

[21]勞酒：古時天子設宴慰勞群臣謂勞酒。

　　後周制，皇后乘翠輅，[1]率三妃、三妣、御媛、御婉、三公夫人、三孤内子至蠶所，[2]以一太牢親祭，進奠先蠶西陵氏神。[3]禮畢，降壇，昭化嬪亞獻，淑嬪終獻，因以公桑焉。[4]

[1]翠輅：以翠羽爲飾的車。古代皇后及諸公夫人乘用。

[2]三妃、三妣、御媛、御婉：皆爲北周内命婦。三妃，原稱三夫人，武帝建德二年（573）改爲三妃。有貴妃、長貴妃、德妃。建德六年減爲二妃。宣帝時同時立五皇后，除楊后外，其餘四后，其實爲妃。位視三公。三妣，武帝時稱世婦。後改爲三妣。位視三孤。御媛，位視大夫。分上、中、下媛婦。御婉，三人，位視士。疑亦分爲上、中、下三等。　三孤：即"三少"。少師、少傅、少保，位卑於公，尊於卿。

[3]西陵氏神：即嫘祖。傳説中黄帝元妃，西陵氏女。傳爲中國最早養蠶的人。自南朝宋元嘉以來，歷代王朝皆設先蠶壇，祀嫘祖爲先蠶（蠶神）。

[4]公桑：指天子、諸侯的桑田。

　　隋制，於宮北三里爲壇，高四尺。季春上巳，[1]皇后服鞠衣，乘重翟，率三夫人、九嬪、内外命婦，[2]以一太牢制。幣，祭先蠶於壇上，用一獻禮。祭訖，就桑位於壇南，東面。尚功進金鈎，[3]典制奉筐。[4]皇后採三條，反鈎。命婦各依班採，五條九條而止。世婦亦有鹽母受切桑，[5]灑訖，還依位。皇后乃還宮。

[1]上巳：舊時節日名。漢以前以農曆三月上旬巳日爲“上巳”；魏晉以後，定爲三月三日，不必取巳日。

[2]外命婦：古代在宮廷外受封號的大臣妻女稱爲外命婦。

[3]尚功：宮廷女官名。應爲“尚工”，唐改“尚功”。內官六尚之一，掌內宮營造百役，置三員。視從九品。煬帝時置爲尚工局長官，置二員。從五品。

[4]典制：宮廷女官名。煬帝時始置，二十四典之一，屬尚工局。從七品。

[5]切：原作“功”，中華本據《通典》卷四六改，從改。

自後齊、後周及隋，其典大抵多依晉儀。然亦時有損益矣。

《禮》仲春以玄鳥至之日，用太牢祀于高禖。[1]漢武帝年二十九，乃得太子，甚喜，爲立禖祠於城南，[2]祀以特牲，因有其祀。晉惠帝元康六年，[3]禖壇石中破爲二。詔問，石毀今應復不？博士議：“《禮》無高禖置石之文，未知造設所由；既已毀破，可無改造。”更下西府博議。[4]而賊曹屬束皙議：[5]“以石在壇上，蓋主道也。祭器弊則埋而置新，今宜埋而更造，不宜遂廢。”時此議不用。後得高堂隆故事，魏青龍中，[6]造立此石，詔更鐫石，令如舊，置高禖壇上。埋破石入地一丈。

[1]《禮》仲春以玄鳥至之日，用太牢祀于高禖：此句出於《禮記·月令》：“是月（仲春之月）也，玄鳥至。至之日，以太牢

祠于高禖。"玄鳥,燕子。高禖,指媒神。高,通"郊"。

[2]禖祠:禖神之祠廟。《漢書》卷五一《枚皋傳》:"立皇子
禖祝。"唐顔師古注:"高禖,求子之神也。武帝晚得太子,喜而立
此禖祠。"

[3]晉惠帝:西晉司馬衷的謚號。紀見《晉書》卷四。 元
康:晉惠帝司馬衷年號(291—299)。

[4]西府:中華本校勘記曰:"《御覽》卷五二九作'四府'。"
按,西晉未見置西府之記載,或以"四府"爲是。四府,指太傅、
太尉、司徒、司空府。有時亦指太尉、司徒、司空、大將軍四府。

[5]賊曹屬:官名。西晉公府置賊曹,主盜賊事。以掾主之,
並置屬一人。趙王倫爲相國,增設掾一人。太子二傅、諸大將軍不
開府者、三品將軍、諸郡縣亦置。 束晳:人名。西晉時人。傳見
《晉書》卷五一。

[6]青龍:曹魏明帝曹叡年號(233—237)。

案梁太廟北門內道西有石,文如竹葉,小屋覆之,
宋元嘉中修廟所得。[1]陸澄以爲孝武時郊禖之石。[2]然則
江左亦有此禮矣。

[1]元嘉:南朝宋文帝劉義隆年號(424—453)。

[2]陸澄:人名。南朝齊時人。傳見《南齊書》卷三九、《南
史》卷四八。

後齊高禖,爲壇於南郊傍,廣輪二十六尺,高九
尺,四陛三壝。每歲春分玄鳥至之日,皇帝親帥六宮,
祀青帝於壇,以太昊配,而祀高禖之神以祈子。其儀,
青帝北方南向,配帝東方西向,禖神壇下東陛之南西

向。禮用青珪束帛，牲共以一太牢。祀日，皇帝服袞冕，乘玉輅。皇后服褘衣，[1]乘重翟。皇帝初獻，降自東陛，皇后亞獻，降自西陛，並詣便坐。夫人終獻，上嬪獻于禖神訖。帝及后並詣欑位，[2]乃送神。皇帝皇后及群官皆拜。乃撤就燎，禮畢而還。

[1]褘（huī）衣：繪有野鷄圖紋的王后祭服。古禮規定在從王祭祀先王時所服。《周禮·天官·内司服》："掌王后之六服，褘衣、揄狄、闕狄、鞠衣、展衣、緣衣。"鄭玄注："褘衣，畫翬者……從王祭先王時服褘衣。"

[2]欑（cuán）：積竹杖。聚合細竹爲之。

隋制亦以玄鳥至之日，祀高禖於南郊壇。牲用太牢一。

舊禮祀司中、司命、風師、雨師之法，[1]皆隨其類而祭之。兆風師於西方者，就秋風之勁，而不從箕星之位。[2]兆司中、司命於南郊，以天神是陽，故兆於南郊也。兆雨師於北郊者，就水位，在北也。隋制，於國城西北十里亥地，[3]爲司中、司命、司禄三壇，[4]同壇。祀以立冬後亥。[5]國城東北七里通化門外爲風師壇，[6]祀以立春後丑。[7]國城西南八里金光門外爲雨師壇，[8]祀以立夏後申。[9]壇皆三尺，牲並以一少牢。

[1]司中：星名。文昌宮之第五星，古人以爲主司過詰咎之神。《周禮·春官·大宗伯》："以槱燎祀司中、司命，風師、雨師。"司命：星名。文昌宮之第四星，古人以爲主賞功進賢之神。

　[2]箕星：星名。古代二十八宿之一，爲東方蒼龍七宿的第七
宿，由四顆星組成，其形體猶如簸箕。

　[3]亥地：指位於西北偏北方向的地區。

　[4]司禄：官名。西周時置，由中士四人充任，爲教官之屬。
可能爲掌穀禄之官。

　[5]立冬：二十四節氣之一。在陽曆十一月七或八日，農曆十
月初。習慣以爲冬之始。　亥：即亥日。

　[6]通化門：地名。在隋大興城東面北門，今陝西西安市城
東北。

　[7]丑：即丑日。

　[8]金光門：地名。隋大興城西面中門，今陝西西安市西南。

　[9]立夏：二十四節氣之一。在陽曆五月五、六或七日。　申：
即申日。

　昔伊耆氏始爲蜡。[1]蜡者，索也。古之君子，使人
必報之。故周法，以歲十二月，合聚萬物而索饗之。仁
之至，義之盡也。其祭法，四方各自祭之。若不成之
方，則闕而不祭。

　[1]伊耆氏：古帝號。即神農，一說即帝堯。《禮記·郊特
牲》："伊耆氏始爲蜡。"鄭玄注："伊耆氏，古天子號也。"孔穎達
疏："《明堂》云：'土鼓、葦籥，伊耆氏之樂。'《禮運》云：'夫
禮之初，始諸飲食，蕢桴而土鼓。'俱稱土鼓，則伊耆氏，神農也。
以其初爲田事，故爲蜡祭，以報天也。"陸德明釋文："耆，巨夷
反，或云即帝堯也。"　蜡（zhà）：古代年終大祭。《禮記·雜記
下》："子貢觀於蜡。"鄭玄注："蜡也者，索也。歲十二月，合聚萬
物而索饗之也。"

後周亦存其典，常以十一月，祭神農氏、伊耆氏、后稷氏、田畯、鱗、羽、蠃、毛、介、水、墉、坊、郵、表、畷、獸、貓之神於五郊。[1]五方上帝、地祇、五星、列宿、蒼龍、朱雀、白獸、玄武、五人帝、五官之神、岳鎮海瀆、山林川澤、丘陵墳衍原隰，[2]各分其方，合祭之。日月，五方皆祭之。上帝、地祇、神農、伊耆、人帝於壇上，南郊則以神農，既蜡，無其祀。三辰七宿則爲小壇於其側，岳鎮海瀆、山林川澤、丘陵墳衍原隰，則各爲坎，餘則於平地。皇帝初獻上帝、地祇、神農、伊耆及人帝，冢宰亞獻，宗伯終獻。上大夫獻三辰、五官、后稷、田畯、岳鎮海瀆，[3]中大夫獻七宿、山林川澤已下。[4]自天帝、人帝、田畯、羽、毛之類，牲幣玉帛皆從燎；地祇、郵、表、畷之類，皆從埋。祭畢，皇帝如南郊便殿致齋，明日乃蜡祭于南郊，如東郊儀。祭訖，又如黃郊便殿致齋，明日乃祭。祭訖，又如西郊便殿，明日乃祭。祭訖，又如北郊便殿，明日蜡祭訖，還宮。

[1]神農氏：傳説中的太古帝王名。始教民爲耒耜，務農業，故稱神農氏。又傳他曾嘗百草，發現藥材，教人治病。也稱炎帝，謂以火德王。　田畯：農神。《周禮·春官·籥章》：“擊土鼓以樂田畯。”鄭玄注引鄭司農曰：“田畯，古之先教田者。”　鱗：泛指有鱗甲的動物。《禮記·月令》：“（孟春之月）其蟲鱗。”鄭玄注：“鱗，龍蛇之屬。”　羽：鳥類的代稱。《周禮·冬官·梓人》：“天下之大獸五：脂者、膏者、蠃者、羽者、鱗者。”鄭玄注：“羽，鳥屬。”　蠃（luǒ）：短毛的獸類。　毛：借指獸類。　介：指有甲

殼的蟲類或水族。　塘：城墙。　坊：堤防。防水或禦敵的狹長建築物。　郵：驛站。古時設在沿途，供出巡的官員、傳送文書的小吏和旅客歇宿的館舍。馬傳曰置，步傳曰郵。　表：旌旗，徽幟。

畷：通“綴”。連結。《禮記·郊特牲》：“饗農，及郵表畷。”孔穎達疏：“畷者，謂井畔相連畷於此。”　獸：牲畜，家畜。

[2]地祇：地神。　列宿：衆星宿。特指二十八星宿。　蒼龍：星宿名。古代二十八宿中東方七宿的總稱。　朱雀：星宿名。二十八宿中南方七宿的總稱。　白獸：中華本校勘記曰：“‘獸’應作‘虎’，唐人諱改。”白虎，二十八宿中西方七宿的總稱。　玄武：星宿名。二十八宿中北方七宿的合稱，以其排列之形如龜而得名。《史記·天官書》：“北宮玄武。”司馬貞《索隱》：“南斗六星，牽牛六星，並北宮玄武之宿。”　五官之神：五行之官。古代傳說中的五神。《左傳》昭公二十九年：“故有五行之官，是謂五官……木正曰句芒，火正曰祝融，金正曰蓐收，水正曰玄冥，土正曰后土。”

原隰：廣平與低濕之地。《國語·周語上》：“猶其原隰之有衍沃也。”吳韋昭注：“廣平曰原，下濕曰隰。”

[3]上大夫：官名。北周的天官、地官等六府皆置此職，爲六府的副長官。明帝時置御正上大夫。靜帝大象元年（579），宣帝又置内史上大夫。正六命。

[4]中大夫：官名。北周時爲六府所轄諸司長官。武帝建德二年罷，宣帝時復置。正五命。

　　隋初因周制，定令亦以孟冬下亥蜡百神，臘宗廟，祭社稷。其方不熟，則闕其方之蜡焉。又以仲冬祭名源川澤於北郊，用一太牢。祭井於社宮，[1]用一少牢。季冬藏冰，[2]仲春開冰，並用黑牡秬黍，[3]於冰室祭司寒神。[4]開冰，加以桃弧棘矢。[5]

　　[1]社宫：古代祭祀土神的宫殿。《左傳》哀公七年："初，曹人或夢衆君子立於社宫，而謀亡曹。"杜預注："社宫，社也。"《史記》卷三五《管蔡世家》引此文，裴駰《集解》引鄭衆曰："社宫，中有室屋者。"

　　[2]季冬：農曆十二月。

　　[3]黑牡：黑色的雄牲。《左傳》昭公四年："其藏之也，黑牡秬黍，以享司寒。"杜預注："黑牡，黑牲也。"　秬黍：即黑黍。

　　[4]冰室：藏冰的處所。　司寒神：古代傳説的冬神。《左傳》昭公四年："其藏之也，黑牡、秬黍以享司寒。"杜預注："司寒，玄冥，北方之神。"楊伯峻注："據《禮記·月令》，司寒爲冬神玄冥。冬在北陸，故用黑色。"

　　[5]桃弧：桃木製的弓，以辟邪。　棘矢：用棘枝做的箭。《左傳》昭公十二年："昔我先王熊繹，辟在荆山……跋涉山林，以事天子。唯是桃弧、棘矢，以共禦王事。"杜預注："桃弧，棘矢，以禦不祥。言楚在山林，少所出有。"

　　開皇四年十一月，詔曰："古稱臘者，接也。取新故交接。前周歲首，今之仲冬，建冬之月，稱蜡可也。[1]後周用夏后之時，行姬氏之蜡。考諸先代，於義有違。其十月行蜡者停，可以十二月爲臘。"於是始革前制。

　　[1]建冬：侯旭東考"建冬"應作"建子"（參見侯旭東《〈隋書〉標點勘誤及校勘補遺五則》）。　蜡：底本作"褚"，據中華本改。本段後兩處同此。

　　後齊，正月晦日，[1]中書舍人奏祓除。[2]年暮上臺，[3]東宮奏擇吉日詣殿堂，貴臣與師行事所須，皆移尚書省備設云。[4]

   [1]正月晦日：正月三十日。晦日，農曆每月的最後一天。

   [2]中書舍人：官名。北齊時專掌草擬詔令，亦與門下省分任出納之職。六品。　袚除：除灾去邪之祭。

   [3]上臺：宮廷，朝廷。

   [4]尚書省：官署名。北齊時爲綜理全國政務的外朝最高行政機構，總庶務，行文書，爲樞機之任。以録尚書爲長官，令、僕射副之，下置吏部、殿中、祠部、五兵、都官、度支六曹尚書。祠部或不置尚書，則由右僕射領。

   後主末年，[1]祭非其鬼，至於躬自鼓舞，[2]以事胡天。[3]鄴中遂多淫祀，[4]兹風至今不絶。後周欲招來西域，又有拜胡天制，皇帝親焉。其儀並從夷俗，淫僻不可紀也。

   [1]後主：即北齊高緯。紀見《北齊書》卷八、《北史》卷八。
   [2]鼓舞：擊鼓跳舞。古代常用以祀神。
   [3]胡天：亦稱"胡天神"。北朝時稱瑣羅亞斯德教（拜火教）信奉的神。
   [4]鄴：縣名。北齊時治所在今河北臨漳縣西南。

隋書　卷八

志第三

禮儀三

　　陳永定三年七月,[1]武帝崩。[2]新除尚書左丞庾持稱:[3]"晉、宋以來,[4]皇帝大行儀注,[5]未祖一日,[6]告南郊太廟,[7]奏策奉謚。[8]梓宮將登輼輬,[9]侍中版奏,[10]已稱某謚皇帝。遣奠,[11]出於陛階下,[12]方以此時,乃讀哀策。[13]而前代策文,猶云大行皇帝,請明加詳正。"國子博士、領步兵校尉、知儀禮沈文阿等謂:[14]"應劭《風俗通》,[15]前帝謚未定,臣子稱大行,以別嗣主。近檢梁儀,[16]自梓宮將登輼輬,版奏皆稱某謚皇帝登輼輬。伏尋今祖祭已奉策謚,[17]哀策既在庭遣祭,不應猶稱大行。且哀策篆書,藏於玄宮。"[18]謂"依梁儀稱謚,[19]以傳無窮"。詔可之。

　　[1]陳:即南朝陳(557—589),都於建康(今江蘇南京市)。
永定:南朝陳武帝陳霸先年號(557—559)。

　　[2]武帝：南朝陳開國皇帝陳霸先的謚號。紀見《陳書》卷一、二，《南史》卷九。　崩：古代稱帝王、皇后之死。

　　[3]除：官制用語。即拜官、授職。　尚書左丞：官名。南朝陳時爲尚書省的屬官，與尚書右丞對置，各一人。輔佐本省正副長官知省事，掌判臺内分職儀及禁令，督録近道文書章表奏事，糾諸不法。第四品。　庾持：人名。陳武帝末年官任尚書左丞，嘗奏議大行皇帝儀注事。傳見《陳書》卷三四，《南史》卷七三有附傳。

　　[4]宋：即南朝宋（420—479），都於建康（今江蘇南京市）。

　　[5]大行：古代稱剛死而尚未定謚號的皇帝、皇后。　儀注：即有關禮儀的制度和法式。

　　[6]祖：指在死者將葬時所舉行的祭祀路神的儀式。

　　[7]告：祭告，禱告。　南郊：古代天子在京都南面的郊外築圜丘以祭天的地方。亦特指帝王祭天的大禮。　太廟：古代帝王供奉和祭祀祖先神位的宗廟。

　　[8]謚：古代帝王、貴族、大臣、士大夫或其他有地位的人死後，據其生前業迹評定的帶有褒貶意義的稱號。

　　[9]梓宮：古代皇帝、皇后的棺材。　輼輬：即輼輬車。古代的喪車。形制如卧車，有窗牖，閉之則温，開之則凉，故名“輼輬車”。

　　[10]侍中：官名。南朝陳時爲門下省的長官，置四人，掌侍從皇帝左右，擯相威儀，獻納諫正，糾駮制敕，監製御藥，是宰相之職。第三品。　版奏：即持版啓奏。

　　[11]遣（qiàn）奠：亦稱“遣祭”。古代指將葬時的祭奠。

　　[12]陛階：宮殿的臺階。

　　[13]哀策：亦作“哀册”。古代頌揚帝王、后妃生前功德的韵文，多篆書於玉石木竹之上。行葬禮時，由太史令讀後，埋於陵中。

　　[14]國子博士：官名。南朝陳時爲國子學的教官，掌以儒經教授國子學生，國有疑事則掌承問對。第四品。　領：官制用語。即

以較高官兼理較低官之職事。　步兵校尉：官名。南朝陳時爲禁軍步兵營的長官，掌領本營兵宿衛侍從。第六品。　知儀禮：即主管禮儀之事。屬臨時差遣之職。　沈文阿：人名。陳武帝末年官任國子博士、知儀禮，嘗奏議大行皇帝儀注事。傳見《陳書》卷三三，《南史》卷七一有附傳。

[15]應劭：人名。東漢學者，著有《風俗通義》。傳見《後漢書》卷四八。　《風俗通》：全稱爲《風俗通義》。東漢末應劭撰寫的一部考釋當時名物制度、社會風俗的著作。

[16]梁：即南朝梁（502—557），都於建康（今江蘇南京市）。

[17]祖祭：古代在宗廟舉行的奉祖祭祀。

[18]玄宮：指帝王的陵墓。

[19]謂：底本、宋刻遞修本、殿本、中華本皆同，但庫本及《通典》卷七九《禮三十九·凶禮一》作“請”。

　　天嘉元年八月癸亥，[1]尚書儀曹請今月晦皇太后服安吉君禫除儀注。[2]沈洙議謂：[3]“至親期斷，[4]加降故再期，[5]而再周之喪，斷二十五月。但重服不可頓除，[6]故變之以纖縞，[7]創巨不可便愈，故稱之以祥禫。[8]禫者，淡也，所以漸祛其情。至如父在爲母出適後之子，[9]則屈降之以期。期而除服，無復衰麻，[10]緣情有本同之義，許以心制。[11]心制既無杖経可除，[12]不容復改玄緹，[13]既是心憂，則無所更淡其心也。且禫杖期者，[14]十五月已有禫制。今申其免懷之感，[15]故斷以再周，止二十五月而已。所以宋元嘉立義，[16]心喪以二十五月爲限。大明中，[17]王皇后父喪，[18]又申明其制。齊建元中，[19]太子穆妃喪，[20]亦同用此禮。唯王儉《古今集記》云，[21]心制終二十七月，又爲王逡所難。[22]何佟之《儀注》用二十五月而除。[23]案古循今，宜以再周二十五月爲斷。今皇太后於安吉君心喪之期，宜除於再周，無復心禫之禮。"詔可之。

[1]天嘉：南朝陳文帝陳蒨年號（560—566）。

[2]尚書：官署名。即尚書省。南朝陳時爲中央最高行政機關，下統五部二十一曹。　儀曹：官署名。南朝陳時爲尚書省所轄二十一曹之一，掌吉凶禮制之事。　晦：指農曆每月的最後一日。服：此指服喪或服喪期。　安吉君：封號名。全稱是安吉縣君。爲陳武帝皇后章要兒之母蘇氏的封號，此代指蘇氏其人。事見《陳書》卷七《高祖章皇后傳》、《南史》卷一二《陳武宣章皇后傳》。　禫除：即舉行祭禮除去喪服。

[3]沈洙議謂：中華本將"謂"字斷屬下句，當誤，今據《通典》卷八〇《禮四十·凶禮二》斷屬本句（參見唐華全《中華書局點校本〈隋書〉質疑二十九則》，《河北師範大學學報》2012年第1期）。沈洙，人名。南朝梁、陳時禮官，天嘉元年嘗奏議章皇后爲其母蘇氏服喪之禮制。傳見《陳書》卷三三、《南史》卷七一。

[4]至親期（jī）斷：語出《禮記·三年問》："至親以期斷。"意謂父母之喪，以服喪一周年而止。至親，此指父母。期，即服喪一周年。

[5]加降："降"各本皆同，但中華本校勘記據《禮記·三年問》"然則何以三年也？曰加隆焉爾也"，認爲"降"當作"隆"，唐人諱改。所言甚是，當從之。另《通典》卷八〇《禮四十·凶禮二》作"崇"，亦當是杜佑避諱"隆"字而改。　再期：亦稱"再周"。指服喪兩周年。古時父母之喪爲三年，但到兩周年第二個忌日即可除去喪服，故稱三年之喪爲"再期"或"再周"。

[6]重服：隆重的喪服。多指爲父母所服之喪。

［7］纖縞：細白絹。此指用細白絹製成的喪服。

［8］祥禫：古喪祭名。語出《禮記·雜記下》：“期之喪，十一月而練，十三月而祥，十五月而禫。”古時居父母、親人之喪，滿一周年而祭稱“小祥”，滿兩周年而祭稱“大祥”。小祥和大祥統稱爲“祥”。禫，即除去喪服的祭禮。禫祭一般在祥祭後間一月舉行，但亦有大祥祭與禫祭同月者。

［9］至如父在爲母出適後之子：“如”底本原作“加”，殿本、庫本與底本同，宋刻遞修本作“如”，中華本據《通典》卷八〇《禮四十·凶禮二》改作“如”，當是，今從改。另，中華本校勘記稱：“此句文義不明，似仍有訛誤。”考《通典》卷八〇《禮四十·凶禮二》載：“如父在爲母屈嫡後之子，則屈降之以周。”意謂父在而母喪，則嫡嗣子不能爲亡母服三年再期之喪，而要屈禮降等爲服一年之期喪。《通典》所載文義甚明，故疑此處“出適”當是“屈嫡”之訛。（參見唐華全《中華書局點校本〈隋書〉質疑二十九則》）

［10］衰（cuī）麻：指由縗衣、麻帶等物組成的喪服。衰，同“縗”，即用粗麻布製成的喪服部件，披在胸前。

［11］心制：亦稱心喪、心憂。指身無喪服或釋除喪服後的深切悼念，哀痛之心有如守喪。

［12］杖絰：指孝杖與喪服。絰，即古時喪服所用的麻帶。扎在頭上的稱首絰，纏在腰間的稱腰絰。

［13］玄緅：黑白相間的絲織衣物。

［14］杖期：古時一種服喪禮制。杖，是居喪時所持的孝棒；期，是一年之喪。期服用杖的稱“杖期”；不用杖的則稱“不杖期”。

［15］免懷：語出《論語·陽貨》：“子生三年，然後免於父母之懷。”後因以“免懷”代稱三歲或三年。此處指三年再期之喪。

［16］元嘉：南朝宋文帝劉義隆年號（424—453）。

［17］大明：南朝宋孝武帝劉駿年號（457—464）。

[18]王皇后：即南朝宋孝武帝的皇后王憲嫄。傳見《宋書》卷四一、《南史》卷一一。

[19]齊：即南朝蕭齊（479—502），都於建康（今江蘇南京市）。　建元：南朝齊高帝蕭道成年號（479—482）。

[20]穆妃：南朝齊高帝時太子妃裴惠昭的謚號，齊武帝即位後追尊爲皇后。傳見《南齊書》卷二〇、《南史》卷一一。

[21]王儉：人名。南朝宋、齊時人，博通禮學。傳見《南齊書》卷二三，《南史》卷二二有附傳。　《古今集記》：全稱爲《古今喪服集記》。王儉撰寫的一部喪服禮制著作。

[22]王逡：人名。即“王逡之”的省稱。南朝齊時禮官，嘗駁難王儉《古今喪服集記》十一條，撰有《世行》五卷。傳見《南齊書》卷五二，《南史》卷二四有附傳。　難：問難，責難。

[23]何佟之：人名。南朝齊、梁時禮官。傳見《梁書》卷四八、《南史》卷七一。　《儀注》：此當指何佟之所修撰的《禮記義》《禮答問》等禮制著作。

　　隋制，諸岳崩瀆竭，[1]天子素服，[2]避正寢，[3]撤膳三日。遣使祭崩竭之山川，牲用太牢。[4]

[1]岳崩瀆竭：高山崩塌與大河乾涸，古時視之爲凶事。岳，古代多指五岳，即東岳泰山、西岳華山、南岳衡山、北岳恒山、中岳嵩山；亦泛指高山。瀆，古代多指四瀆，即長江、黃河、淮河、濟水；亦泛指江河大川。

[2]素服：本色或白色的衣服。古代居喪或遭遇凶事時所穿。

[3]正寢：亦稱“路寢”。古代帝王治事理政的正廳宮室。

[4]太牢：古代祭祀，牛羊豕三牲俱備謂之太牢；亦有專指牛爲太牢者。

　　皇帝本服大功已上親及外祖父母、皇后父母、諸官
正一品喪,^[1]皇帝不視事三日。^[2]皇帝本服五服内親及
嬪、百官正二品已上喪,^[3]並一舉哀。^[4]太陽虧、國忌
日,^[5]皇帝本服小功緦麻親、百官三品已上喪,^[6]皇帝皆
不視事一日。

　　[1]本服:古代喪禮制度規定的本等喪服。　大功:古喪服名。
爲五服中的第三等,服期九個月。其服用熟麻布製成,較齊衰稍
細,較小功爲粗。古時凡堂兄弟、未婚的堂姊妹、已婚的姑、姊
妹、侄女及衆孫、衆子婦、侄婦等之喪,均服大功;已婚女爲伯
父、叔父、兄弟、侄、未婚姑、姊妹、侄女等服喪,也服大功。
　　[2]視事:指就位治理政事。
　　[3]五服:古代以親疏爲差等的五種喪服,即斬衰、齊衰、大
功、小功、緦麻五等。五服所涉及的親屬包括高祖、曾祖、祖父、
父親、己身、子、孫、曾孫、玄孫九代宗親以及三代外親和一代妻
親等。　嬪:宮廷女官名。爲皇帝的姬妾之一。隋文帝初置嬪三
人,仁壽二年（602）增至九人,掌教四德,視正三品。隋煬帝時
置順儀、順容、順華、修儀、修容、修華、充儀、充容、充華爲九
嬪,正二品。
　　[4]舉哀:高聲號哭以示哀悼。
　　[5]太陽虧:即日食。古代以日食爲凶事。　國忌日:古代指
皇帝、皇后逝世之日。
　　[6]小功:古喪服名。爲五服中的第四等,服期五個月。其服
以熟麻布製成,較大功爲細,較緦麻爲粗。古時凡本宗爲曾祖父
母、伯叔祖父母、堂伯叔父母,未嫁的祖姑、堂姑,已嫁的堂姊
妹、兄弟之妻,從堂兄弟及未嫁的從堂姊妹;外親爲外祖父母、母
舅、母姨等,均服小功。　緦麻:古喪服名。爲五服中的第五等,
服期三個月。其服用細麻布製成。古時凡本宗爲高祖父母、曾伯叔

祖父母、族伯叔父母、族兄弟及未嫁的族姊妹，外姓中爲表兄弟、岳父母等，均服總麻。

　　皇太后、皇后爲本服五服内諸親及嬪，一舉哀。皇太子爲本服五服之内親及東宮三師、三少、宮臣三品已上，[1]一舉哀。

　　[1]東宮三師：即太子太師、太子太傅、太子太保的合稱。爲隋東宮之官，各置一員，掌教諭太子。均爲正二品。　三少：此指東宮三少，即太子少師、太子少傅、太子少保的合稱。爲隋東宮之官，各置一員，掌輔導太子。均爲正三品。　宮臣：此泛指東宮的臣僚。

　　梁天監元年，[1]齊臨川獻王所生妾謝墓被發，[2]不至埏門。[3]蕭子晋傳重，[4]諮禮官何佟之。佟之議，以爲：“改葬服總，[5]見柩不可無服故也。[6]此止侵墳土，不及於槨，[7]可依新宮火處三日哭假而已。”[8]帝以爲得禮。二年，何佟之議：“追服三年無禫。”[9]尚書議，[10]並以佟之言爲得。

　　[1]天監：南朝梁武帝蕭衍年號（502—519）。
　　[2]臨川獻王：即南朝齊高帝第三子蕭映的爵、謚名號，此代指其人。傳見《南齊書》卷三五、《南史》卷四三。　所生：此指生身之母。　謝：此指蕭映的生母、齊高帝的貴嬪謝氏。事見《南齊書》卷三五《高祖十二王傳》、《南史》卷四二《齊高帝諸子傳上》。
　　[3]埏門：墓道之門。

[4]蕭子晉：人名。蕭映的長子。《南齊書》卷三五有附傳。

傳重：古時指以喪祭及宗廟的重責傳之於孫。古代宗法嚴嫡庶之別，若嫡子殘疾死亡，或子庶而孫嫡，即以孫繼祖。由祖言之，謂之"傳重"；由孫言之，謂之"承重"。

[5]服緦：服緦麻喪服。

[6]柩：已裝有屍體的棺材。

[7]椁：古時套於棺外的大棺。

[8]新宮火：此指春秋時魯宣公的宗廟發生火災的事例。《春秋》成公三年載："（二月）甲子，新宮災，三日哭。"杜預注："三年喪畢，宣公神主新入廟，故謂之新宮。" 處：各本皆同，但《通典》卷一〇二《禮六十二·凶禮二十四》作"灾"。

[9]追服：指喪期過後而補行服喪。

[10]尚書：官署名。此指尚書省。南朝梁時爲中央最高行政機關，下統六部二十三曹。

又二年，始興王嗣子喪。[1]博士管咺議，[2]使國長從服緦麻。[3]

[1]始興王：南朝梁武帝之異母弟蕭憺的封爵名，全稱爲始興郡王。此代指蕭憺其人。傳見《梁書》卷二二、《南史》卷五二。

嗣子：即嫡長子。古時多以嫡長子承嗣父位，故稱嫡長子爲嗣子。

[2]博士：官名。南朝梁時爲國子學、太學的教官，掌以儒經教授生徒，國有疑事則掌承問對。國子博士爲九班，太學博士爲二班。 管咺：人名。南朝梁武帝時官任博士，兼掌禮儀。其事除見於本志外，未見其他記載。

[3]長從：此指始興王國内的長從侍臣。

四年，掌凶禮嚴植之定《儀注》，[1]以亡月遇閏，[2]後年中祥，疑所附月。帝曰：「閏蓋餘分，月節則各有所隸。[3]若節屬前月，則宜以前月爲忌，[4]節屬後月，則宜以後月爲忌。祥逢閏則宜取遠日。」

[1]掌凶禮：指以他官執掌凶禮之事。屬臨時差遣之職。　嚴植之：人名。南朝梁時禮官。傳見《梁書》卷四八、《南史》卷七一。　《儀注》：此指南朝梁武帝時嚴植之奉敕修撰的《凶禮儀注》一書。

[2]閏：閏月。農曆一年較一回歸年相差約 10 日 21 時，故須將所餘的時間積累成一個月而加在一年裏，這在曆法上叫做閏。古代曆法通常定爲三年閏一個月，五年閏兩個月，十九年閏七個月。每逢閏年所加的一個月叫閏月。最初放在歲末，稱「十三月」或「閏月」；後加在某月之後，稱「閏某月」。

[3]月節：指農曆每月所分隸的節氣。

[4]忌：忌日。指父母及其他親屬逝世的日子。古時因禁忌飲酒、作樂等事，故稱。

又四年，安成國刺稱：[1]「廟新建，欲剋今日遷立所生吳太妃神主。[2]國王既有妃喪，[3]欲使臣下代祭。」明山賓議，[4]以爲：「不可。宜待王妃服竟，[5]親奉盛禮。」

[1]安成國：即安成王國。爲南朝梁武帝之異母弟安成郡王蕭秀的封國。　刺：書札，書奏。

[2]吳太妃：即安成郡王蕭秀的生母吳氏。早亡，梁武帝稱帝後以子追封爲太妃。事見《梁書》卷二二《太祖五王傳》，《南史》

卷五一、五二《梁宗室傳》等。太妃，是魏晉以後對諸王之母的稱號。　神主：古時爲死者所做的牌位，用木或石製成，立於宗廟以供祭祀。

[3]妃：古代專稱皇帝的姬妾或太子、諸王的正妻爲妃。此指安成郡王蕭秀的正妻，即安成王妃。

[4]明山賓：人名。南朝梁時禮官。傳見《梁書》卷二七，《南史》卷五〇有附傳。

[5]服竟：即服除。指守喪期滿。

五年，貴嬪母車喪，[1]議者疑其儀。明山賓以爲："貴嬪既居母憂，[2]皇太子出貴嬪別第，[3]一舉哀，以申聖情，庶不乖禮。"帝從之。

[1]貴嬪：宮廷女官名。南朝梁時爲皇帝的三夫人之一，位次皇后，職比丞相。此處特指梁武帝的貴嬪、昭明太子蕭統和簡文帝蕭綱的生母丁令光。傳見《梁書》卷七、《南史》卷一二。　車：此指丁貴嬪的母親車氏。

[2]居母憂：處在母親的喪期中守孝。

[3]別第：此指正宮以外的側宮或側室，爲皇帝的嬪妃所居之處。

又五年，祠部郎司馬褧牒：[1]"貴嬪母車亡，應有服制"，謂"宜准公子爲母麻衣之制，[2]既葬而除"。帝從之。

[1]祠部郎：官名。全稱是祠部郎中。南朝梁時爲尚書省祠部所轄四曹之一祠部曹的長官，置一員，掌祠祀、祭享、國忌、廟諱、卜祝、醫藥及死喪贈賜等政令。五班。　司馬褧（jiǒng）：人

名。亦作"司馬綱"。南朝梁武帝時官任祠部郎中，掌治吉凶禮儀。傳見《梁書》卷四〇、《南史》卷六二。　牒：古代官府之間相互往來的一種公文。

[2]准：底本、宋刻遞修本、庫本、中華本皆同，但殿本作"唯"，當訛。　公子爲母麻衣之制：語出《儀禮·喪服》："公子爲其母，練冠，麻，麻衣縓緣……皆既葬除之。"鄭玄注："公子，君之庶子也，其或爲母謂妾子也。麻者，緦麻之経帶也。此麻衣者，如小功布深衣，爲不制衰裳變也。……縓，淺絳也，一染謂之縓。練冠而麻衣縓緣，三年練之受飾也。……諸侯之妾子厭於父，爲母不得伸，權爲制此服，不奪其恩也。"

六年，申明葬制，凡墓不得造石人獸碑，唯聽作石柱，記名位而已。

七年，安成王慈太妃喪，[1]周捨牒：[2]"使安成、始興諸王以成服日一日爲位受弔。"[3]帝曰："喪無二主。二王既在遠，[4]嗣子宜祭攝事。"[5]周捨牒："嗣子著細布衣、絹領帶、單衣用十五升葛。[6]凡有事及歲時節朔望，[7]並於靈所朝夕哭。三年不聽樂。"

[1]安成王：南朝梁武帝之異母弟蕭秀的封爵名，全稱爲安成郡王。此代指蕭秀其人。傳見《梁書》卷二二、《南史》卷五二。

慈太妃：此指安成王蕭秀及其胞弟始興王蕭憺的養母、其父的妾室陳氏，梁武帝稱帝後尊爲太妃。事見《梁書》卷二二《太祖五王傳》、《南史》卷五二《梁宗室傳下》。慈，即慈母。古稱撫育自己成長的庶母爲慈母。

[2]周捨：人名。南朝梁武帝時官任祠部郎中，掌治禮儀。傳見《梁書》卷二五，《南史》卷三四有附傳。

[3]成服：古時喪禮大殮之後，親屬按照與死者關係的親疏穿

上不同的喪服，稱爲成服。

[4]二王既在遠：此謂陳太妃喪時，安成王蕭秀正任江州刺史，始興王蕭憺正任荆州刺史，二王均在外地而不在京師。

[5]嗣子：此指安成王蕭秀的承嗣之子。　攝事：代行其事。

[6]領帶：古時衣領上的飾邊。　單衣：單層無裏子的衣服。古時常用爲吊喪之服或士大夫之便服。　葛：葛布。古時多用以製作夏衣及吊服。其粗細以升數計，升數多則細，升數少則粗。十五升葛，屬細葛布。

[7]朔望：指朔日和望日。即農曆每月初一日和十五日。古代常在朔望之日舉行祭拜、朝謁等禮。

　　十四年，舍人朱异議：[1]“《禮》，[2]年雖未及成人，已有爵命者，則不爲殤。[3]封陽侯年雖中殤，[4]已有拜封，不應殤服。”[5]帝可之。於是諸王服封陽侯依成人之服。

[1]舍人：官名。此指中書通事舍人，後去“通事”而直稱中書舍人。南朝梁時爲中書省的屬官，掌入值閣內，草擬詔誥敕令，參典機要。四班。　朱异：人名。南朝梁武帝時官任中書通事舍人，參掌機要，博通禮學，深受武帝寵信。傳見《梁書》卷三八、《南史》卷六二。

[2]《禮》：原爲《儀禮》的簡稱，後亦泛指《周禮》《儀禮》《禮記》三部言禮之書，合稱“三禮”，均爲儒家經典著作。

[3]殤：古稱未至成年而死爲“殤”。殤有長、中、下三等：十六至十九歲爲長殤，十二至十五歲爲中殤，八至十一歲爲下殤。八歲以下爲無服之殤。但已行冠笄禮者、已成婚嫁或已訂婚約者、已有封爵者、已即位之國君，雖未成年而死，亦不以爲殤，仍歸入成人之服。

[4]封陽侯：爵名。全稱是封陽縣侯。南朝梁時爲十五等爵的第七等。按梁封爵之制，宗室諸王之子除嗣子襲王爵外，衆子均封爲縣侯，故此處"封陽侯"當代指梁武帝時某個宗室親王之子，但因早亡，其名諱無考。

[5]殤服：爲殤亡者居喪的服制。古代喪服禮制規定，凡爲殤者之服，均較原服叙降等服喪。如原服叙是齊衰期服，則長殤降爲大功九月，中殤降爲大功七月，下殤降爲小功；原服叙是大功，則長殤降爲小功，中殤、下殤降爲緦麻；原服叙是小功，則長殤降爲緦麻，中殤、下殤降爲無服。

大同六年，[1]皇太子啓：[2] "謹案下殤之小功，[3]不行婚冠嫁三嘉之禮，[4]則降服之大功，[5]理不得有三嘉。今行三嘉之禮，竊有小疑。"帝曰："《禮》云：'大功之末，可以冠子。[6]父小功之末，可以冠子、嫁子、娶婦。已雖小功，既卒哭，[7]可以冠、娶妻。下殤之小功則不可。'晉代蔡謨、謝沈、丁纂、馮懷等遂云：[8]'降服大功，可以嫁女。'宋代裴松之、何承天又云：[9]'女有大功之服，亦得出嫁。'范堅、荀伯子等，[10]雖復率意致難，亦未能折。太始六年，[11]虞龢立議：[12]'大功之末，乃可娶婦。'于時博詢，咸同龢議。齊永明十一年，[13]有大司馬長子之喪，[14]武帝子女同服大功。[15]左丞顧杲之議云：[16]'大功之末，非直皇女嬪降無疑，[17]皇子娉納，[18]亦在非硋。[19]'凡此諸議，皆是公背正文，務爲通耳。徐爰、王文憲並云：[20]'期服降爲大功，[21]皆不可以婚嫁。'於義乃爲不乖，而又不釋其意。天監十年，信安公主當出適，[22]而有臨川長子大功之慘，[23]具論此義，粗已詳悉。太子今又啓審大功之末及下殤之小功行婚冠嫁三吉之事。案《禮》所言下殤小功，本是期服，故不得有三吉之禮。況本服是期，降爲大功，理當不可。人間行者，是用鄭玄逆降之義。[24]《雜記》云：[25]‘大功之末，可以冠子嫁子。’此謂本服大功，子則小功，逾月以後，於情差輕，所以許有冠嫁。此則小功之末，通得取婦。[26]前所云‘大功之末，可以冠子嫁子’，此是簡出大功之身，[27]不得取婦。後言‘小功之末，[28]可以冠子嫁子’，非直子得冠嫁，亦得取婦。故有出没。[29]婚禮，國之大典，宜有畫一。[30]今宗室及外戚，不得復輒有干啓，[31]禮官不得輒爲曲議。可依此以爲法。”

[1]大同：南朝梁武帝蕭衍年號（535—546）。

[2]啓：啓奏，稟告。亦指奏疏公文。

[3]下殤之小功：古喪服名。爲殤服的一種。古時凡爲叔父、姑、兄弟、姊妹、衆子、女兒、侄子女、嫡孫等之下殤，均服之。其原服叙本爲齊衰期服，因下殤降二等，故歸入小功服叙。

[4]冠：冠禮。古代男子二十歲（天子、諸侯可提前至十二歲）舉行的加冠之禮，以表示其成人。　三嘉之禮：古代婚禮、冠禮、嫁禮均屬五禮之中的嘉禮，故此處並稱婚、冠、嫁三禮爲“三嘉之禮”，下文又並稱爲“三吉之禮”。

[5]降服：古稱喪服降低一等爲“降服”。

[6]冠子：父親給兒子行加冠禮。

[7]卒哭：古代喪禮在百日祭後，止無時之哭，變爲朝夕一哭，名爲“卒哭”。

[8]蔡謨：人名。兩晉時人，博學通經，於禮儀制度多所議定。

傳見《晋書》卷七七。　謝沈：人名。亦作“謝沉”。東晋時人，博學多識，明練經史，著述宏富。傳見《晋書》卷八二。　丁纂：人名。東晋穆帝時官任黃門郎，有文集四卷傳世。事見《晋書·蔡謨傳》、本書《經籍志四》。　馮懷：人名。東晋成帝時官任太常、侍中，對當時禮制多有議定。事見《晋書·禮志上》、卷三一《后妃傳上》、卷三九《荀奕傳》、卷七七《陸曄傳》、卷八八《顏含傳》、卷九四《任旭傳》等。

[9]裴松之：人名。南朝劉宋時人，博通經史，著作宏富。傳見《宋書》卷六四、《南史》卷三三。　何承天：人名。南朝劉宋時人，博學多聞，經史百家無不通覽，著述甚多。傳見《宋書》卷六四、《南史》卷三三。

[10]范堅：人名。兩晋時人，博學善文，對當時禮制多有駁難。《晋書》卷七五有附傳。　荀伯子：人名。南朝劉宋時人，博通經傳，善於論難。傳見《宋書》卷六〇、《南史》卷三三。

[11]太始：正作“泰始”。南朝宋明帝劉彧年號（465—471）。

[12]虞穌：人名。亦作“虞和”。南朝宋明帝時官任儀曹郎、國子博士，對當時禮制多有議定。傳見《南史》卷七二，事見《宋書·禮志一》《禮志四》等。

[13]永明：南朝齊武帝蕭賾年號（483—493）。

[14]大司馬：官名。南朝齊時與大將軍並稱“二大”，位在三公之上，掌典武事，可開府置官屬。第一品。按，此處“大司馬”是指齊武帝之胞弟豫章王蕭嶷，因其在齊武帝永明年間官任大司馬，故以職官代稱其人。蕭嶷傳見《南齊書》卷二二、《南史》卷四二。

[15]武帝：此指齊武帝蕭賾。紀見《南齊書》卷三、《南史》卷四。

[16]左丞：官名。全稱是尚書左丞。南朝齊時爲尚書省的屬官，與尚書右丞對置，輔佐本省正副長官知省事，分判宗廟郊祠、祥瑞灾異、立作格制、諸案糾彈、官吏選用除置等事。第六品。

顧杲之：人名。按此人除見於本志外，未見其他記載。考南朝齊武帝永明年間官任尚書左丞者有庾杲之，傳見《南齊書》卷三四、《南史》卷四九，故疑此處"顧杲之"當是"庾杲之"之誤。

［17］非直：不但，不僅。　媵降：專指帝王之女下嫁。

［18］娉納：指古代婚禮中的問名、納幣。亦借指娶妻。

［19］硋（ài）：妨礙，阻礙。

［20］徐爰：人名。南朝劉宋時人，通曉朝章，屢撰儀注。傳見《宋書》卷九四、《南史》卷七七。　王文憲：即王儉。"文憲"是其謚號。參見前注"王儉"。

［21］期服：即齊衰爲期一年的喪服，屬五服中的第二等服制。古時凡服喪爲長輩如祖父母、伯叔父母、未嫁的姑母等，平輩如兄弟、姊妹、妻，小輩如侄、嫡孫等，均服期服。又如子之喪，其父反服；已嫁女子爲祖父母、父母服喪，也服期服。

［22］信安公主：南朝梁武帝之女的封號名。此代指其人。　出適：出嫁。

［23］臨川："臨川郡王"的省稱。爲南朝梁武帝之異母弟蕭宏的封爵名，此代指其人。傳見《梁書》卷二二、《南史》卷五一。慘：指喪事。

［24］鄭玄：人名。東漢經學家，嘗遍注群經。傳見《後漢書》卷三五。　逆降：指古代喪禮中後升阼階者先降的儀式程序。

［25］《雜記》：《禮記》的篇名。

［26］取婦：娶妻。取，同"娶"。

［27］簡出：挑出，剔出。

［28］後言：底本、宋刻遞修本、庫本、中華本皆同，但殿本作"故有"，當因下文"故有出没"而舛誤。

［29］出没：出入，差異，不同。

［30］畫一：一致，一律，統一。

［31］干啓：干預而陳説之。

　　後齊定令，[1]親王、公主、太妃、妃及從三品已上喪者，借白鼓一面，[2]喪畢進輸。王、郡公主、太妃、儀同三司已上及令僕，[3]皆聽立凶門柏歷。[4]三品已上及五等開國，[5]通用方相。[6]四品已下，達於庶人，以魌頭。[7]旌則一品九旒，[8]二品、三品七旒，四品、五品五旒，六品、七品三旒，八品已下，[9]達于庶人，唯旌而已。[10]其建旌，三品已上及開國子、男，[11]其長至軫，[12]四品、五品至輪，六品至于九品，至較。[13]勳品達于庶人，[14]不過七尺。

　　[1]後齊：即北齊（550—577），亦單稱齊，都於鄴（今河北臨漳縣西南鄴鎮東）。

　　[2]白鼓：古代帝王、貴族喪事儀仗中所用的白色大鼓。

　　[3]王：爵名。北齊時爲十一等爵的第一等。正一品。　郡公主：女封號名。亦簡稱郡主。北齊時封皇太子之女及少數功臣之妻爲郡公主。視從一品。　儀同三司：官名。亦簡稱儀同。北齊時屬散官。正二品。　令僕：即尚書令和尚書僕射的合稱。北齊時爲尚書省的正副長官，是宰相之職。尚書令爲正二品，尚書僕射爲從二品。

　　[4]凶門柏歷：古時人始死，立木於庭中，上橫一木叫重，形似凶門。橫木下懸鬲，即“歷”，鬲中盛粥，謂爲死者神所憑依，葬後始改用木主。魏晉以來又有在門外用白絹或白布加柏枝結扎成門形以表喪，謂之“凶門柏歷”，略似後世的喪事牌樓。

　　[5]五等：此指公、侯、伯、子、男五等之爵。　開國：晉以後在五等封爵前所加的稱號，用以區別不開國的散爵。

　　[6]方相：上古傳說中驅除疫鬼和山川精怪的神靈。後世民間多以人扮演或以竹紙扎製成方相，用於喪事或其他場合以驅疫

避邪。

[7]魌頭：古代打鬼驅疫時扮神者所戴的面具，其狀猙獰可怖。北齊及隋朝喪禮中亦用之。

[8]旌：此指古代喪事儀仗中所用的旗幟。 旒：旌旗上懸垂的飾物。古代以旌旗所垂旒數的多少來劃分等級的高低。

[9]八品已下："下"字底本、宋刻遞修本、庫本、中華本及《通典》卷八四《禮四十四・凶禮六》皆同，但殿本作"上"，當訛。

[10]旐：古時喪事儀仗中所用的一種招魂幡。古代以旐的長短來劃分等級的高低。

[11]開國子、男：爵名。全稱是開國縣子、開國縣男。北齊時爲十一等爵的第八等、第十等，品階分別爲正四品下、正五品下。

[12]軫：此指喪車後部的橫木。

[13]較（jué）：此指喪車前部車箱兩旁板上的橫木。

[14]勳品：官品名。北齊時爲流外官吏的第一等品階。

王元軌子欲改葬祖及祖母，[1]列上未知所服。邢子才議曰：[2]"《禮》'改葬緦麻'。鄭玄注：'臣爲君，子爲父，妻爲夫。'唯三人而已。然嫡曾孫、孫承重者，[3]曾祖父母、祖父母改葬，既並三年之服，皆應服緦。而止言三人，若非遺漏，便是舉其略耳。"

[1]王元軌：人名。即王則，字元軌。東魏大臣，終官徐州刺史。傳見《北齊書》卷二〇、《北史》卷五三。

[2]邢子才：人名。即邢邵，字子才。北魏末至北齊時人，通經史，善屬文，於吉凶禮儀多所議定。傳見《北齊書》卷三六，《北史》卷四三有附傳。

[3]承重：指承受宗廟與喪祭的重任。古代宗法制度規定，其

人及父俱係嫡長，而父先死，則祖父母喪亡時，其人稱承重孫。如祖父及父均先死，則於曾祖父母喪亡時，其人稱承重曾孫。凡遇有這類喪事，都稱"承重"。

　　開皇初，[1] 高祖思定典禮。[2] 太常卿牛弘奏曰：[3] "聖教陵替，[4] 國章殘缺，[5] 漢、晋爲法，隨俗因時，未足經國庇人，弘風施化。且制禮作樂，事歸元首，[6] 江南王儉，[7] 偏隅一臣，私撰儀注，多違古法。就廬非東階之位，[8] 凶門豈設重之禮？[9] 兩蕭累代，[10] 舉國遵行。後魏及齊，[11] 風牛本隔，[12] 殊不尋究，遙相師祖，[13] 故山東之人，[14] 浸以成俗。西魏已降，師旅弗遑，[15] 賓嘉之禮，[16] 盡未詳定。今休明啓運，[17] 憲章伊始，[18] 請據前經，革兹俗弊。"詔曰："可。"弘因奏徵學者，撰《儀禮》百卷。[19] 悉用東齊《儀注》以爲準，[20] 亦微採王儉禮。修畢，上之，詔遂班天下，咸使遵用焉。

　　[1] 開皇：隋文帝楊堅年號（581—600）。
　　[2] 高祖：隋文帝楊堅的廟號。紀見本書卷一、二，《北史》卷一一。
　　[3] 太常卿：官名。爲太常寺的長官，置一員，掌國家禮樂、郊廟社稷祭祀等事務。正三品。按，"太"字底本、宋刻遞修本、殿本、中華本皆同，但庫本作"大"，當訛。　牛弘：人名。傳見本書卷四九、《北史》卷七二。
　　[4] 聖教：古稱堯、舜、周文王、周武王、周公、孔子等聖賢的教義爲聖教。　陵替：衰落，衰敗。
　　[5] 國章：指國家的禮儀典章。
　　[6] 元首：指君主。

［7］江南：地區名。亦稱江表、江外。指長江以南地區。此處借指南朝。

［8］就廬：指居處簡陋廬屋守喪。　東階：指廳堂東面的臺階。古代以爲示遜禮之位。

［9］設重（chóng）：亦稱“懸重”。按古代喪禮，人始死，則立木於庭中，上橫一木如門，橫木下懸鬲，鬲中盛粥。此懸鬲的橫木就叫“重”，謂爲死者神所憑依，葬後則改用木主。魏晉以後的凶門即由古時懸重之禮演變而來，但亦有禮家以爲此違古禮。

［10］兩蕭：指南朝齊、梁兩個朝代。因這兩朝皇室均爲蕭姓，故稱兩蕭。

［11］後魏：即北魏（386—557），亦單稱魏。初都平城（今山西大同市東北），公元494年遷都洛陽（今河南洛陽市東北白馬寺東）。公元534年分裂爲東魏和西魏兩個政權。東魏（534—550）都於鄴（今河北臨漳縣西南鄴鎮東），西魏（535—557）都於長安（今陝西西安市西北郊）。

［12］風牛：即“風馬牛不相及”的略語。比喻事物之間毫不相干或兩地間相隔遙遠。

［13］師祖：師承，效法。

［14］山東：地區名。戰國秦漢時期稱崤山或華山以東地區爲山東，魏晉南北朝隋唐時期亦稱太行山以東地區爲山東。此處借指東魏和北齊。

［15］師旅弗遑：意謂戰事連綿而不得閑暇。

［16］賓嘉之禮：古代五禮中的賓禮和嘉禮。此處泛指所有禮儀制度。

［17］休明啓運：意謂世道美好清明，皇帝開啓世運。古時常用以贊美盛世明君。

［18］憲章：典章制度。　伊始：初始，開端。

［19］《儀禮》：此指隋初牛弘等人奉詔修撰的《隋朝儀禮》。

［20］東齊：北齊的別稱。因其地處北朝之東，故稱東齊。

《儀注》：此指北齊官修的《後齊儀注》一書，共二百九十卷。

　　其喪紀，[1]上自王公，下逮庶人，著令皆爲定制，無相差越。[2]正一品薨，[3]則鴻臚卿監護喪事，[4]司儀令示禮制。[5]二品已上，則鴻臚丞監護，[6]司儀丞示禮制。[7]五品已上薨、卒，及三品已上有期親已上喪，[8]並掌儀一人示禮制。[9]官人在職喪，聽斂以朝服，[10]有封者，斂以冕服，[11]未有官者，白帢單衣。[12]婦人有官品者，亦以其服斂。棺内不得置金銀珠玉。諸重，[13]一品懸鬲六，[14]五品已上四，六品已下二。[15]轜車，[16]三品已上油幰，[17]朱絲絡網，[18]施襈，[19]兩箱畫龍，[20]幰竿諸末垂六旒蘇。[21]七品已上油幰，施襈，兩箱畫雲氣，垂四旒蘇。八品已下，達於庶人，鱉甲車，[22]無幰襈旒蘇畫飾。執紼，[23]一品五十人，三品已上四十人，四品三十人，並布幘布深衣。[24]三品已上四引、四披、六鐸、六翣。[25]五品已上二引、二披、四鐸、四翣。九品已上二鐸、二翣。四品已上用方相，七品已上用魌頭。在京師葬者，去城七里外。三品已上立碑，螭首龜趺，[26]趺上高不得過九尺。七品已上立碣，[27]高四尺，圭首方趺。[28]若隱淪道素，[29]孝義著聞者，雖無爵，奏，聽立碣。

[1]喪紀：喪事，喪禮。
[2]差越：意謂越序而發生錯亂。
[3]薨：上古稱諸侯之死爲薨，大夫之死爲卒。後世沿以稱三品以上官之死爲薨，五品以上官之死爲卒。

[4]鴻臚卿：官名。爲鴻臚寺的長官，置一員，掌冊封諸藩、接待外使及喪葬禮儀等事務。隋初爲正三品，煬帝大業三年（607）降爲從三品。

[5]司儀令：官名。爲鴻臚寺下轄司儀署的長官，置二人，掌高級官員喪葬禮儀之事。隋初爲從八品下，煬帝大業三年升爲正七品。

[6]鴻臚丞：官名。爲鴻臚寺的屬官，置二人，掌判本寺日常公務。隋初爲正七品下，煬帝大業五年升爲從五品。

[7]司儀丞：官名。爲鴻臚寺下轄司儀署的次官，協助長官司儀令掌高級官員喪葬禮儀之事，勾檢得失。從九品下。

[8]期（jī）親：指服喪一年的親屬。參見前注“期服”。

[9]掌儀：吏名。爲鴻臚寺下轄司儀署的屬吏，置二十人，掌喪葬禮儀。屬流外吏職。

[10]朝服：古代君臣在朝會及舉行隆重典禮時所穿的禮服。

[11]冕服：古代君臣在舉行祭祀吉禮時所穿戴的禮冠和服飾。

[12]白帢（qià）：白色便帽。

[13]諸重（chóng）：古代喪禮中在木主未及雕製之前，設置於庭中暫代以依神受祭的各種懸鬲之木。參見前注“設重”。

[14]鬲：古代喪禮中懸於重木下用以盛粥的陶器。重木所懸鬲數的多少則根據死者的等級高低而定。按，“鬲”底本原作“隔”，殿本、庫本與底本同，當訛，據宋刻遞修本、中華本及《通典》卷八四《禮四十四·凶禮六》改。

[15]六品已下二：“六品”底本、宋刻遞修本、中華本及《通典》卷八四《禮四十四·凶禮六》皆同，但殿本、庫本作“五品”，當訛。

[16]轜（ér）車：亦作“輀車”。古時載運棺柩的靈車。

[17]油幰：用油漆塗飾的車帷。

[18]朱絲絡網：用紅色絲綫製成的網狀裝飾物。

[19]襈（zhuàn）：衣服或帷幔的緣邊裝飾。

［20］兩箱：兩旁，兩邊。此指輼車的車箱兩邊。

［21］旒蘇：旌旗或帷幔上懸垂的飾物。

［22］鱉甲車：古時一種車蓋形似鱉甲的靈車。

［23］執紼：指出殯時手執牽引靈車的大繩以助行進的送葬之人。執紼人數的多少則根據死者的等級高低而定。

［24］布幘：布製的頭巾。　布深衣：布製的深衣。深衣，是古時一種上衣和下裳相連綴的服裝。爲古代官宦的家居常服，也是庶人的常禮服。按，“布深衣”底本、宋刻遞修本、中華本皆同，但殿本、庫本脱“布”字。

［25］引：牽引靈車的繩索。　披（bì）：古時一種喪具。用帛做成，繫於靈車兩側，備牽挽之用，以防靈車傾覆。　鐸：古樂器名。是一種銅製的大鈴，形如鉦而有舌。其舌有木製和金屬製兩種，故又有木鐸和金鐸之分。古代軍禮和喪禮儀仗中均用之。　翣（shà）：古代出殯時的一種飾棺儀仗，狀如長柄掌扇，上有圖畫。靈車行進時使人持之以從，葬後樹之於壙中。

［26］螭首：碑額上面的螭龍頭像。　龜趺：碑下的龜形石座。

［27］碣：圓頂的石碑。古時稱方頂石碑爲碑，圓頂石碑爲碣。碑的規格高於碣。

［28］圭首：碑首凹處供刻文字的部分。碑首刻字後則稱碑額。　方趺：碑碣下的方形石座。

［29］隱淪道素：指隱居不仕而德行純樸的人。

三年及期喪，[1] 不數閏。大功已下數之。以閏月亡者，祥及忌日，皆以閏所附之月爲正。

［1］三年：此指服喪期爲三年的喪服。　期喪：期服。指服喪期爲一年的喪服。參見前注“期服”。

　　凶服不入公門。[1]期喪已下不解官者，在外曹襈緣紗帽。[2]若重喪被起者，[3]皂絹下裙帽。[4]若入宮殿及須朝見者，冠服依百官例。

　　[1]凶服：喪服，孝衣。
　　[2]外曹：指宮殿以外的官署衙門。　襈（zhě）緣紗帽：帽緣上有褶皺的紗製官帽。隋制規定身居期服以下親喪而不解職的官員在外曹官衙中所戴的帽子。
　　[3]重喪：重服。多指爲父母所服的三年之喪。
　　[4]皂絹下裙帽：帽緣周圍垂有薄紗細網的黑色絹製帽子。隋制規定身居父母之喪未滿期而應詔被起復任職的官員在外曹官衙中所戴的帽子。

　　齊衰心喪已上，[1]雖有奪情，[2]並終喪不弔不賀不預宴。[3]期喪未練，[4]大功未葬，不弔不賀，並終喪不預宴。小功已下，假滿依例。[5]居五服之喪，受册及之職，[6]儀衛依常式，唯鼓樂從而不作。若以戎事，[7]不用此制。

　　[1]齊（zī）衰（cuī）心喪：古時父在母喪，子女應降服齊衰期服，但除服後仍須守心喪之制，直到三年期滿爲止，此喪禮稱爲“齊衰心喪”。
　　[2]奪情：亦稱“奪服”。指古代官員服喪期未滿，應詔除去喪服而復官任職。
　　[3]不弔不賀不預宴：古代居喪期間的三條禁例。不弔，即不得參與吊祭吊唁活動；不賀，即不得參與慶賀活動；不預宴，即不得參與宴會活動。

[4]練：古喪祭名。古代父母、親人喪後一周年之祭稱小祥，此時服喪者可以改穿練過的布帛，故小祥之祭也稱"練"。

[5]假滿依例：此謂官員居小功以下喪假期滿後，可依平常條例行事。按，"滿"底本原作"蒲"，當訛，據宋刻遞修本、殿本、庫本、中華本改。

[6]受册：指接受册命而拜官。　之職：赴任就職。

[7]戎事：戰事，軍事。

　　自秦兼天下，朝覲之禮遂廢。[1]及周封蕭詧爲梁王，[2]訖於隋，恒稱藩國，[3]始有朝見之儀。梁王之朝周，入畿，[4]大冢宰命有司致積。[5]其餼五牢，[6]米九十筥，[7]醯醢各三十五甕，[8]酒十八壺，米禾各五十車，[9]薪蒭各百車。[10]既至，大司空設九儐以致館。[11]梁王束帛乘馬，[12]設九介以待之。[13]禮成而出。明日，王朝，受享於廟。[14]既致享，大冢宰又命公一人，[15]玄冕乘車，[16]陳九儐，以束帛乘馬，致食于賓及賓之從各有差。[17]致食訖，又命公一人，弁服乘車，[18]執贄，[19]設九儐以勞賓。[20]王設九介，迎於門外。明日，朝服乘車，還贄于公。[21]公皮弁迎於大門，[22]授贄受贄，並於堂之中楹。[23]又明日，王朝服，設九介，乘車，備儀衞，以見于公。事畢，公致享。明日，三孤一人，[24]又執贄勞于梁王。明日，王還贄。又明日，王見三孤，如見三公。明日，卿一人，[25]又執贄勞王。王見卿，又如三孤。於是三公、三孤、六卿，又各餼賓，[26]並屬官之長爲使。牢米束帛同三公。

　　[1]朝覲：古稱諸侯於春季朝見天子爲“朝”，於秋季朝見天子爲“覲”。後亦泛指藩國封君朝見皇帝。

　　[2]周：即北周或後周（557—581），都於長安（今陝西西安市西北郊）。　蕭詧：人名。南朝後梁的第一代君主，都於江陵（今湖北荆州市），臣屬西魏、北周，受封爲梁王。傳見《周書》卷四八、《北史》卷九三。　梁王：爵名。北周時爲十一等爵的第一等。正九命。此處亦代指蕭詧其人。

　　[3]藩國：古稱分封及臣服之國爲藩國。

　　[4]畿：古稱王都所領轄的千里地面爲“畿”。後多指京城管轄的地區。

　　[5]大冢宰：官名。全稱是大冢宰卿。西魏恭帝三年（556）仿《周禮》建六官，置大冢宰卿一人，爲天官冢宰府的長官，職掌邦治，以建邦之六典輔佐皇帝治邦國。正七命。北周沿置，然其權力則因人而異，若有“五府總於天官”之命，即稱“冢宰”，能總攝百官，實爲大權在握的宰輔；若無此命，即稱“太宰”，與五卿並列，僅統本府官。　有司：指主管官員。　致積：古代諸侯藩國朝聘，入畿後，主國向來賓贈送食糧薪蒭等生活物品。致，即奉獻，贈送。積，指積貯起來的錢物。

　　[6]餼：指活的牲口。亦指生肉。　牢：古稱牛、羊、豕三牲各一爲一牢。

　　[7]米：此指稻米。　筥（jǔ）：古時用以盛米糧等物的圓形竹筐。

　　[8]醯醢：醋與醬。

　　[9]米禾：此指粟米與帶粟的禾秆。

　　[10]薪蒭：生火的燒柴與喂牲口的飼草。

　　[11]大司空：官名。全稱是大司空卿。北周時爲冬官司空府的長官，置一人，職掌邦事，督百工，以五材九範之徒佐皇帝富邦國，營城郭都邑，立社稷宗廟，造宮宅器械。正七命。　九儐：亦作“九賓”。古代朝聘大典中主方所設的九個禮儀人員。

[12]束帛：捆爲一束的五匹帛。古代用爲祭祀、聘問、饋贈的禮物。

[13]九介：古代朝聘大典中客方所設的九個禮儀人員。

[14]受享：古代朝聘大典中，主國君主接受來賓進獻的禮物。享，即獻，指朝聘中獻禮的儀式，亦指所獻的禮物。　廟：指太廟。參見前注"太廟"。

[15]公：此指三公。北周稱太師、太傅、太保爲三公。各置一人，名爲訓導之官，掌與天子坐而論道，實無具體職事，多爲元老重臣的榮譽贈銜。均爲正九命。

[16]玄冕：古代帝王、諸侯、公卿在祭祀和朝會時所穿戴的禮冠服飾。

[17]致食：亦稱"致餼"。古代諸侯藩國朝聘，入居賓館後，主國向來賓贈送食品。

[18]弁服：古代貴族公卿所穿戴的禮冠和禮服。隨場合而異，有韋弁服、皮弁服、冠弁服、服弁服等類。《周禮·春官·司服》載："凡兵事，韋弁服；眡朝，則皮弁服；凡甸，冠弁服；凡凶事，服弁服。"

[19]執贄：古代賓禮中，主國大臣謁見來賓時，攜禮物以相贈。贄，所攜的禮物。

[20]勞賓：慰勞來賓。勞，慰勞，勞問。

[21]還贄：古代賓禮中，主國大臣執禮謁見來賓後，來賓表示地位相等，不敢當而歸還其禮物。

[22]皮弁：古代貴族公卿朝會時所戴的一種禮冠。因用白鹿皮製成，故名皮弁。

[23]中楹：指廳堂前面的中柱。

[24]三孤：北周稱少師、少傅、少保爲三孤。各置一人，爲三公的副貳之官，輔佐三公訓導論道，實無具體職事，多爲元老重臣的榮譽贈銜。均爲正八命。

[25]卿：此指六卿。北周稱天官大冢宰卿、地官大司徒卿、春

官大宗伯卿、夏官大司馬卿、秋官大司寇卿、冬官大司空卿爲六卿。各置一人，爲中央六官府的最高行政長官，分掌朝廷諸政務。均爲正七命。

［26］饋賓：古代賓禮中，主國大臣在謁見之禮結束後，遣使於賓館設肉食之類以款待來賓。

開皇四年正月，梁主蕭巋朝于京師，[1]次於郊外。[2]詔廣平王楊雄、吏部尚書韋世康，[3]持節以迎。[4]衛尉設次於驛館。[5]雄等降就便幕。[6]巋服通天冠、絳紗袍，[7]端珽，[8]立於東階下，西面。文武陪侍，[9]如其國。雄等立於門右，[10]東面。巋攝内史令柳顧言出門請事。[11]世康曰：“奉詔勞于梁帝。”顧言入告。巋出，迎於館門之外，西面再拜。持節者導雄與巋俱入，至于庭下。巋北面再拜受詔訖。雄等乃出，立於館門外道右東向。[12]巋送於門外，西面再拜。及奉見，高祖冠通天冠，服絳紗袍，御大興殿，[13]如朝儀。巋服遠游冠，[14]朝服以入，君臣並拜，禮畢而出。

［1］蕭巋：人名。南朝後梁的第二代君主，臣屬北周和隋朝。傳見本書卷七九，《周書》卷四八、《北史》卷九三有附傳。

［2］次：停駐，留宿。

［3］廣平王：爵名。全稱是廣平郡王。爲隋九等爵的第二等。從一品。　楊雄：人名。傳見本書卷四三，《北史》卷六八有附傳。吏部尚書：官名。爲尚書省所轄吏部的長官，掌全國文職官員的銓選、考課等政令，統吏部、主爵、司勳、考功四曹。置一員，正三品。　韋世康：人名。傳見本書卷四七，《北史》卷六四有附傳。

［4］持節：魏晉以後，皇帝派遣大臣出使、出巡或迎接外賓等

事時，多授予其節杖，稱作使持節、持節、假節等，以表示權威和尊崇。

[5]衛尉：官署名。此指衛尉寺。爲九寺之一，掌宫廷及祭祀、朝會之儀衛兵仗與帳幕供設等事務，長官爲衛尉卿。　設次：即設置臨時居處的帳棚，以供祭祀或迎賓等活動之用。

[6]便幕：用帳幕圍成的簡便屋舍。

[7]通天冠：古代皇帝所戴的一種帽子。《續漢書·輿服志下》載其形制云：“通天冠，高九寸，正豎，頂少邪却，乃直下爲鐵卷梁，前有山，展筩爲述，乘輿所常服。”　絳紗袍：深紅色的紗袍。古代常用爲帝王的朝服。

[8]端珽：意謂雙手捧着玉笏。珽，即古代帝王所持的玉笏。按，中華本於“絳紗袍”和“端珽”之間標點爲頓號，視兩者爲並列關係，當誤，今改作逗號。

[9]文武：指文武官員。

[10]門右：此指賓館門外的西邊方位。右，即西。古時以面南背北爲正位，則右爲西。

[11]攝：官制用語。以本官代理或兼理他官之職事。　内史令：官名。南朝後梁時原稱中書令，至隋初因避隋文帝之父諱而改稱内史令。爲後梁中書省（隋初改稱内史省）的長官，置一人，掌出納宣行皇帝詔命，是宰相之職。十三班。　柳顧言：人名。即柳䜣，字顧言。傳見本書卷五八、《北史》卷八三。

[12]立於館門外道右東向：“立”字底本原脱，殿本、庫本與底本同，宋刻遞修本有“立”字，中華本據《通典》卷七四《禮三十四·賓禮一》補“立”字，當是，今從補。

[13]大興殿：隋宫殿名。爲隋都大興城宫城内的正殿。

[14]遠游冠：古代諸侯王所戴的一種帽子。《續漢書·輿服志下》載其形制云：“遠游冠，制如通天，有展筩橫之於前，無山述，諸王所服也。”

　　古者天子征伐，則宜于社，[1]造于祖，[2]類于上帝。[3]還亦以牲遍告。梁天監初，陸璉議定軍禮，[4]遵其制。帝曰：“宜者請征討之宜，造者稟謀於廟，類者奉天時以明伐，並明不敢自專。陳幣承命可也。”[5]璉不能對。嚴植之又爭之，於是告用牲幣，[6]反亦如之。

　　[1]宜：古祭祀名。即列俎几陳牲以祭土地神，告請天子出征之事宜。　社：社神，土地神。亦指祭土地神的社壇。

　　[2]造：古祭祀名。即陳牲以祭祖先神靈，稟告天子出征之謀。祖：指供奉於宗廟的祖先神靈。

　　[3]類：古祭祀名。即陳牲以祭天神，奉告天子出征之事類。上帝：天帝，天神。

　　[4]陸璉：人名。南朝梁武帝時禮官，於當時禮制多所議定。事見《梁書》卷二五《徐勉傳》、卷四七《滕曇恭傳》及《南史》卷六〇《徐勉傳》、卷七四《滕曇恭傳》等。　軍禮：古代禮制的一種，爲五禮（吉、凶、軍、賓、嘉）之一。

　　[5]幣：繒帛，束帛。古代常用作祭祀或饋贈的禮品。

　　[6]牲幣：犧牲和幣帛。古代用以祭祀日月星辰、社稷、五岳等神，爲次祀所用之禮。

　　後齊天子親征纂嚴，[1]則服通天冠，文物充庭。[2]有司奏更衣，乃入，冠武弁，[3]弁左貂附蟬以出。[4]誓訖，[5]擇日備法駕，[6]乘木輅，[7]以造于廟。載遷廟主於齋車，[8]以俟行。[9]次宜于社，有司以毛血釁軍鼓，[10]載帝社石主於車，[11]以俟行。次擇日陳六軍，[12]備大駕，[13]類于上帝。次擇日祈后土、神州、岳鎮、海瀆、源川等。[14]乃爲坎盟，[15]督將列牲於坎南，[16]北首。[17]

有司坎前讀盟文，割牲耳，承血。皇帝受牲耳，遍授大將，乃置于坎。又歃血，[18]歃遍，又以置坎。禮畢，埋牲及盟書。[19]又卜日，[20]建牙旗於壝，[21]祭以太牢，及所過名山大川，使有司致祭。[22]將屆戰所，[23]卜剛日，[24]備玄牲，[25]列軍容，設柴於辰地，[26]爲壝而禡祭。[27]大司馬奠矢，[28]有司奠毛血，樂奏《大護》之音。[29]禮畢，徹牲，柴燎。[30]戰前一日，皇帝禱祖，[31]司空禱社。[32]戰勝則各報以太牢。[33]又以太牢賞用命戰士于祖，[34]引功臣入旌門，[35]即神庭而授版焉。[36]又罰不用命于社，即神庭行戮訖，[37]振旅而還。[38]格廟詣社訖，[39]擇日行飲至禮，[40]文物充庭。有司執簡，[41]紀年號月朔，陳六師凱入格廟之事，[42]飲至策勳之美，[43]因述其功，不替賞典焉。[44]

[1]纂嚴：指軍隊集結行裝，戒嚴以待發。

[2]文物：指車服旌旗儀仗之類。

[3]武弁：武冠。古代武官所戴的一種帽子。相傳爲戰國趙武靈王效胡服時始用，趙惠文王加以增飾改制，故稱“惠文冠”。漢以後又名武弁、大冠、繁冠、建冠、籠冠等。若天子、文臣戴武冠，則有各種不同的冠飾。

[4]左貂附蟬：指武冠的冠飾。即以貂尾插飾於冠左，以金蟬附飾於冠前。金取剛固之義，蟬取高潔之義。漢代天子、侍中所戴，後歷代多沿之。

[5]誓：指在軍中發布有關告戒、約束將士的號令。

[6]法駕：古代天子車駕儀仗的一種。按古代天子的車駕分大駕、法駕、小駕三種，其儀衛之繁簡各有不同。漢人蔡邕《獨斷》卷下載漢制稱：“法駕公卿不在鹵簿中，唯河南尹、執金吾、洛陽

令奉引，侍中參乘，奉車郎御，屬車三十六乘。”後歷代多參襲漢制。

[7]木輅：古代帝王所乘的一種大車，爲五輅之一，祇塗漆而不覆以革，亦無金、玉、象牙之飾，多用於田獵及行鄉畿。

[8]廟主：指宗廟中供奉的祖先牌位。　齋車：指祭祀齋戒時用以載神靈之物的車。

[9]俟行：意謂等待行動。俟，等待。

[10]毛血：動物的毛與血。亦指祭祀時所用的犧牲。　釁軍鼓：古祭名。亦稱“釁鼓”。即殺人或殺牲以其血塗抹軍鼓而行祭。

[11]帝社：古代帝王祭祀土神、穀神所設立的神壇。又名太社、王社、藉田壇、先農壇等。　石主：石製的神主牌位。古代用以祭祀土、穀之神，供設於社壇。按，“石主”底本、殿本、庫本、中華本皆同，但宋刻遞修本作“石王”，顯訛。又《通典》卷七六《禮三十六·軍禮一》作“祏主”。考祏主是指藏於宗廟中的神主，亦稱宗主，其與帝社所供的土穀神石主迥然有別，故《通典》作“祏主”當訛。

[12]六軍：亦稱“六師”。原指周天子所統領的六軍之師。後因以爲國家軍隊的統稱。

[13]大駕：古代天子車駕儀仗規模最大的一種，在法駕、小駕之上。蔡邕《獨斷》卷下載漢制稱：“大駕則公卿奉引，大將軍參乘，太僕御，屬車八十一乘，備千乘萬騎。”後歷代多參襲漢制。

[14]祈：向衆神祭告求福。　后土：古時對大地的尊稱。亦指地神。　神州：戰國時齊人鄒衍稱中原華夏之地爲“赤縣神州”。後遂以“神州”爲中國的別稱。　岳鎮：指四岳或五岳等名山。海瀆：指大海與四瀆（長江、黃河、淮河、濟水）。亦泛指江海。

源川：泛指除五岳、四瀆以外的山川。

[15]坎盟：古代天子、諸侯爲釋疑取信，掘地爲坎，在坎前對神盟誓締約，並殺牲歃血，然後埋牲及盟書於坎中的一種儀禮。後世多沿襲爲軍隊出征前的一種誓師典禮。坎，即掘地而成的坑穴。

[16]督將：泛指軍中統兵作戰的各級將領。

[17]北首：面嚮北方。首，面嚮，朝嚮。

[18]歃血：古代盟會中的一種儀式。即在盟約宣讀後，參加者用口微吸所殺牲之血，以示誠意。一說是以指蘸血，塗於口旁。

[19]盟書：古代結盟立誓，舉行歃血盟禮時所載録的文辭。後亦泛指誓約文書。

[20]卜日：占卜時日的吉凶而選擇吉日。

[21]牙旗：旗竿上飾有象牙的大旗。多爲軍隊主帥、主將所建，亦用作儀仗。　壇（shàn）：指經過清掃的平整場地，以供祭祀所用。

[22]致祭：行祭，獻祭，奉祀。

[23]届：至，到達。

[24]剛日：單日，奇數之日。古以十天干紀日，其中甲、丙、戊、庚、壬五日居奇位，屬陽剛，故稱“剛日”。按古禮在外行事，皆用剛日，取外事陽剛之義。

[25]玄牲：古代祭天所用的黑色犧牲。

[26]柴：古代祭天所用的柴堆。　辰地：指東南偏東的地方。古代陰陽五行家將十二地支和四方相配，子在正北，卯在正東，午在正南，酉在正西。辰在卯午之間，於位爲東南偏東之位。

[27]禡祭：古代出兵征伐，於軍隊所駐地舉行的祭禮。

[28]大司馬：官名。北齊時與大將軍並稱“二大”，位在三師之下、三公之上，掌典武事，可開府置官屬。正一品。　奠矢：指薦獻箭矢以行祭的儀式。奠，即置獻祭品祭物。

[29]《大護》：古樂舞名。亦作《大濩》。相傳爲商湯命伊尹所作。按，“護”字底本、宋刻遞修本、中華本同，殿本、庫本作“濩”。

[30]柴燎：古代祭天的儀式。即將牲體、玉帛等祭品置於柴堆上而焚之，使烟氣之味上達於天。

[31]禱祖：指向祖先神主禱告以祈求福佑。

[32]司空：官名。北齊時爲三公之一，掌參議國家大事，可開府置官屬。正一品。

[33]報：指向天地及祖先神主報德的祭祀。

[34]以：底本、殿本、庫本、中華本皆同，宋刻遞修本作"用"。　用命：聽命，效命。亦指聽命、效命之人。　戰士："士"字底本原脱，宋刻遞修本與底本同，據殿本、庫本、中華本補。

[35]旌門：古代帝王出行，張帷幕爲行宫，宫前樹立旌旗爲門，稱作"旌門"。

[36]神庭：指供奉和祭奠神主的處所。　授版：意謂授予官職或爵位。版，指命官或封爵的文書。

[37]行戮：行刑。特指執行死刑。

[38]振旅：此指整隊班師。

[39]格廟詣社：此謂到宗廟和帝社奉還先前所載出的祖先神主和社神石主，使之各歸原位。格、詣，均爲至、到之意。

[40]飲至禮：原指上古諸侯朝會盟伐完畢，祭告宗廟並飲酒慶祝的典禮。後借指天子出征奏凱，至宗廟祭祀宴飲慶功之禮；亦泛指一般的奏凱慶功之宴。

[41]執簡：手持簡册。語出《左傳》襄公二十五年："南史氏聞太史盡死，執簡以往。"後因以"執簡"指任史官或御史之職。

[42]凱入：指奏着勝利的樂曲歸來。

[43]策勳：指記録功勳於策書之上。

[44]不替：意謂永不改變，永不廢棄。

　　隋制，行幸所過名山大川，[1]則有司致祭。岳瀆以太牢，[2]山川以少牢。[3]親征及巡狩，[4]則類上帝、宜社、造廟，還禮亦如之。將發軔，[5]則軷祭。[6]其禮，有司於國門外，[7]委土爲山象，[8]設埋坎。有司刲羊，[9]陳俎豆。[10]駕將至，委奠幣，[11]薦脯醢，[12]加羊於軷，[13]西首。又奠酒解羊,[14]并饌埋於坎。[15]駕至，太僕祭兩軹及軓前,[16]乃飲，授爵,[17]遂轢軷上而行。[18]

[1]行幸：古代專指皇帝出行。

[2]岳瀆：即五岳和四瀆的並稱。參見前注"岳崩瀆竭"。

[3]少牢：古時祭禮的犧牲，牛、羊、豕三牲俱用稱太牢，袛用羊、豕二牲稱少牢。亦有單稱羊爲少牢者，乃舉羊以概豕。

[4]巡狩：亦作"巡守"。古代指天子出行視察邦國州郡。

[5]發軔：拿掉支住車輪的木頭，使車前進。借指出發、起程。

[6]軷祭：祭奠行道之路神。按，"軷"底本原作"軝"，宋刻遞修本與底本同，當訛，據殿本、庫本、中華本改。下文同改，不再施注。

[7]國門：指國都的城門。

[8]委（wěi）土：積土，堆土。

[9]刳（kū）羊：宰殺羊。

[10]俎豆：古代祭祀、宴饗時所用的兩種禮器。俎，形如几案，用以陳置牲體或其他食物。豆，形似高足盤，大多有蓋，用以裝酒肉食物。

[11]委：放置。　奠幣：指祭奠所用的帛。

[12]薦：進獻，送上。　脯醢：指佐酒的菜肴。

[13]軷：指軷壇。即祭奠路神所用的山形土壇。

[14]奠酒：灑酒於地以祭神。　解羊：分割羊體以祭神。

[15]饌：菜肴，食物。

[16]太僕：官名。指太僕卿。爲太僕寺的長官，置一員，掌國家廐牧、車輿等事務。隋初爲正三品，煬帝大業三年（607）降爲從三品。　兩軹：指車轂兩端伸出的車軸頭。　軓（fàn）：指車軾前掩輿之板。一說是圍車轅之木，形如半圓，位於輿之前軫下正中。按，"軓"底本原作"軝"，宋刻遞修本、殿本、庫本與底本

同，中華本據《周禮·大馭》改作"帆"，《通典》卷七六《禮三十六·軍禮一》亦作"帆"，今從中華本及《通典》改。

[17]授爵：以杯爵送交給對方。爵，是古代一種盛酒和飲酒兼用的禮器，像雀形，比尊彝小，受酒一升。

[18]轢（lì）：指車輪碾軋。

　　大業七年，[1]征遼東，[2]煬帝遣諸將，於薊城南桑乾河上，[3]築社稷二壇，[4]設方壝，[5]行宜社禮。帝齋於臨朔宮懷荒殿，[6]預告官及侍從，[7]各齋于其所。十二衛士並齋。[8]帝袞冕玉輅，[9]備法駕。禮畢，御金輅，[10]服通天冠，還宮。又於宮南類上帝，積柴於燎壇，[11]設高祖位於東方。帝服大裘以冕，[12]乘玉輅，祭奠玉帛，[13]並如宜社。諸軍受胙畢，[14]帝就位，觀燎，乃出。又於薊城北設壇，祭馬祖於其上，[15]亦有燎。又於其日，使有司并祭先牧及馬步，[16]無鐘鼓之樂。

[1]大業：隋煬帝楊廣年號（605—618）。

[2]遼東：地區名。泛指今遼河以東地區。隋時高麗國在遼東，故亦代指高麗。

[3]薊城：城名。在今北京市西南。　桑乾河：古水名。即今永定河的上游。源出今山西北部管涔山，流經山西東北部、河北西北部，在北京市西南匯入永定河。相傳每年桑椹成熟時河水乾涸，故名桑乾河。

[4]稷：古代祭祀的穀神。亦指祭祀穀神的稷壇。

[5]壝（wěi）：指設在壇、墠之外的矮土圍墻。亦用作壇、墠及其矮土圍墻的總稱。

[6]齋：齋戒。古人在祭祀或舉行其他典禮前沐浴更衣、淨身

潔食、清心寡欲，以示莊敬。　臨朔宮：隋行宮名。隋煬帝大業七年建於涿郡薊縣（治所在今北京市西南）。　懷荒殿：臨朔行宮内的主殿名。

[7]預告官：亦稱預祭官、預祭臣。指陪同皇帝祭告神靈的大臣官員。

[8]十二衛士：指十二衛所統領的府兵。隋煬帝大業三年改隋初十二府置十二衛，統轄禁衛軍，即左右翊衛、左右武衛、左右候衛、左右屯衛、左右驍衛、左右驍騎衛。十二衛所領府兵各有其名號，而總稱爲"衛士"。

[9]袞冕：古代帝王與上公的禮服和禮冠。袞，即繪有卷龍的禮服，爲帝王及上公所穿之衣。冕，即頂有延板而垂旒的禮冠，爲大夫以上行朝儀、祭禮時所戴之帽。　玉輅：古代帝王所乘的一種以玉裝飾的大車，爲五輅之一，多在行祭、納后等典禮時乘用。

[10]金輅：古代帝王所乘的一種以金裝飾的大車，爲五輅之一，多在饗、射、祀還時及飲至禮等場合乘用。

[11]燎壇：古代燎祭天神的高臺。燎，即古代燒柴祭天的儀式。參見前注"柴燎"。

[12]大裘：古代帝王祭天時所穿的禮服。用黑羔羊皮製成，以示其質。

[13]玉帛：圭璋和束帛。古代大祭祀、會盟、朝聘等均用之。

[14]受胙：指接受胙肉的儀式。胙，古代祭祀時用以供神的肉。祭神後即分賜予衆人享用，以示賜福。

[15]馬祖：星宿名。即房星，亦稱天駟星。古時以房星象徵天馬，故奉祭爲馬之祖。

[16]先牧：古代傳說的牧馬創始人，後奉祭爲司牧之神。　馬步：古代奉祭的馬神名。

衆軍將發，帝御臨朔宮，親授節度。[1]每軍，大將、亞將各一人。[2]騎兵四十隊。隊百人置一纛。[3]十隊爲團，團有偏將一人。[4]第一團，皆青絲連明光甲、鐵具裝、青纓拂，[5]建狻猊旗。[6]第二團，絳絲連朱犀甲、獸文具裝、赤纓拂，[7]建貔貅旗。[8]第三團，白絲連明光甲、鐵具裝、素纓拂，[9]建辟邪旗。[10]第四團，烏絲連玄犀甲、獸文具裝、建纓拂，[11]建六駮旗。[12]前部鼓吹一部，[13]大鼓、小鼓及鼙、長鳴、中鳴等各十八具，[14]掆鼓、金鉦各二具。[15]後部鐃吹一部，[16]鐃二面，[17]歌簫及笳各四具，[18]節鼓一面，[19]吳吹篳篥、橫笛各四具，[20]大角十八具。[21]又步卒八十隊，分爲四團。團有偏將一人。第一團，每隊給青隼蕩幡一。[22]第二團，每隊黃隼蕩幡一。第三團，每隊白隼蕩幡一。[23]第四團，每隊蒼隼蕩幡一。[24]長槊楯弩及甲犰等，[25]各稱兵數。受降使者一人，[26]給二馬軺車一乘，[27]白獸幡及節各一，[28]騎吏三人，車輻白從十二人。[29]承詔慰撫，不受大將制。戰陣則爲監軍。[30]

[1]節度：指調度和指揮軍隊的法則。

[2]亞將：指每軍所置的次將或副將，位在大將之下。

[3]纛：古時軍隊或儀仗隊的大旗。

[4]偏將：副將。隋代府兵制中泛指每團的統兵將官，上隸屬於每軍大將。

[5]青絲連明光甲：用青色絲綫連綴光亮鐵片而製成的鎧甲。鐵具裝：鐵製的馬的鎧甲。具裝，即套在馬身上的鎧甲。纓拂：套在馬頸上的革帶及其下垂的穗狀飾物。

[6]狻猊旗：繡有狻猊圖像的旗幟。狻猊，即獅子。

[7]絳絲連朱犀甲：用深紅色絲綫連綴朱紅色犀牛皮或牛皮而製成的鎧甲。　獸文具裝：繪有虎斑紋的馬的鎧甲。按，"獸"應作"虎"，唐人諱改。

[8]貔貅旗：繡有貔貅圖像的旗幟。貔貅，即古代傳説中形似虎或似熊的猛獸，雄者稱貔，雌者稱貅。

[9]白絲連明光甲：用白色絲綫連綴光亮鐵片而製成的鎧甲。

[10]辟邪旗：繡有辟邪圖像的旗幟。辟邪，即古代傳説中的神獸，似鹿而長尾，有兩角。古人言其能辟禦妖邪，故名。

[11]烏絲連玄犀甲：用黑色絲綫連綴黑色犀牛皮或牛皮而製成的鎧甲。　建纓拂：底本與宋刻遞修本原脱此三字，據殿本、庫本、中華本補。另，中華本校勘記云："對照其他各團所用器物的顔色，第四團用烏絲連玄犀甲，疑此處'建纓拂'當作'緇纓拂'。"所言當是。而《通典》卷七六《禮三十六·軍禮一》則作"黑纓拂"。

[12]六駁旗：繡有六駁圖像的旗幟。六駁，即古代傳説中的猛獸，其狀如馬，有一角，倨牙，能食虎豹。

[13]鼓吹：指演奏鼓吹曲的樂隊。最初專用於軍中，後亦用於其他場合，亦泛指演奏樂曲的樂隊。

[14]大鼓：古打擊樂器。爲大型鼓類的通稱。鼓框四周有銅環，平懸於鼓架，發音低沉宏大。　小鼓：古樂器名。爲羯皮鼓之變制，亦稱"單皮鼓""板鼓"；又以其發聲清脆，俗稱"脆鼓""崩子鼓"。演奏時以單簽或雙簽敲擊鼓心，爲點拍節奏之用。鼙：古代軍中所用的一種小鼓，形制較大鼓爲小，漢以後亦名"騎鼓"。　長鳴：古樂器名。即吹奏時能發出高亢聲調的角。　中鳴：古樂器名。即吹奏時能發出低沉聲調的角。

[15]捆鼓：古樂器名。亦作"椆鼓"。爲一種小鼓，長三尺，上有蓋，奏樂時常先敲擊之以引大鼓。　金鉦：古樂器名。亦單稱鉦。用銅製成，形似鐘而狹長，有柄，擊之發聲。多在行軍時用以節止步伐。

[16]鐃吹：指演奏鐃歌的軍樂隊。

[17]鐃：古樂器名。有三種形制：一是古代軍中用以止鼓退軍的鐃，青銅製成，體短而闊，有中空的短柄，插入木柄後可執，無舌，以槌擊之而鳴，常用三個或五個爲一組，大小相次。二是漢代樂舞中始用的舞鐃，其形上圓下方，下作疏櫺，中含銅丸謂之舌，鼓動有聲。三是古代打擊樂中所用的鐃，形制與鈸相似，唯中間隆起部分較小，以兩片爲一副，相擊發聲，音調低於鈸而餘音較長。

[18]歌簫：即用以伴歌的簫，爲一種竹製管樂器。古代的簫有兩種形制：一是用許多竹管編排而成，有封底，橫吹，稱作底簫或排簫；二是祇用一根竹管製成，不封底，直吹，稱作洞簫。按，“歌”底本原作“哥”，宋刻遞修本、殿本、庫本與底本同，兩者乃古今字之別，今據中華本及《通典》卷七六《禮三十六·軍禮一》改。　笳：古樂器名。亦稱“胡笳”。爲一種管樂器，其音悲凉。相傳爲春秋時李伯陽避亂西戎時所造，流行於塞北和西域一帶，漢時由張騫從西域傳入内地。後形制遞變，名稱各異，魏晉以後多用作軍樂。

[19]節鼓：古樂器名。其狀如博局，中開圓孔，恰容其鼓，擊之以節樂。

[20]吴吹篳篥：古時吴地一帶流行的一種六孔篳篥，形制與普通篳篥稍異。篳篥，亦作“觱篥”，爲一種簧管樂器。以竹爲管，管口插有蘆製哨子，一般有九孔。原出於西域龜兹，後傳入内地，成爲隋唐燕樂中的重要樂器。　橫笛：古樂器名。亦稱“橫吹”。即今七孔橫吹之笛，與古直吹之笛相對而言。

[21]大角：古樂器名。爲一種大型號角。古代軍中多用作軍號，以其聲爲晨昏之節，諸營壘皆候以進退。

[22]青隼蕩幡：指青色的繪有隼鳥圖案的軍旗。隼，又名鶻，爲鷹類中最小者，飛速善襲，古人多飼養爲獵鷹。蕩幡，即布幅下垂的軍旗。

[23]白：各本皆同，但《通典》卷七六《禮三十六·軍禮一》

作“蒼”，義與“白”同。

[24]蒼：各本皆同，但《通典》卷七六《禮三十六·軍禮一》作“烏”。按，蒼爲青色或白色，烏爲黑色。再考青、白二色已爲步兵第一團和第三團所用，則第四團不可能再用蒼色，故疑此處“蒼”當是“烏”之誤，應以《通典》所載爲是（參見唐華全《〈隋書〉勘誤18則》，《南昌航空大學學報》2012年第2期）。

[25]長槊：古兵器名。即長矟，長矛。　楯：古兵器名。同“盾”，即盾牌。　弩：古兵器名。用機械發箭的弓。　甲：鎧甲。　毦（ěr）：以鳥羽或獸毛做成的裝飾物，常用以飾頭盔、犬馬或兵器。此處借指頭盔。按，“毦”底本、宋刻遞修本、殿本、中華本及《通典》卷七六《禮三十六·軍禮一》皆同，但庫本作“眊”，當訛。

[26]受降使者：由皇帝派往軍中負責接受敵軍投降事務的使者，可持節便宜行事，而不受軍中大將節制。屬臨時差遣之職，事罷則廢。

[27]二馬軺車：二馬所駕的輕便車。古代多用爲奉使者或地位尊貴的朝臣所乘之車。

[28]白獸幡：應作“白虎幡”，唐人諱改。即繪有白虎圖像的旗幟。古代用作傳布朝廷政令或軍令的符信。　節：指古代皇帝授予使臣持作憑證的符節。

[29]車輻白從：指手持儀仗木棒夾車而行的白衣隨從人員。古代用作使臣之儀衛。

[30]監軍：由皇帝派往軍中監督將士作戰的官員。屬臨時差遣之職，事罷則廢。

軍將發，候大角一通，步卒第一團出營東門，東向陣。第二團出營南門，南向陣。第三團出營西門，西向陣。第四團出營北門，北向陣。陣四面團營，然後諸團嚴駕立。[1]大角三通，則鐃鼓俱振，騎第一團引行。隊間相去各十五步。次第二團。次前部鼓吹，次弓矢一隊，合二百騎。建蹲獸旗，[2]飑槊二張，[3]大將在其下。次誕馬二十匹，[4]次大角，次後部鐃，次第三團，次第四團，次受降使者。次及輜重戎車散兵等，[5]亦有四團。第一輜重出，收東面陣，分爲兩道，夾以行。第二輜重出，收南面陣，夾以行。第三輜重出，收西面陣，夾以行。第四輜重出，收北面陣，夾以行。亞將領五百騎，建騰豹旗，[6]殿軍後。[7]至營，則第一團騎陣於東面，第二團騎陣於南面，鼓吹翊大將居中，[8]駐馬南向。[9]第三團騎陣於西面，第四團騎陣於北面，合爲方陣。四團外向，步卒翊輜重入於陣內，以次安營。營定，四面陣者，引騎入營。亞將率驍騎游弈督察。[10]其安營之制，以車外布，間設馬槍，[11]次施兵幕，內安雜畜。事畢，大將、亞將等，各就牙帳。[12]其馬步隊與軍中散兵，交爲兩番，[13]五日而代。

[1]嚴駕：整備車馬。

[2]蹲獸旗：應作“蹲虎旗”，唐人諱改。即繪有蹲踞之虎像的旗幟。

[3]飑（bó）槊：亦作“飑槊”。即古代儀仗中的金瓜槌。

[4]誕馬：亦作“但馬”。即古代儀仗隊中不施鞍彎的備用馬。

[5]輜重：指隨軍運載的軍用器械、糧秣等物。此指輜重部隊。

[6]騰豹旗：繪有騰躍之豹像的旗幟。

[7]殿軍後：指位居行軍隊伍的最後部。

[8]翊：輔翼，護衛。

[9]駐：底本、宋刻遞修本、中華本及《通典》卷七六《禮三十六・軍禮一》皆同，但殿本、庫本作“騎”，當訛。

[10]游弈：巡邏。按，“弈”底本、宋刻遞修本、中華本同，殿本、庫本作“奕”，二字相通。

[11]馬槍：古兵器名。即馬上使用的長竿上裝有金屬尖頭的一種兵器，宿營時則用作防衛營壘的武器。

[12]大將、亞將等，各就牙帳：“等各”底本、宋刻遞修本、庫本、中華本及《通典》卷七六《禮三十六・軍禮一》皆同，但殿本作“各一”，當因前文而舛誤。牙帳，古代將帥所居的營帳。因其前建牙旗，故名牙帳。

[13]兩番：指兩個輪流更替的班次。

　　於是每日遣一軍發，相去四十里，連營漸進。二十四日續發而盡。首尾相繼，鼓角相聞，旌旗亙九百六十里。天子六軍次發，[1]兩部前後先置，又亙八十里。通諸道合三十軍，亙一千四十里。諸軍各以帛為帶，長尺五寸，闊二寸，題其軍號為記。御營內者，合十二衛、三臺、五省、九寺，[2]並分隸內外前後左右六軍，亦各題其軍號，不得自言臺省。王公已下，至于兵丁厮隸，[3]悉以帛為帶，綴于衣領，名“軍記帶”。諸軍並給幡數百，[4]有事，使人交相去來者，執以行。不執幡而離本軍者，他軍驗軍記帶，知非部兵，則所在斬之。

[1]六軍：此指皇帝直轄的內、外、前、後、左、右六部禁衛之軍。

[2]十二衛：參見前注“十二衛士”。　三臺：隋煬帝時稱御史臺、謁者臺、司隸臺為三臺。其中御史臺為中央監察機關，謁者

臺掌受詔勞問、出使慰撫等事，司隸臺掌諸巡察地方之事。　　五
省：隋煬帝時稱尚書省、内史省、門下省、秘書省、殿内省爲五
省。其中尚書省爲中央行政機關，内史、門下二省爲中央決策機
關，秘書省掌國家圖書檔案、天文曆法等事，殿内省掌皇帝衣食住
行之事。　　九寺：隋朝稱太常寺、光禄寺、衛尉寺、宗正寺、太僕
寺、大理寺、鴻臚寺、司農寺、太府寺爲九寺。皆爲中央執行政令
的事務機構。

〔3〕厮隸：亦稱"厮役"。泛指供人驅使、幹雜事勞役的奴僕。

〔4〕幡：此指軍中用作通行標識的旗幟。

　　是歲也，行幸望海鎮，[1]於秃黎山爲壇，[2]祀黄帝，
行禡祭。詔太常少卿韋霽、博士褚亮奏定其禮。[3]皇帝
及諸預祭臣近侍官諸軍將，皆齋一宿。有司供帳設位，
爲埋坎神坐西北，内壝之外，建二旗於南門外。以熊席
設帝軒轅神坐於壝内，[4]置甲胄弓矢於坐側，[5]建槊於坐
後。[6]皇帝出次入門，[7]群官定位，皆再拜奠。禮畢，
還宫。

　　〔1〕望海鎮：軍鎮名。故址在今遼寧凌海市南。按，"望海鎮"
各本皆同，但《通典》卷七六《禮三十六·軍禮一》作"觀海
鎮"。

　　〔2〕秃黎山：位於今遼寧凌海市南。

　　〔3〕太常少卿：官名。爲太常寺的次官，協助長官太常卿掌國
家禮樂、郊廟社稷祭祀等事務，通判本寺各署事。隋初置一員，正
四品上；煬帝大業三年增置二員，降爲從四品。　　韋霽：人名。隋
煬帝時官任太常少卿，對當時禮樂制度多所議定。事見本書卷四七
《韋壽傳》、卷七三《魏德深傳》及《北史》卷六四《韋孝寬傳》、
卷八六《魏德深傳》等。　　博士：官名。此指太常博士。爲太常寺

的屬官，置四人，掌辨五禮儀式，贊導大祭祀之禮儀，擬議王公及三品以上官之謚號。從七品下。　褚亮：人名。隋煬帝時官任太常博士，通曉禮儀制度。傳見《舊唐書》卷七二、《新唐書》卷一〇二。

〔4〕熊席：熊皮坐席。　壇内：底本、宋刻遞修本、庫本、中華本皆同，但殿本作"壇之外"，當因前文而舛誤。

〔5〕置甲胄：底本、宋刻遞修本、中華本皆同，但庫本作"設甲胄"，而殿本則脱"置甲"二字。

〔6〕槊：古兵器名。即長矛。

〔7〕出次：底本、宋刻遞修本、庫本、中華本及《通典》卷七六《禮三十六・軍禮一》皆同，但殿本"出"下有"甲"字，當係前脱文之錯衍。次，指臨時搭設的帳幕。多用於祭祀、會盟或迎賓等活動中以供人暫處。

　　隋制，常以仲春，[1]用少牢祭馬祖於大澤，諸預祭官，皆於祭所致齋一日，積柴於燎壇，禮畢，就燎。仲夏祭先牧，[2]仲秋祭馬社，[3]仲冬祭馬步，[4]並於大澤，皆以剛日。牲用少牢，如祭馬祖，埋而不燎。

〔1〕仲春：指春季的第二個月，即農曆二月。

〔2〕仲夏：指夏季的第二個月，即農曆五月。

〔3〕仲秋：指秋季的第二個月，即農曆八月。　馬社：古代於養馬之地所設立的祭祀后土之社，以傳説中發明用馬駕車的創始人配食。亦指配食的駕馬之神。

〔4〕仲冬：指冬季的第二個月，即農曆十一月。

　　開皇二十年，太尉晉王廣北伐突厥，[1]四月己未，次於河上，[2]禡祭軒轅黄帝，以太牢制幣，[3]陳甲兵，行

三獻之禮。^[4]

〔1〕太尉：官名。爲三公之首。隋初可開府置僚佐，參議國家
大事，但不久省去其府及僚佐，置於尚書都省閑坐聽政，成爲榮譽
性質的頭銜。正一品。　晋王廣：即楊廣。晋王，是楊廣被立爲皇
太子之前的封爵名。紀見本書卷三、四，《北史》卷一二。　突厥：
古族名、國名。公元六世紀初興起於今阿爾泰山西南麓，公元552
年在今鄂爾渾河流域建立突厥汗國，此後其勢力擴展至大漠南北，
橫跨蒙古高原，隋開皇二年分裂爲東、西兩部。傳見本書卷八四、
《周書》卷五〇、《北史》卷九九、《舊唐書》卷一九四、《新唐書》
卷二一五。

〔2〕河：指黃河。

〔3〕制幣：古代祭祀時所供的繒帛。因帛的長寬皆有定制，故
稱制幣。

〔4〕三獻：古代祭祀時獻酒三次，即初獻爵、亞獻爵、終獻爵，
合稱“三獻”。

後齊命將出征，則太卜詣太廟，^[1]灼靈龜，^[2]授鼓旗
於廟。皇帝陳法駕，服袞冕，至廟，拜於太祖。^[3]遍告
訖，^[4]降就中階，引上將，操鉞授柯，^[5]曰：“從此上至
天，將軍制之。”又操斧授柯，^[6]曰：“從此下至泉，將
軍制之。”將軍既受斧鉞，對曰：“國不可從外理，軍不
可從中制。臣既受命，有鼓旗斧鉞之威，願假一言之命
於臣。”^[7]帝曰：“苟利社稷，^[8]將軍裁之。”將軍就車，
載斧鉞而出。皇帝推轂度閫，^[9]曰：“從此以外，將軍
制之。”

　　［1］太卜：官名。全稱是太卜局丞。北齊時爲太常寺太史署兼領之太卜局的長官，掌諸卜筮之事。從九品上。

　　［2］灼靈龜：亦省稱"灼龜"。古代占卜的一種，即用火燒灸龜甲，視其裂紋以測吉凶。

　　［3］太祖：古代追尊王朝的始建者或開國皇帝爲太祖，供奉於太廟之首。

　　［4］遍：底本、宋刻遞修本、殿本、中華本及《通典》卷七六《禮三十六·軍禮一》皆同，但庫本作"偏"，當訛。

　　［5］鉞：古兵器名。即圓刃大斧。古代亦用作天子的儀仗之一，拜將出征時授予將帥，作爲加重其權威的象徵。　柯：斧、鉞之柄。亦象徵權柄。

　　［6］斧：古兵器名。古代亦用作最高執法權力的象徵。

　　［7］假：底本原作"無"，宋刻遞修本、殿本、庫本與底本同，中華本據《通典》卷七六《禮三十六·軍禮一》改作"假"，當是，今從改。

　　［8］社稷：古代帝王所祭祀的土神和穀神。亦用作國家的代稱。

　　［9］推轂度閫：古代帝王任命將帥的一種隆重禮儀。即由帝王親自推車送出國都門外，以表示對將帥的尊崇。

　　周大將出征，遣太祝，[1]以羊一，祭所過名山大川。明帝武成元年，[2]吐谷渾寇邊。[3]帝常服乘馬，[4]遣大司馬賀蘭祥於太祖之廟，[5]司憲奉鉞，[6]進授大將。大將拜受，以授從者。禮畢，出受甲兵。

　　［1］太祝：官名。全稱是太祝下大夫。北周時爲春官府太祝曹的長官，置一人，掌祭祀祈禱之事。正四命。

　　［2］明帝：北周第二代皇帝宇文毓的謚號。紀見《周書》卷四、《北史》卷九。　武成：北周明帝宇文毓年號（559—560）。

　　［3］吐谷（yù）渾：古族名。本爲遼東鮮卑之種，姓慕容氏，西晉時西遷至群羌故地，北朝至隋唐時期游牧於今青海北部和新疆東南部地區。傳見本書卷八三、《晉書》卷九七、《魏書》卷一〇一、《周書》卷五〇、《北史》卷九六、《舊唐書》卷一九八、《新唐書》卷二二一上。

　　［4］常服：古代既指平常之服，亦特指戎服（即軍服）。按，“常服”各本皆同，但《通典》卷七六《禮三十六·軍禮一》作“戎服”，義同。

　　［5］大司馬：官名。全稱是大司馬卿。北周時爲夏官司馬府的長官，置一人，掌邦政，主征伐，以佐皇帝平邦國，四時則治兵講武，宿衛宮禁。正七命。　賀蘭祥：人名。北周明帝武成元年官任大司馬卿，奉詔統軍征討吐谷渾。傳見《周書》卷二〇、《北史》卷六一。

　　［6］司憲：官名。全稱是司憲中大夫。北周時爲秋官府司憲曹的長官，置二員，掌五禁、五戒之法，以左右刑罰，糾察百官。正五命。

　　隋制，皇太子親戎，[1]及大將出師，則以豭肫一釁鼓，[2]皆告社廟。受斧鉞訖，不得反宿於家。開皇八年，晉王廣將伐陳，内史令李德林攝太尉，[3]告于太祖廟。禮畢，又命有司宜于太社。

　　［1］親戎：親理征伐戰事。

　　［2］豭（jiā）肫（tún）：亦作“豭豚”。即小公猪。也泛指公猪。古時以豭肫爲勇敢之畜，故常用作血祭之牲。按，“肫”底本、宋刻遞修本、中華本同，殿本、庫本作“㹠”，二字相通。

　　［3］内史令：官名。爲内史省的長官，掌皇帝詔令出納宣行，是宰相之職。隋初内史省置監、令各一人，尋廢監，置令二人。正

三品。煬帝大業末改内史省爲内書省，内史令遂改稱爲内書令。

李德林：人名。傳見本書卷四二、《北史》卷七二。

古者三年練兵，[1]入而振旅，[2]至於春秋蒐獮，[3]亦以講其事焉。

[1]練兵：應作"治兵"，唐人避唐高宗李治之諱而改。古時稱在秋季進行的練兵儀式爲治兵，通常三年一教習，以操練出師對陣之法。後亦泛指練兵或治軍。

[2]振旅：古時稱在春季進行的練兵儀式爲振旅，以操練戰止班師之法。後亦泛指整頓部隊，操練士兵。

[3]蒐獮：古稱帝王在春季舉行的田獵爲蒐或春蒐，在秋季舉行的田獵爲獮或秋獮。亦泛指狩獵。按，古代將狩獵與練兵相結合，通常在練兵以後都要舉行大規模的狩獵活動，借以講習武事。

梁、陳時，依宋元嘉二十五年蒐宣武場。[1]其法，置行軍殿於幕府山南岡，[2]并設王公百官幕。先獵一日，遣馬騎布圍。右領軍將軍督右，[3]左領軍將軍督左，[4]大司馬董正諸軍。[5]獵日，侍中三奏，[6]一奏，捶一鼓爲嚴，[7]三嚴訖，引仗爲小駕鹵簿。[8]皇帝乘馬戎服，從者悉絳衫幘，[9]黄麾警蹕，[10]鼓吹如常儀。獵訖，宴會享勞，[11]比校多少。戮一人以懲亂法。[12]會畢，還宫。

[1]宣武場：南朝獵場名。故址在今江蘇南京市西北郊幕府山間。

[2]幕府山：在今江蘇南京市西北郊。相傳東晉元帝時丞相王導曾建幕府於此山，因以爲名。山北臨長江，形勢險要，東晉南朝

時爲都城建康之門户。

［3］右領軍將軍：官名。南朝梁、陳二代於領軍府置左、右領軍將軍各一人，爲本府長官，掌領本府禁軍宿衛宫廷，侍從皇帝左右。梁時爲十五班，陳時爲第三品。

［4］左領軍將軍：官名。參見上注“右領軍將軍”。

［5］大司馬：官名。南朝梁、陳二代時與大將軍並稱“二大”，位在三公之上，掌典武事，可開府置官屬。梁時爲十八班，陳時爲第一品。　董正：監督糾正，督察整頓。

［6］侍中：官名。南朝梁、陳二代時爲門下省的長官，置四人，掌侍從皇帝左右，擯相威儀，獻納諫正，糾駁制敕，監製御藥，是宰相之職。梁時爲十二班，陳時爲第三品。

［7］嚴：古時戒夜稱“嚴”。亦轉指戒夜的更鼓。按，古代皇帝出宫御朝前，天未明依時刻捶鼓三次，以示警戒，並按照一、二、三鼓進行相應的準備，謂之“三嚴”。

［8］小駕：古代天子車駕儀仗的一種，較大駕、法駕減損部分車馬，規模較小，多在祀宗廟、行凶禮或田獵時用之。　鹵簿：古代天子駕出時扈從的儀仗隊。因其甲楯兵衛皆著之簿籍，故名“鹵簿”。按古時天子出行之目的不同，鹵簿儀式和規模亦各有别。自漢以後，鹵簿也用於后妃、太子及王公大臣。

［9］絳衫幘：深紅色的衣衫和頭巾。爲古代宿衛侍從之士的常服。

［10］黄麾：古代天子所乘車輿上用作裝飾的黄色旗幡。　警蹕：古代帝王出入時，於所經路途侍衛警戒，清道止行，謂之“警蹕”。

［11］宴會享勞：會聚宴飲，犒賞慰勞。按，“宴”字底本、宋刻遞修本、殿本、中華本皆同，庫本作“晏”，二字相通。

［12］戮：刑殺，刑罰。

　　後齊常以季秋,[1]皇帝講武於都外。[2]有司先萊野爲場,[3]爲二軍進止之節。又別墠於北場,[4]輿駕停觀。遂命將簡士教衆,爲戰陣之法。凡爲陣,少者在前,長者在後。其還,則長者在前,少者在後。長者持弓矢,短者持旌旗。勇者持鉦鼓刀楯,爲前行,戰士次之,㮠者次之,弓箭爲後行。將帥先教士目,使習見旌旗指麾之踪,[5]發起之意,旗臥則跪。教士耳,使習金鼓動止之節,[6]聲鼓則進,[7]鳴金則止。[8]教士心,使知刑罰之苦,賞賜之利。教士手,使習持五兵之便,[9]戰鬬之備。教士足,使習跪及行列嶮泥之塗。前五日,皆請兵嚴於場所,[10]依方色建旗爲和門。[11]都墠之中及四角,[12]皆建五采牙旗。[13]應講武者,各集於其軍。戒鼓一通,[14]軍士皆嚴備。二通,將士貫甲。[15]三通,步軍各爲直陣,以相俟。大將各處軍中,立旗鼓下。有司陳小駕鹵簿,皇帝武弁,乘革輅,[16]大司馬介胄乘,[17]奉引入行殿。[18]百司陪列。[19]位定,二軍迭爲客主。先舉爲客,後舉爲主。從五行相勝法,[20]爲陣以應之。

[1]季秋:指秋季的最後一個月,即農曆九月。

[2]講武:講習武事,演習戰陣。　都外:指京城郊外之地。

[3]萊野:指在郊野之地清除雜草,整治爲平地。萊,即除草。

[4]墠:清掃場地。

[5]指麾:指揮。麾,同"揮"。

[6]金鼓:鉦和鼓。古代行軍或歌舞時用以指揮進退、動靜的兩種樂器。

[7]聲鼓:擊鼓發聲。古代軍中多用作進軍的信號。

[8]鳴金：擊鉦鳴音。古代軍中多用作退軍的信號。

[9]五兵：五種兵器。古代所指不一：或指戈、殳、戟、酋矛、夷矛；或指矛、戟、鉞、楯、弓矢；或指矛、戟、弓、劍、戈。亦泛指各種兵器。　使：底本、宋刻遞修本、庫本、中華本及《通典》卷七六《禮三十六·軍禮一》皆同，但殿本作“使”，當訛。

[10]兵嚴：兵士整裝待發。

[11]方色：古代陰陽五行家將東、南、西、北、中五方分别與青、赤、白、黑、黄五色相配，一方一色，簡稱“方色”。　和門：軍營之門。亦指田獵時所築營壘之門。

[12]都墠：指整個練兵講武的場地。

[13]五采：指青、赤、白、黑、黄五種顔色。亦泛指多種顔色。

[14]戒鼓：擊鼓以警衆。

[15]貫甲：穿上甲胄。

[16]革輅：古代帝王所乘的一種兵車，爲五輅之一，白質而覆之以革，無他飾，多用於講武作戰或巡視國土四境。

[17]大司馬介胄乘：此句各本皆同，但《通典》卷七六《禮三十六·軍禮一》“乘”下有“馬”字，文義更明。介胄，即鎧甲和頭盔。亦指披甲戴盔。

[18]行殿：指古代帝王出行時居處的宫殿。

[19]百司：百官，衆官。

[20]五行相勝：亦稱“五行相克”。古代陰陽五行家所創立的水、火、金、木、土五行互相克制的學説。其順序是：水克火，火克金，金克木，木克土，土克水。

後齊春蒐禮，有司規大防，[1]建獲旗，[2]以表獲車。[3]蒐前一日，命布圍。領軍將軍一人，[4]督左甄，[5]護軍將軍一人，[6]督右甄。大司馬一人，居中，節制諸軍。天子陳小駕，服通天冠，乘木輅，詣行宮。[7]將親禽，[8]服戎服，鈒戟者皆嚴。[9]武衛張甄圍，[10]旗鼓相望，銜枚而進。[11]甄常開一方，以令三驅。[12]圍合，吏奔騎令曰："鳥獸之肉，不登於俎者不射。皮革齒牙，骨角毛羽，不登於器者不射。"甄合，大司馬鳴鼓促圍，衆軍鼓噪鳴角，[13]至期處而止。[14]大司馬屯北旌門，二甄帥屯左右旌門。天子乘馬，從南旌門入，親射禽。謁者以獲車收禽，[15]載還，陳於獲旗之北。王公已下以次射禽，皆送旗下。事畢，大司馬鳴鼓解圍，復屯。殿中郎中率其屬收禽，[16]以實獲車。天子還行宮。命有司，每禽擇取三十，一曰乾豆，[17]二曰賓客，[18]三曰充君之庖。[19]其餘即於圍下量犒將士。禮畢，改服，鈒者韜刃而還。[20]夏苗、秋獮、冬狩，[21]禮皆同。

[1] 規大防：此指規劃獵場的重要界限。

[2] 獲旗：表示獲車所在處的旗子。

[3] 獲車：用以裝載禽獸等獵獲之物的車。

[4] 領軍將軍：官名。北齊時爲領軍府的長官，置一人，掌禁衛宮掖，輿駕出入則督攝仗衛。從二品。

[5] 左甄：左翼軍，左方的軍陣。甄，指古代打獵或作戰時所布軍陣的左右兩翼。

[6] 護軍將軍：官名。北齊時爲護軍府的長官，置一人，掌東西南北四中郎將府及各地關尉、津尉，輿駕出則護駕。從二品。

[7] 行宮：古代京城以外供帝王出行時居住的宮室。

[8] 親禽：指古代帝王親自射獵鳥獸。禽，鳥獸的總名。

[9] 鈒（sà）戟：古代儀衛所用的一種兵器。形如戟而短小，無飛掌而有小橫木。　嚴：警戒，戒備，戒嚴。

[10]武衛：此指武衛將軍。官名。北齊時爲左右衛府的次官，左右各置二人，協助長官左右衛將軍掌領左右廂禁軍宿衛侍從。從三品。

[11]銜枚：古代行軍時士卒橫銜枚於口中，以防止喧嘩或叫喊。枚，即銜於口中的器具，形如筷子，兩端有帶，可繫於頸上。

[12]三驅：古代帝王田獵之制。謂田獵時須放開一面，圍合三面驅趕禽獸，使之有路可去，以示不忍盡獵而有好生之德。一説指田獵以一年三次爲度。

[13]鼓噪：指出戰或田獵時擂鼓吶喊。　鳴角：吹奏號角。

[14]期處：指事先預定的地點。

[15]謁者：官名。北齊時爲謁者臺的屬官，置三十人，掌凡諸吉凶公事時導相禮儀。正九品下。

[16]殿中郎中：官名。北齊時爲尚書省殿中部所轄四曹之一殿中曹的長官，置一員，掌駕行百官留守名帳、宮殿禁衛、供御衣倉等事。正六品上。

[17]乾豆：放在祭器中供祭祀用的乾肉。亦指可用以做成祭祀之乾肉的禽獸獵物。

[18]賓客：此指可用以做成招待賓客之肉食的禽獸獵物。

[19]充君之庖：指可用以充作國君庖厨之物的禽獸獵物。

[20]刃：底本原作“刀”，宋刻遞修本、殿本、庫本與底本同，中華本據《通典》卷七六《禮三十六·軍禮一》改作“刃”，並作校勘記云：“‘鈒’爲短戟。‘韜刃’，加皮套以保護戟刃。”所言當是，今從改。

[21]夏苗：古稱帝王在夏季舉行的田獵爲夏苗，亦單稱苗。冬狩：古稱帝王在冬季舉行的田獵爲冬狩，亦單稱狩。

　　河清中定令，[1]每歲十二月半後講武，至晦逐除。[2]二軍兵馬，右入千秋門，[3]左入萬歲門，[4]並至永巷南下，[5]至昭陽殿北，[6]二軍交。一軍從西上閣，[7]一軍從東上閣，[8]並從端門南，[9]出閶闔門前橋南，[10]戲射並訖，送至城南郭外罷。[11]

[1]河清：北齊武成帝高湛年號（562—565）。

[2]逐除：亦稱“逐疫”。古時於臘月末舉行的禳祭禮，用以驅逐疫鬼。按，“逐”底本原作“遂”，殿本、庫本與底本同，宋刻遞修本作“逐”，中華本據改作“逐”，並作校勘記云：“《呂氏春秋·季冬紀》注：‘今人臘歲前一日，擊鼓驅疫，謂之逐除。’”另《通典》卷七八《禮三十八·軍禮三》亦作“逐”。故從宋刻遞修本、中華本及《通典》改。

[3]千秋門：北齊鄴都宮城之西門。

[4]萬歲門：北齊鄴都宮城之東門。

[5]永巷：北齊鄴都宮城內之巷名。位於昭陽殿北、五樓門南，爲前殿通往後宮的巷道。

[6]昭陽殿：北齊鄴都宮城內之殿名。原稱顯陽殿，文宣帝天保二年（551）改稱昭陽殿。位於太極殿北朱華門內，爲皇帝舉行朝集大會之所。

[7]西上閣：北齊昭陽殿西面之便殿。

[8]東上閣：北齊昭陽殿東面之便殿。

[9]端門：北齊太極殿前之正南門。

[10]閶闔門：北齊鄴都宮城之南門。城門上有清都觀，爲皇帝講武觀兵及大赦之所。

[11]南郭：此指北齊鄴都南面的外郭城。

後齊三月三日，皇帝常服乘輿，詣射所，升堂即坐，皇太子及群官坐定，登歌，[1]進酒行爵。[2]皇帝入便殿，更衣以出，驊騮令進御馬，[3]有司進弓矢。帝射訖，還御坐，射懸侯，[4]又畢，群官乃射五埒。[5]一品三十二發，一發調馬，[6]十發射下，[7]十五發射上，[8]三發射獐，[9]三發射獸頭。[10]二品三十發，一發調馬，十發射下，十發射上，三發射獐，三發射帖，[11]三發射獸頭。三品二十五發，一發調馬，五發射下，十發射上，三發射獐，三發射帖，三發射獸頭。四品二十發，一發調馬，五發射下，八發射上，二發射獐，二發射帖，二發射獸頭。五品十五發，一發調馬，四發射下，五發射上，二發射獐，二發射帖，一發射獸頭。侍官御仗已上十發。[12]一發調馬，四發射下，五發射上。

[1]登歌：升堂奏歌。古代舉行祭典、大朝會時，樂師登堂而歌。

[2]行爵：亦稱"行觴""行酒"。即依次敬酒。

[3]驊騮令：官名。北齊時爲太僕寺下轄驊騮署的長官，掌御馬及諸鞍乘之事。從八品上。

[4]懸侯：指懸挂着的箭靶。侯，即古時用獸皮或畫有獸形之布做成的箭靶。

[5]埒（liè）：馬射場。因其周匝有矮墻，故名"埒"。

[6]調馬：此謂試射一箭以馴調所騎的馬匹。

[7]下：此指設置於低處位置的箭靶。

[8]上：此指設置於高處位置的箭靶。

[9]獐：此指用獐子皮或畫有獐子圖形之布做成的箭靶。

[10]獸頭：此指畫有虎頭圖形的箭靶。"獸"應作"虎"，唐人諱改。按，底本原脱"三十二發"及以下小字注文，宋刻遞修本、殿本、庫本與底本同，中華本據《通典》卷七七《禮三十七·軍禮二》補，並作校勘記云："對照下文所列項目，《通典》可能仍脱'三發射帖'四字；'三十二發'也應作'三十五發'，每品差數都是五發。"所校甚是，今從補。

[11]帖：此指畫有紅心和圓環的箭靶。

[12]侍官：此泛指在宮廷中輪番宿衛侍從的武官。　御仗：官名。北齊時爲左右衛府下轄御仗禁軍之屬官，掌執儀仗兵器宿衛侍從。正九品下。

季秋大射，[1]皇帝備大駕，常服，御七寶輦，[2]射七埒。正三品已上，第一埒，一品五十發，一發調馬，十五發射下，二十五發射上，三發射獐，三發射帖，三發射獸頭。二品四十六發。一發調馬，十五發射下，二十二發射上，二發射獐，三發射帖，三發射獸頭。從三品四品第二埒，三品四十二發，一發調馬，十二發射下，二十二發射上，二發射獐，二發射帖，三發射獸頭。四品三十七發。[3]一發調馬，十一發射下，[4]十九發射上，一發射獐，二發射帖，三發射獸頭。五品第三埒，三十二發。一發調馬，九發射下，十七發射上，一發射獐，二發射帖，二發射獸頭。六品第四埒，二十七發。一發調馬，八發射下，十六發射上，一發射獐，一發射帖。七品第五埒，二十一發。一發調馬，六發射下，十二發射上，一發射獐，一發射帖。八品第六埒，十六發。一發調馬，四發射下，九發射上，一發射獐，一發射帖。九品第七埒，十發。一發調馬，三發射下，四發射上，一發射獐，一發射帖。

[1]大射：古代帝王爲祭祀擇士而舉行的射禮。

[2]七寶輦：古代皇帝乘坐的用多種寶物裝飾的車。

[3]三十七發：各本皆同，但《通典》卷七七《禮三十七·軍禮二》作“三十八發”。

[4]十一發：各本皆同，但《通典》卷七七《禮三十七·軍禮二》作“十二發”。

大射置大將、_{太尉公爲之。}射司馬各一人，^[1]録事二人。^[2]七埒各置埒將、射正參軍各一人，^[3]埒士四人，^[4]威儀一人，^[5]乘白馬以導，的別參軍一人，^[6]懸侯下府參軍一人。^[7]又各置令史埒士等員，^[8]以司其事。

[1]太尉公：官名。亦單稱太尉。北齊時爲三公之首，掌參議國家大事，可開府置官屬。正一品。　射司馬：北齊行大射禮時所置的輔助大將統轄射政的上佐官。屬臨時差遣之職，事罷則廢。

[2]録事：此指北齊行大射禮時掌總録射事文簿、糾彈違失的官員。

[3]埒將：北齊行大射禮時於各射場所置的主將。　射正參軍：北齊行大射禮時在各射場掌判射事法儀的官員。

[4]埒士：在各射場引導衆官行射的軍士。

[5]威儀：指在各射場贊導禮儀的人員。

[6]的別參軍：在各射場掌管箭靶並裁判射靶之成績的官員。

[7]懸侯下府參軍：在各射場掌管懸侯並裁判射侯之成績的官員。

[8]令史：此指在各射場掌管書記文簿事務的胥吏。

後周仲春教振旅，大司馬建大麾於萊田之所。^[1]鄉稍之官，^[2]以旗物鼓鐸鉦鐃，各帥其人而致。誅其後至者。^[3]建麾於後表之中，^[4]以集衆庶。質明，^[5]偃麾，誅其不及者。乃陳徒騎，^[6]如戰之陣。大司馬北面誓之。軍中皆聽鼓角，以爲進止之節。田之日，^[7]於所萊之北，建旗爲和門。諸將帥徒騎序入其門。有司居門，以平其人。^[8]既入而分其地，^[9]險野則徒前而騎後，^[10]易野則騎前而徒後。^[11]既陣，^[12]皆坐，乃設驅逆騎，^[13]有司表貉於陣前。[14]以太牢祭黄帝軒轅氏，於狩地爲墠，建二旗，列五兵於坐側，行三獻禮。遂蒐田致禽以祭社。[15]仲夏教茇舍，[16]如振旅之陣，遂以苗田如蒐法，[17]致禽以享礿。[18]仲秋教練兵，如振旅之陣，遂以獮田如蒐法，[19]致禽以祀方。[20]仲冬教大閱，[21]如振旅之陣，遂以狩田如蒐法，[22]致禽以享烝。[23]

[1]大麾：大旗。麾，即古代用以指揮軍隊的旗幟。　萊田：荒地。按，“萊”字底本、宋刻遞修本、殿本、中華本及《通典》卷七六《禮三十六·軍禮一》皆同，但庫本作“菜”，當訛。

[2]鄉稍：周制，王城外百里郊内分鄉，二百里至三百里爲稍。後因以“鄉稍”泛指都城以外的地區。

[3]後至：遲到，晚到。

[4]後表：古代田獵時，從南至北立木爲表，標識步數，以正進退之行列。最北面的一表稱爲後表。

[5]質明：指天剛亮的時候。

[6]徒騎：步兵和騎兵。

[7]田：打獵，狩獵。亦特指春季打獵和習兵之禮。

[8]平（pián）：辨治，辨別。

[9]既：底本、宋刻遞修本、庫本、中華本及《通典》卷七六《禮三十六·軍禮一》皆同，但殿本作“即”，當訛。

[10]險野：指崎嶇難行的原野。

[11]易野：指平坦的原野。

[12]既：底本、宋刻遞修本、庫本、中華本及《通典》卷七六《禮三十六·軍禮一》皆同，但殿本作“即”，當訛。

[13]驅逆：驅趕禽獸，使之進入圍獵圈並阻止其逃逸。

[14]表貉：亦作“表貊”“表禡”。古代田獵或出征時，於陣前或營前立望表以祭神，謂之表貉。

[15]蒐田：指春季打獵。亦泛指田獵。　致禽：供獻祭祀所用的禽獸。

[16]茇舍：亦作"拔舍"。古時稱在夏季進行的練兵儀式爲茇舍，以操練行軍宿息草野之法。按，"茇"底本、宋刻遞修本、中華本及《通典》卷七六《禮三十六·軍禮一》皆同，但殿本、庫本作"茇"，當訛。

[17]苗田：指夏季打獵。

[18]享禴（yuè）：古代獻禽祭祀宗廟之禮。禴，是古代宗廟四季之祭名，夏商時爲春祭，周代以後則爲夏祭。

[19]獮田：指秋季打獵。

[20]祀方：指秋祭四方之神。

[21]大閱：古時稱在冬季進行的練兵儀式爲大閱，以操練和檢閱車馬行陣之法。

[22]狩田：指冬季打獵。

[23]享烝：古代在冬季獻禽祭祀宗廟之禮。

孟秋迎太白，[1]候太白夕見於西方。先見三日，大司馬戒期，[2]遂建旗於陽武門外。[3]司空除壇兆，[4]有司薦毛血，登歌奏《昭夏》。[5]在位者拜，事畢出。其日中後十刻，[6]六軍士馬，俱介冑集旗下。左右武伯督十二帥嚴街，[7]侍臣文武，俱介冑奉迎。樂師撞黃鐘，[8]右五鐘皆應。[9]皇帝介冑，警蹕以出，如常儀而無鼓角，出國門而軷祭。至則舍於次。太白未見五刻，中外皆嚴，皇帝就位，六軍鼓譟，行三獻之禮。每獻，鼓譟如初獻。事訖，燔燎賜胙，[10]畢，鼓譟而還。

[1]孟秋：指秋季的第一個月，即農曆七月。　太白：星名。

即金星。早晨出現在東方時叫"啓明"，晚上出現在西方時叫"長庚"。古代星象家以爲太白星主殺伐，故多在秋季奉迎祭之，以喻兵戎。

[2]戒期：確定日期。

[3]陽武門：北周都城長安之西門。

[4]司空：官名。即北周大司空卿的簡稱。參見前注"大司空"。　壇兆：舉行祭典的壇場。兆，指壇之界域。

[5]《昭夏》：古樂章名。爲九夏之一。《周禮·春官·鍾師》載："凡樂事，以鍾鼓奏九夏：《王夏》《肆夏》《昭夏》《納夏》《章夏》《齊夏》《族夏》《祴夏》《驁夏》。"

[6]日中：正午，中午。　刻：古計時單位。古代以漏壺計時，一晝夜分爲百刻，則每刻當今 14.4 分鐘。漢哀帝建平二年分一晝夜爲一百二十刻，則每刻當今 12 分鐘。南朝梁武帝天監年間，以八刻爲一辰，晝夜十二辰共得九十六刻，則每刻當今 15 分鐘。後歷代多沿用梁制。

[7]左右武伯：官名。全稱是左右武伯中大夫。北周時爲夏官府左右武伯二曹的長官，各置一人，掌京師宿衛、朝廷儀仗等政令，統轄中央十二率之禁旅。正五命。　十二帥：亦作"十二率"。指北周京師所置的十二率禁衛軍，即左右虎賁率、左右旅賁率、左右射聲率、左右驍騎率、左右羽林率、左右游擊率。

[8]黃鐘：古樂器名。屬打擊樂器，多爲廟堂所用。亦指十二樂律中的黃鐘律或以黃鐘調爲基音的樂曲。

[9]五鐘：指青鐘、赤鐘、黃鐘、景鐘、黑鐘五種鐘，皆爲古樂器名。《尚書大傳》卷一載古禮制稱："天子左五鍾，右五鍾。天子將出，則撞黃鍾，右五鍾皆應；入則撞蕤賓，左五鍾皆應。"

[10]燔燎：燒柴祭天。參見前注"柴燎"。　賜胙：古代帝王於祭祀宗廟或郊社之後，把祭肉分給群臣享用，謂之"賜胙"。

隋制，大射祭射侯於射所，[1]用少牢。軍人每年孟秋閱戎具，[2]仲冬教戰法。及大業三年，煬帝在榆林，[3]突厥啓民及西域、東胡君長，[4]並來朝貢。帝欲誇以甲兵之盛，乃命有司，陳冬狩之禮。詔虞部量拔延山南北周二百里，[5]並立表記。前狩二日，兵部建旗於表所。[6]五里一旗，分爲四十軍，軍萬人，騎五千匹。前一日，諸將各帥其軍，集於旗下。鳴鼓，後至者斬。詔四十道使，並揚旗建節，分申佃令，[7]即留軍所監獵。

[1]射侯：指箭靶。

[2]戎具：兵器。

[3]榆林：郡名。隋煬帝大業初改勝州置。治所在今内蒙古托克托縣西南。

[4]啓民：即啓民可汗。隋時東突厥的可汗，名染干。詳見本書卷八四、《北史》卷九九《突厥傳》等。　西域：地區名。漢以來對玉門關、陽關以西地區的總稱。狹義專指葱嶺以東而言；廣義則指凡通過狹義西域所能到達的地區，包括亞洲中西部、印度半島、歐洲東部和非洲北部在内。　東胡：古代對東北地區少數民族的泛稱。

[5]虞部：官署名。爲尚書省工部下轄四曹之一，掌京師街巷種植、山澤苑囿、百官時蔬薪炭供應及田獵等政務。隋初其長官稱虞部侍郎，煬帝大業三年改稱虞部郎。　拔延山：在今青海化隆回族自治縣西北。　南北周二百里：各本皆同，《通典》卷七六《禮三十六·軍禮一》亦同，但本書卷三《煬帝紀上》作“長圍周亘二千里”，《通鑑》卷一八一《隋紀》煬帝大業五年條又作“長圍亘二十里”，並附《考異》曰：“《隋·帝紀》作‘二千里’，疑二十里字誤。”而據本志下文稱“五里一旗，分爲四十軍”，合計正

當二百里，故疑本紀和《通鑑》所載里數均有訛誤。另據本書《煬帝紀上》，隋煬帝大獵拔延山時在大業五年，與其在榆林朝會諸胡君長並非同一年，故本志將兩事統記於大業三年之下則欠準確。

[6]兵部：官署名。爲尚書省所轄六部之一，下統兵部（煬帝大業三年改稱兵曹）、職方、駕部、庫部四曹。掌武官選授及軍籍、軍訓、地圖、輿馬、甲仗之政。長官爲兵部尚書。

[7]佃：打獵、田獵。佃，通“畋”和“田”。

布圍，圍闕南面，方行而前。[1]帝服紫褲褶、黑介幘，[2]乘闟豬車，[3]其飾如木輅，重輞漫輪，[4]虯龍繞轂，[5]漢東京鹵簿所謂獵車者也。[6]駕六黑驪。[7]太常陳鼓箛鐃簫角於帝左右，[8]各百二十。百官戎服騎從，鼓行入圍。[9]諸將並鼓行赴圍。[10]乃設驅逆騎千有二百。闟豬停軔，[11]有司斂大綏，[12]王公已下，皆整弓矢，陳於駕前。有司又斂小綏，[13]乃驅獸出，過於帝前。初驅過，有司整御弓矢以前，待詔。再驅過，備身將軍奉進弓矢。[14]三驅過，帝乃從禽，[15]鼓吹皆振，左而射之。[16]每驅必三獸以上。帝發，抗大綏。[17]次王公發，則抗小綏。次諸將發射之，無鼓，驅逆之騎乃止。然後三軍四夷百姓皆獵。[18]凡射獸，自左膘而射之，[19]達于右腢，[20]爲上等。達右耳本，[21]爲次等。自左髀達于右䯏，[22]爲下等。群獸相從，不得盡殺。已傷之獸，不得重射。又逆向人者，不射其面。出表者不逐之。佃將止，虞部建旗於圍內。從駕之鼓及諸軍鼓俱振，卒徒皆噪。諸獲禽者，獻於旗所，致其左耳。大獸公之，以供宗廟，使歸，薦腊于京師。[23]小獸私之。

[1]行：底本原作“幘”，殿本、庫本與底本同，當誤，今據宋刻遞修本、中華本及《通典》卷七六《禮三十六·軍禮一》改。

[2]褲褶（xí）：古服裝名。因上身穿褶，下身着褲，外不加裘裳，故稱褲褶。名起於漢末，始爲騎服。盛行於南北朝，亦用作常服、朝服。唐末漸廢。　介幘：古代一種長耳裹髮的頭巾。始行於漢魏，後漸變爲進賢冠。

[3]闒（tà）豬車：古代帝王乘用的獵車。亦稱“蹋豬車”“踏虎車”“蹋獸車”“闒戟車”。漢·蔡邕《獨斷》卷下載其形制稱：“蹋豬車，慢輪有畫，田獵乘之。”後歷代多參襲漢制。

[4]重輞：亦稱“重牙”。指車輪的雙重外周。以二輪相重而成，取其安穩。　漫輪：亦作“幔輪”“縵輪”。指無文飾的車輪。

[5]虬龍：古代傳説中的一種無角龍。此指虬龍圖畫。按，“虬”底本原作“蚪”，當訛，今據宋刻遞修本、殿本、庫本、中華本改。　轂：車輪的中心部位，周圍與車輻的一端相接，中有圓孔，用以插軸。

[6]東京：指東漢首都洛陽（今河南洛陽市東北）。亦代指東漢。

[7]騧：同“驪”，即紅身黑鬃黑尾的馬。亦泛指駿馬。

[8]太常：官署名。即太常寺。爲九寺之一，掌國家禮樂、郊廟社稷祭祀等事務，政令仰承於尚書省禮部。長官爲太常卿。

[9]鼓行：擊鼓行軍。亦引申爲大張聲勢地前進。

[10]赴：底本、宋刻遞修本、庫本、中華本及《通典》卷七六《禮三十六·軍禮一》皆同，但殿本作“越”，當訛。

[11]停軔：停車，並用木頭支住車輪以防滾動。

[12]大綏：古代天子田獵時所建的旌旗。

[13]小綏：古代諸侯、王公田獵時所建的旌旗。

[14]備身將軍：官名。據本書《百官志下》和《通典》卷二八《職官十·左右驍衛》載，隋文帝開皇十八年始設左右備身府，各置備身將軍一人爲長官，掌領本府兵宿衛侍從，從三品。煬帝大

業三年改左右備身府爲左右驍騎衛，各置驍騎衛大將軍和將軍爲正副長官；而又另改左右領左右府爲左右備身府，各置備身郎將一人爲長官，掌侍衛皇帝左右，正四品。此後，備身將軍之名則廢。而文中所述事在大業五年，故此處"備身將軍"當是"備身郎將"之誤。

［15］從禽：追逐禽獸。亦指田獵。

［16］左：底本原作"坐"，殿本、庫本與底本同，當誤，今據宋刻遞修本、中華本及《通典》卷七六《禮三十六・軍禮一》改。

［17］抗：舉起，樹立。

［18］三軍：古時對全部軍隊的統稱，即全軍。　四夷：古代中原王朝對四方少數民族及外族的統稱。此處泛指參加田獵的各族外賓。

［19］膘（piǎo）：指牲畜小腹兩邊之肉。

［20］腢（ǒu）：肩頭，肩部。

［21］耳本：耳根，耳朵的根部。

［22］髀（bì）：指股部，大腿。　䐄（yáo）：指牲畜腰兩側肋與胯之間的虛軟處。按，"䐄"底本原作"𦜕"，宋刻遞修本、殿本與底本同，中華本據《集韻》《新唐書・禮樂志六》改作"䐄"，庫本及《通典》卷七六《禮三十六・軍禮一》亦作"䐄"，故從中華本、庫本及《通典》改。

［23］腊（xī）：乾肉。

　　齊制，季冬晦，[1]選樂人子弟十歲以上、十二以下爲侲子，[2]合二百四十人。一百二十人，赤幘、皂褠衣，[3]執鼗。[4]一百二十人，赤布褲褶，執鞞角。[5]方相氏黃金四目，[6]熊皮蒙首，玄衣朱裳，[7]執戈揚楯。[8]又作窮奇、祖明之類，[9]凡十二獸，皆有毛角。鼓吹令率之，[10]中黃門行之，[11]冗從僕射將之，[12]以逐惡鬼于禁中。[13]其日戊夜三唱，[14]開諸里門，[15]儺者各集，[16]被服器仗以待事。[17]戊夜四唱，開諸城門，二衛皆嚴。[18]上水一刻，[19]皇帝常服，即御座。王公執事官第一品已下、從六品已上，[20]陪列預觀。儺者鼓噪，入殿西門，遍於禁內。分出二上閤，[21]作方相與十二獸舞戲，[22]喧呼周遍，前後鼓噪。出殿南門，分爲六道，出於郭外。

[1]季冬：指冬季的最後一個月，即農曆十二月。

[2]樂人：古代對歌舞演奏藝人的泛稱。　侲（zhèn）子：亦稱"侲童"。古時特指作逐鬼之用的童子。

[3]赤幘：赤紅色的頭巾。古代多爲武士所服。　皂褠（gōu）衣：袖狹緊形如溝的黑色單衣。

[4]鼗（táo）：長柄小搖鼓，俗稱撥浪鼓。

[5]鞞角：鞞鼓和號角。鞞，同"鼙"。

[6]方相氏：原是周官名，爲夏官之屬，由武夫充任，職掌驅除疫鬼和山川精怪之事。後亦指以人扮演或以竹紙扎製的方相神靈，用以驅疫避邪。

[7]玄衣朱裳：黑色的上衣和紅色的下裙。

[8]戈：古兵器名。多以青銅製成，橫刃，裝有長柄，可持以橫擊和鈎援。盛行於商至戰國時期，秦以後漸廢。

[9]窮奇：古代傳說中的食人神獸。其狀如牛，或説似虎，蝟毛，音如嗥狗。後世或製其形用以厭勝。　祖明：古代傳說中的食鬼神獸。後世或製其形用以厭勝。

[10]鼓吹令：官名。北齊時爲太常寺下轄鼓吹署的長官，掌百戲、鼓吹樂人等事。從八品上。

[11]中黃門：官名。北齊時爲長秋寺下轄中黃門署的屬官，以宦者充任，掌宮門管鑰啓閉之事。正九品上。　行：排列成隊。

[12]冗從僕射：官名。北齊時爲左右衛府的屬官，置三十人，

掌轄冗從武士宿衛侍從。正六品下。

〔13〕禁中：亦稱"禁內"。指古代帝王所居的宮內。因宮門有禁，非侍御者不得入，故稱禁中。

〔14〕戊夜：古時把從黃昏至拂曉一夜間，分爲甲夜、乙夜、丙夜、丁夜、戊夜五個時段，謂之"五夜"，又稱五更、五鼓。戊夜，指第五更的時候，即天將明時。　三唱：指雄鷄第三遍唱鳴報曉之時。

〔15〕里門：里巷之門。古代同里的人家聚居一處，設有里門。

〔16〕儺（nuó）者：指在儺禮中作驅儺表演的人。儺，古代一種迎神以驅逐疫鬼的風俗。儺禮一年舉行數次，大儺則在臘日前舉行。

〔17〕被（pī）服：即穿着衣物。被，同"披"。

〔18〕二衛：此指北齊左、右二衛府。掌統左右廂禁軍宿衛侍從，長官爲左右衛將軍。

〔19〕上水一刻：指白晝漏壺開始上水達到一刻度的時間，即凌晨一刻之時。參見前注"刻"。

〔20〕執事官：亦作"職事官"。泛指有具體職掌的官員，與散官、勳官對稱。

〔21〕二上閣：此指北齊宮禁內的東、西二上閣。參見前注"東上閣""西上閣"。

〔22〕舞戲：舞蹈和百戲。

隋制，季春晦，[1]儺，磔牲於宮門及城四門，[2]以禳陰氣。[3]秋分前一日，[4]禳陽氣。[5]季冬傍磔、大儺亦如之。[6]其牲，每門各用羝羊及雄鷄一。[7]選侲子，如後齊。冬八隊，二時儺則四隊。問事十二人，[8]赤幘褠衣，執皮鞭。工人二十二人。[9]其一人方相氏，黃金四目，蒙熊皮，玄衣朱裳。其一人爲唱師，著皮衣，執棒。鼓角各十。[10]有司預備雄雞羝羊及酒，於宮門爲坎。未明，鼓噪以入。方相氏執戈揚楯，[11]周呼鼓噪而出，合趣顯陽門，[12]分詣諸城門。將出，諸祝師執事，[13]預疈牲胸，[14]磔之於門，酌酒禳祝。[15]舉牲并酒埋之。

[1]季春：指春季的最後一個月，即農曆三月。

[2]磔（zhé）：古代祭祀時分裂牲畜肢體的儀式。

[3]禳：古代除邪消灾的一種祭祀。亦泛指除去灾邪。　陰氣：寒氣，肅殺之氣。

[4]秋分：二十四節氣之一。在每年陽曆九月二十三日或二十四日。此日太陽直射赤道，南北半球晝夜等長。

[5]陽氣：暖氣，生長之氣。

[6]傍磔：亦作“旁磔”。古代於四方之門宰牲禳祭之禮。傍、旁，指四方之門。

[7]羝羊：公羊。

[8]問事：此指在儺禮中用以驅趕窮奇、祖明等十二獸的役卒。

[9]工人：此指在儺禮中戴面具扮方相以及執棒唱歌、擊鼓鳴角共作驅儺表演的樂工。

[10]鼓角各十：此句各本皆同，《通典》卷七八《禮三十八·軍禮三》“十”下有“人”字。

[11]揚：底本、宋刻遞修本、庫本、中華本及《通典》卷七八《禮三十八·軍禮三》皆同，但殿本作“楊”，當訛。

[12]顯陽門：隋都大興城宮城之正南門。隋文帝開皇二年建，初名廣陽門，仁壽元年（601）避太子楊廣諱改稱顯陽門。按，“顯陽門”各本皆同，但《通典》卷七八《禮三十八·軍禮三》作“明陽門”，乃杜佑避唐中宗李顯之諱而改。

[13]祝師：古代主持祭祀祝禱事宜的官吏。　執事：泛指供差遣役使之人。

　　[14]疈（pì）：剖開，解剖。按，“疈”底本、宋刻遞修本、殿本、庫本及《通典》卷七八《禮三十八·軍禮三》皆同，中華本作“副”，二字相通。　牲胷：“胷”底本原作“匈”，宋刻遞修本、殿本、庫本與底本同，二字乃古今字之別，今據中華本及《通典》卷七八《禮三十八·軍禮三》改。

　　[15]禳祝：祭祀和祈禱。

　　後齊制，日蝕，[1]則太極殿西厢東向，[2]東堂東厢西向，[3]各設御座。群官公服。晝漏上水一刻，[4]内外皆嚴。三門者閉中門，單門者掩之。蝕前三刻，皇帝服通天冠，即御座，直衛如常，[5]不省事。[6]有變，聞鼓音，則避正殿，就東堂，服白袷單衣。[7]侍臣皆赤幘，[8]帶劍，升殿侍。諸司各於其所，[9]赤幘，持劍，出户向日立。有司各率官屬，並行宫内諸門、掖門，[10]屯衛太社。鄴令以官屬圍社，[11]守四門，以朱絲繩繞繫社壇三匝。[12]太祝令陳辭責社。[13]太史令二人，[14]走馬露版上尚書，[15]門司疾上之。[16]又告清都尹鳴鼓，[17]如嚴鼓法。[18]日光復，乃止，[19]奏解嚴。

　　[1]日蝕：日食。古代視日食爲凶事。

　　[2]太極殿：北齊鄴都宫城内之正殿。位於閶闔門内，爲皇帝舉行外朝之所。　西厢：古時稱殿堂西側的厢房爲西厢，殿堂東側的厢房爲東厢。按，“厢”字底本、殿本、庫本、中華本皆同，宋刻遞修本作“箱”，二字相通。又下文“東厢”之“厢”字，宋刻遞修本亦作“箱”。

　　[3]東堂：即北齊太極殿東面之偏殿。按，“東堂”底本原脱“東”字，宋刻遞修本、殿本、庫本與底本同，中華本據《通典》

卷七八《禮三十八·軍禮三》補"東"字，今從補。

　　［4］晝漏：古代用於白天計時的漏壺。亦指白天的時間。

　　［5］直衛：指宫中省署的值宿警衛。

　　［6］省（xǐng）事：視事，處理政務。

　　［7］白袷（jié）單衣：有白色圓領的單層外衣。古時常用爲吊服或便服。按，"袷"底本、宋刻遞修本、殿本、中華本及《通典》卷七八《禮三十八·軍禮三》皆同，但庫本作"袷"，當訛。

　　［8］侍臣皆赤幘："皆"底本、宋刻遞修本、庫本、中華本及《通典》卷七八《禮三十八·軍禮三》均同，但殿本作"背"，當訛。

　　［9］諸司：指衆官員或衆官署。

　　［10］掖門：宫殿正門兩旁的邊門。

　　［11］鄴：縣名。爲北齊都城所在之縣。治所在今河北臨漳縣西南鄴鎮東。

　　［12］三匝：三周，三圈。

　　［13］太祝令：官名。北齊時爲太常寺下轄太祝署的長官，掌郊廟贊祝、祭社衣服等事。正九品上。

　　［14］太史令：官名。北齊時爲太常寺下轄太史署的長官，掌天文地動、風雲氣色、律曆卜筮等事。正九品上。

　　［15］露版：亦作"露板"。指不緘封的奏章。　尚書：官署名。此指尚書省。北齊時爲中央最高行政機關，下統吏部、殿中、祠部、五兵、都官、度支六部，六部下又統二十八曹。

　　［16］門司：指守門的吏役。

　　［17］清都尹：官名。北齊時爲都城所在地清都郡（治所在今河北臨漳縣西南鄴鎮東）的行政長官，地位高於普通郡太守，故稱"尹"。正三品。

　　［18］嚴鼓：指戒嚴的鼓聲。

　　［19］乃：底本、宋刻遞修本、中華本及《通典》卷七八《禮三十八·軍禮三》皆同，但殿本、庫本作"圓"。

後魏每攻戰剋捷，欲天下知聞，乃書帛，建於竿上，名爲露布。[1]其後相因施行。開皇中，乃詔太常卿牛弘、太子庶子裴政撰宣露布禮。[2]及九年平陳，元帥晉王，[3]以馹上露布。[4]兵部奏，請依新禮宣行。承詔集百官、四方客使等，並赴廣陽門外，[5]服朝衣，各依其列。內史令稱有詔，在位者皆拜。宣訖，拜，蹈舞者三，[6]又拜。郡縣亦同。

[1]露布：古代軍旅告捷的文書。因以帛書建於竿上，故稱露布。

[2]太子庶子：官名。按，據本書卷六六《裴政傳》，此處“太子庶子”當是“太子左庶子”的省稱或脫文。太子左庶子，爲東宮門下坊的長官，置二員，掌侍從贊相，駁正啓奏，制比朝廷門下省的納言。正四品上。 裴政：人名。傳見本書卷六六、《北史》卷七七。

[3]元帥：此指行軍元帥。隋時出征軍的統帥名。根據需要臨時任命，事罷則廢。 晉王：隋煬帝楊廣在開皇年間的封爵名。此處代指其人。

[4]馹（rì）：古代驛站專用的驛車。後亦指驛馬。專供傳遞軍政公文者及來往官員使用。按，“馹”字底本、宋刻遞修本同，殿本、庫本、中華本及《通典》卷七六《禮三十六·軍禮一》皆作“驛”，二字義同，故仍從底本。

[5]廣陽門：隋都大興城宮城之正南門。隋文帝開皇二年建，仁壽元年避太子楊廣諱改稱顯陽門。門上有樓，門外有朝堂，爲皇帝舉行外朝之處。凡國家大典、大朝會及會見外國賓客使臣，皇帝皆御廣陽門舉行。

[6]蹈舞：舞蹈。古代臣下朝賀時對皇帝表示敬意和稱頌的一種儀節。

隋書　卷九

志第四

禮儀四

　　周大定元年，[1] 静帝遣兼太傅、上柱國、杞國公椿，[2] 大宗伯、大將軍、金城公煚，[3] 奉皇帝璽綬策書，[4] 禪位于隋。[5] 司録虞慶則白，[6] 請設壇於東第。[7] 博士何妥議，[8] 以爲：“受禪登壇，[9] 以告天也。[10] 故魏受漢禪，設壇於繁昌，[11] 爲在行旅，郊壇乃闕。[12] 至如漢高在氾，[13] 光武在鄗，[14] 盡非京邑所築壇。自晋、宋揖讓，[15] 皆在都下，[16] 莫不並就南郊，[17] 更無別築之義。又後魏即位，[18] 登朱雀觀，[19] 周帝初立，[20] 受朝於路門，[21] 雖自我作古，皆非禮也。今即府爲壇，恐招後誚。”[22] 議者從之。

　　[1]周：即北周（557—581），亦稱後周，都於長安（今陝西西安市西北郊）。　大定：北周静帝宇文闡年號（581）。
　　[2]静帝：即北周末代皇帝宇文闡。紀見《周書》卷八、《北

史》卷一〇。 兼：官制用語。即以本官兼理他官之職事。 太傅：官名。北周時爲三公之一，名爲訓導之官，掌與天子坐而論道，實無具體職事，多爲元老重臣的榮譽贈銜。正九命。 上柱國：官名。北周武帝建德四年（575）始置，爲十一等勳官的第一等，可開府置官屬。正九命。 杞國公：爵名。北周時爲十一等爵的第四等。正九命。 椿：人名。即宇文椿。北周宗室大臣。《周書》卷一〇、《北史》卷五七有附傳。

[3]大宗伯：官名。全稱是大宗伯卿。北周時爲春官宗伯府的長官，置一員，掌禮樂、邦交等政務。正七命。 大將軍：官名。北周時爲十一等勳官的第四等，可開府置官屬。正九命。 金城公：爵名。全稱是金城郡公。北周時爲十一等爵的第五等。正九命。 昞：人名。即趙昞。傳見本書卷四六、《北史》卷七五。

[4]璽綬：古代皇帝、皇后、皇太子等專用的印璽及繫印璽的彩色絲帶，爲皇權的象徵物品之一。按，“綬”宋刻遞修本、殿本、庫本、中華本作“紱”，二字義同。 策書：亦作“册書”。古代帝王用於傳位、册立、封贈及任免官員等事的詔書。

[5]禪位：禪讓帝位。

[6]司録：官名。此指北周末楊堅相國府的司録。爲相國府的上佐官，掌總録一府之事。正七命。 虞慶則：人名。傳見本書卷四〇、《北史》卷七三。 白：即告語，稟報，陳述。按，“白”字底本、宋刻遞修本、中華本皆同，殿本、庫本作“曰”。

[7]壇：古代舉行祭祀、會盟、帝王即位、拜將等隆重典禮的高臺，多用土石築成。 東第：指古代王侯顯貴者的府第。因多居帝城之東，故稱東第。此處特指北周末年權臣楊堅所居的相國府第。

[8]博士：官名。全稱是太學博士下大夫。北周時爲春官府樂部曹下轄太學的教官，置六人，掌以儒經教授太學生，國有疑事則掌承問對。正四命。 何妥：人名。傳見本書卷七五、《北史》卷八二。

[9]受禪：中國古代王朝更迭時，新皇帝承受舊皇帝讓給的帝位，即稱受禪。

[10]告天：祭告天帝。

[11]繁昌：縣名。曹魏黃初元年（220），魏文帝曹丕受漢獻帝禪讓，即皇帝位於潁陰縣南之繁陽亭，遂以其地置爲繁昌縣。治所在今河南許昌市南。

[12]郊壇：古代在都城南郊爲祭天所築的土壇。　闕（quē）：通"缺"，即空缺。

[13]漢高：漢高祖劉邦。西漢開國皇帝。紀見《史記》卷八、《漢書》卷一。　汜：古水名。故道在今山東曹縣北，從古濟水分出，東北流至定陶縣北，注入古菏澤，久湮。公元前202年漢高祖即皇帝位於汜水之陽。按，"汜"底本原作"泛"，宋刻遞修本、殿本、中華本與底本同，當訛，今據庫本及《史記·高祖本紀》、《漢書·高祖紀下》改。（參見唐華全《中華書局點校本〈隋書〉質疑二十九則》，《河北師範大學學報》2012年第1期）

[14]光武：東漢光武帝劉秀。東漢開國皇帝。紀見《後漢書》卷一。　鄗（hào）：縣名。漢時治所在今河北柏鄉縣北。東漢建武元年（25），光武帝劉秀即皇帝位於鄗縣南之千秋亭，遂改縣名爲高邑。

[15]宋：即南朝劉宋（420—479），都於建康（今江蘇南京市）。　揖讓：此指禪讓帝位。

[16]都下：京都，都城。

[17]南郊：古代天子在京都南面的郊外築圜丘以祭天的地方。亦特指帝王祭天的大禮。

[18]後魏：即北魏（386—557），亦單稱魏。初都平城（今山西大同市東北），公元494年遷都洛陽（今河南洛陽市東北白馬寺東）。公元534年分裂爲東魏和西魏兩個政權。東魏（534—550）都於鄴（今河北臨漳縣西南鄴鎮東），西魏（535--557）都於長安（今陝西西安市西北郊）。

[19]朱雀觀：北魏都城洛陽宮城正南門上的樓觀，爲皇帝舉行即位、外朝及大赦等典禮之所。

[20]周帝：此指北周孝閔帝宇文覺。北周開國皇帝。紀見《周書》卷三、《北史》卷九。

[21]路門：亦作“露門”。即北周都城長安宮城之正殿大門，爲皇帝舉行外朝之所。

[22]誚（qiào）：責備，嘲笑，譏刺。

二月，甲子，椿等乘象輅，[1]備鹵簿，[2]持節，[3]率百官至門下，奉策入次。[4]百官文武，朝服立于門南，[5]北面。高祖冠遠游冠，[6]府僚陪列。記室入白，[7]禮曹導高祖，[8]府僚從，出大門東廂西向。[9]椿奉策書，覬奉璽綬，[10]出次，節導而進。高祖揖之，[11]入門而左，椿等入門而右。百官隨入庭中。椿南向，讀册書畢，進授高祖。高祖北面再拜，辭不奉詔。上柱國李穆進喻朝旨，[12]又與百官勸進，[13]高祖不納。椿等又奉策書進而敦勸，高祖再拜，俯受策，以授高熲；[14]受璽，以授虞慶則。退就東階位。[15]使者與百官，皆北面再拜，搢笏，[16]三稱萬歲。有司請備法駕，[17]高祖不許，改服紗帽、黃袍，[18]入幸臨光殿。[19]就閤內服袞冕，[20]乘小輿，[21]出自西序，[22]如元會儀。[23]禮部尚書以案承符命及祥瑞牒，[24]進東階下。納言跪御前以聞。[25]內史令奉宣詔大赦，[26]改元曰開皇。[27]是日，命有司奉册祀于南郊。[28]

[1]象輅：古代帝王所乘的一種以象牙裝飾的大車，爲五輅之

一。多在舉行講學、釋奠等典禮時乘用，有時亦特賜予皇太子或重要使臣乘用。

[2]鹵簿：古代天子駕出時扈從的儀仗隊。因其甲楯兵衛皆著之簿籍，故名"鹵簿"。按古時天子出行之目的不同，鹵簿儀式和規模亦各有別。自漢以後，鹵簿也用於后妃、太子及王公大臣。

[3]持節：魏晉以後，皇帝派遣大臣出使、出巡或迎接外賓等事時，多授予其節杖，稱作使持節、持節、假節等名號，以表示權威和尊崇。

[4]入次：進入行列。次，指行列次序。

[5]朝服：古代君臣在朝會及舉行隆重典禮時所穿的禮服。

[6]高祖：隋文帝楊堅的廟號。此代指其人。紀見本書卷一、二，《北史》卷一一。　遠游冠：古代諸侯王所戴的一種帽子。《續漢書·輿服志下》載其形制稱："遠游冠，制如通天，有展筩橫之於前，無山述，諸王所服也。"

[7]記室：官名。此是相國府記室參軍事的省稱。為北周末楊堅相國府所轄列曹參軍之一，掌判府內章表書記之事。正四命。

[8]禮曹：官名。此是相國府禮曹參軍事的省稱。為北周末楊堅相國府所轄列曹參軍之一，掌判府內禮儀事務。正四命。

[9]東廂：古時稱殿堂東側的廂房為東廂，殿堂西側的廂房為西廂。

[10]綬：宋刻遞修本、殿本、庫本、中華本作"紱"，二字義同。

[11]揖：拱手行禮。亦指古代賓主相見或舉行典禮宴會時揖讓尊者就位。

[12]李穆：人名。傳見本書卷三七、《周書》卷三〇，《北史》卷五九有附傳。　朝旨：朝廷的旨意。

[13]勸進：指勸登帝位。

[14]高熲：人名。傳見本書卷四一、《北史》卷七二。

[15]東階：指廳堂東面的臺階。古代以東階為示遜禮之位，多

爲主人所居就。

[16]搢笏：插笏。古代君臣朝見時均執笏，用以記事備忘，不用時則插笏於腰帶之上。後亦引申指行朝拜之禮。

[17]有司：指主管官員。 法駕：古代天子車駕儀仗的一種。按古代天子的車駕分大駕、法駕、小駕三種，其儀衛之繁簡各有不同。漢蔡邕《獨斷》卷下載漢制稱："法駕公卿不在鹵簿中，唯河南尹、執金吾、洛陽令奉引，侍中參乘，奉車郎御，屬車三十六乘。"後歷代多參襲漢制。

[18]紗帽：紗製的官帽。爲古代帝王貴臣的常禮帽。 黃袍：黃色的長衣。隋以前官民可同服黃袍，爲百官之常服；隋以後皇帝常服黃袍，唐初禁士庶不得服，黃袍遂爲皇帝之專服。

[19]臨光殿：北周和隋初京都長安宮城内之正殿，爲皇帝舉行大朝會之所。

[20]閣：指宮殿兩旁的便殿。 袞冕：古代帝王與上公的禮服和禮冠。袞，即繪有卷龍的禮服，爲帝王及上公所穿之衣。冕，即頂有延板而垂旒的禮冠，爲大夫以上行朝儀、祭禮時所戴之帽。

[21]小輿：亦名"輿車"。古代帝王及王室成員在宮内乘用的一種輕車。

[22]西序：指殿堂的西廂房。

[23]元會：亦稱"正會"。古代皇帝、皇后及皇太子於元旦（農曆正月初一）朝會群臣、接受朝賀的典禮。始行於漢代，魏晉以後因襲之。

[24]禮部尚書：官名。爲尚書省所轄六部之一禮部的長官，掌禮儀、祭祀、外交、宴享等政令，統禮部、祠部、主客、膳部四曹。置一員，正三品。 符命：指述説帝王受天命之瑞應以頌揚帝王功德的文章。 祥瑞牒：陳奏吉祥徵兆的章表公文。

[25]納言：官名。爲門下省的長官，置二員，掌封駁制敕，參決軍國大政，是宰相之職。正三品。 御前：指皇帝座位之前。御，是古代對帝王所作所爲及其所用之物的敬稱。

[26]内史令：官名。爲内史省的長官，掌皇帝詔令出納宣行，是宰相之職。隋初内史省置監、令各一人，尋廢監，置令二人。正三品。隋煬帝大業末改内史省爲内書省，内史令遂改稱内書令。

[27]開皇：隋文帝楊堅年號（581—600）。

[28]册：指古代帝王用於册立、封贈等事的詔書。亦用作動詞，指册立、册封、册命。此指古代帝王祭告天地神祇的文書。

後齊將崇皇太后，[1]則太尉以玉帛告圓丘方澤，[2]以幣告廟。[3]皇帝乃臨軒，[4]命太保持節，[5]太尉副之。設九儐，[6]命使者受璽綬册及節，[7]詣西上閣。[8]其日，昭陽殿文物具陳，[9]臨軒訖，使者就位，持節及璽綬稱詔。二侍中拜進，[10]受節及册璽綬，以付小黃門。[11]黃門以詣閣。皇太后服褘衣，[12]處昭陽殿，公主及命婦陪列於殿，[13]皆拜。小黃門以節綬入，女侍中受，[14]以進皇太后。皇太后興，[15]受，以授左右。復坐，反節於使者。使者受節出。

[1]後齊：即北齊（550—577），都於鄴（今河北臨漳縣西南鄴鎮東）。 崇：此指加封册立。

[2]太尉：官名。北齊時爲三公之首，掌參議國家大事，可開府置官屬。正一品。 玉帛：圭璋和束帛。古代大祭祀、會盟、朝聘等均用之禮物。 告：祭告，禱告。 圓丘：亦作“圜丘”。古代祭天的圓形高壇。 方澤：亦稱“方丘”。古代祭地神的方壇。因壇設於澤中，故名方澤。

[3]幣：繒帛，束帛。古代常用作祭祀或饋贈的禮品。 廟：指太廟。古代帝王供奉和祭祀祖先神位的宗廟。

[4]臨軒：指皇帝不坐正殿而御前殿。因殿前堂陛之間近檐處

兩邊有檻楯，如車之軒，故稱臨軒。

〔5〕太保：官名。北齊時爲三師之一，名爲訓導之官，掌與天子坐而論道，實無具體職事，多爲元老重臣的榮譽贈銜，可開府置官屬。正一品。

〔6〕九儐：亦作“九賓”。指九名傳導禮儀的人員。

〔7〕節：指古代皇帝授予使臣持作憑證的符節。

〔8〕詣：前往，到。　西上閤：北齊鄴都宮城内昭陽殿西面的便殿。

〔9〕昭陽殿：北齊鄴都宮城内之殿名。原稱顯陽殿，文宣帝天保二年（563）改稱昭陽殿。位於太極殿北朱華門内，爲皇帝舉行朝集大會之所。　文物：指車服旌旗儀仗之類。

〔10〕侍中：官名。北齊時爲門下省的長官，置六員，掌獻納諫正，封駁制敕，及司進御之事，是宰相之職。正三品。

〔11〕小黃門：官名。亦省稱“黃門”。北齊時爲長秋寺下轄中黃門署的屬官，以宦者充任，掌宮内奉侍傳宣之事。從九品下。

〔12〕褘（huī）衣：古代皇后和皇太后所服的繪有野鷄圖紋的吉服。多在隨從皇帝祭祀宗廟及行册封、朝會等大典時服用。按，“褘”底本原作“褘”，宋刻遞修本、庫本與底本同，當訛，今據殿本、中華本改。

〔13〕命婦：古代指受有封號的婦人。在宮廷中則妃嬪等稱爲内命婦，在宮廷外則臣下之母妻稱爲外命婦。

〔14〕女侍中：女官名。北齊時掌侍從皇后和皇太后，擯相威儀，獻納啓奏，典司宫内諸供奉事，職比外朝門下侍中。視流内二品。

〔15〕興：起身，起立。

册皇后，如太后之禮。

後齊册皇太子，則皇帝臨軒，司徒爲使，[1]司空副之。^[2]太子服遠游冠，入至位。使者入，奉册讀訖，皇太子跪受册於使，以授中庶子。^[3]又受璽綬於尚書，^[4]以授庶子。^[5]稽首以出。^[6]就册，^[7]則使者持節至東宫，宫臣内外官定列。皇太子階東，^[8]西面。若幼，則太師抱之，^[9]主衣二人奉空頂幘服從，^[10]以受册。明日，拜章表於東宫殿庭，中庶子、中舍人乘軺車，^[11]奉章詣朝堂謝。^[12]擇日齋於崇正殿，^[13]服冕，乘石山安車謁廟。^[14]擇日群臣上禮，又擇日會。明日，三品以上箋賀。^[15]

[1]司徒：官名。北齊時爲三公之一，掌參議國家大事，可開府置官屬。正一品。

[2]司空：官名。北齊時爲三公之一，位在司徒之下，掌參議國家大事，可開府置官屬。正一品。

[3]中庶子：官名。北齊時爲太子東宫門下坊的長官，置四人，掌侍從贊相，駁正啓奏，統領東宫殿内、典膳、藥藏、齋帥等局，制比朝廷門下侍中。正四品上。

[4]尚書：官名。北齊時爲尚書省所轄六部的長官，各置一人，分掌六部政務。正三品。

[5]庶子：官名。北齊時爲太子東宫典書坊的長官，置四人，掌侍從獻納，撰宣啓奏，兼典東宫經籍、音樂等事，制比朝廷中書監、令。從四品上。

[6]稽首：古代一種跪拜禮，須叩頭至地，是九拜中最恭敬的禮節。

[7]就册：此指使者到東宫舉行册封皇太子之禮。

[8]階東：升登東階之主位。

[9]太師：官名。此指太子太師。北齊時爲東宫三師之首，掌教諭太子。正二品。

[10]主衣：吏名。此指太子主衣。北齊時爲東宮門下坊下轄殿内局的屬吏，掌供奉太子衣冠服玩之事。　空頂幘：亦稱“半頭幘”。古代未成年男子所戴的一種空頂童冠。因其上無頂蓋，故以爲名。

[11]中舍人：官名。北齊時爲太子東宮門下坊的次官，置四人，協助長官中庶子掌侍從贊相，駁正啓奏，通判所轄各局事，制比朝廷給事黄門侍郎。正五品上。　輧車：即一馬所駕的輕便車。亦有二馬所駕者。古代常用爲奉使者和朝廷急命宣召者所乘之車。

[12]朝堂：皇帝舉行正朝與左右大臣議政的殿堂。亦泛指朝廷。

[13]齋：齋戒。古人在祭祀或舉行其他典禮前沐浴更衣、净身潔食、清心寡欲，以示莊敬。　崇正殿：兩晋南北朝時，皇太子所居的東宮正殿多命名爲“崇正殿”。

[14]石山安車：繪有石山圖紋的小型坐車。北齊常用爲皇太子行朝儀、祭禮時所乘坐之車。　謁廟：古代皇帝、皇后、皇太子及諸王等遇有大事時，例須到祖廟舉行拜謁祭告之禮，稱爲“謁廟”，亦稱“告廟”或“拜廟”。

[15]箋賀：以箋奏表示祝賀。箋，是魏晋以後群臣用以上奏皇后、皇太子及諸王的一種文表。

册諸王，[1]以臨軒日上水一刻，[2]吏部令史乘馬，[3]賫召版，[4]詣王第。王乘高車，[5]鹵簿至東掖門止，[6]乘輧車。既入，至席。尚書讀册訖，以授王，又授章綬。[7]事畢，乘輧車，入鹵簿，乘高車，詣閤闥門，[8]伏闕表謝。[9]報訖，拜廟還第。就第，[10]則鴻臚卿持節，[11]吏部尚書授册，[12]侍御史授節。[13]使者受而出，乘輧車，持節，詣王第。入就西階，[14]東面。王入，立於東階，西面。使者讀册，博士讀版，[15]王俯伏。[16]興，進受册章綬茅土，^[17]俯伏三稽首，還本位，謝如上儀。在州鎮，^[18]則使者受節册，乘軺車至州，如王第。

[1]王：爵名。北齊時爲十一等爵的第一等。正一品。

[2]上水一刻：指白晝漏壺開始上水達到一刻度的時間，即凌晨一刻之時。按，古代以漏壺計時，一晝夜分爲百刻，則每刻當今14.4分鐘。漢哀帝建平二年（前5）分一晝夜爲一百二十刻，則每刻當今12分鐘。南朝梁武帝天監年間，以八刻爲一辰，晝夜十二辰共得九十六刻，則每刻當今15分鐘。後歷代多沿用梁制。

[3]吏部令史：吏名。北齊時爲尚書省吏部的屬吏，掌司本部文書案牘，亦供差遣驅使。

[4]召版：皇帝宣召臣下入朝的詔書。

[5]高車：古代一種車篷高而可供立乘的車，亦名"立車"。多爲王公顯貴者所乘用。

[6]東掖門：北齊鄴都宮城的東面側門。

[7]章綬：古代王公百官所用的印章和繫印章的絲帶。

[8]閶闔門：北齊鄴都宮城之南門。城門上有清都觀，爲皇帝舉行外朝之所。

[9]伏闕表謝：拜伏於宮闕下直接向皇帝上表謝恩。

[10]就第：此指使者到諸王府第去舉行册封諸王之禮。

[11]鴻臚卿：官名。北齊時爲鴻臚寺的長官，置一員，掌蕃客朝會、吉凶吊祭及册封諸藩等事務。正三品。

[12]吏部尚書：官名。北齊時爲尚書省所轄六部之一吏部的長官，置一員，掌官吏銓選、考課、封爵等政令，統吏部、考功、主爵三曹。正三品。

[13]侍御史：官名。北齊時爲御史臺的屬官，置八人，掌糾彈百官，推按獄訟，兼判臺内符節署之事。從七品下。

[14]西階：指廳堂西面的臺階。古代以西階爲示尊禮之位，多

爲賓客使者所居就。

　　[15]博士：官名。此指太常博士。北齊時爲太常寺的屬官，置四人，掌辨五禮之制，贊導禮儀，擬議王公大臣之封號和謚號。從七品下。　版：此指諸王領受的封國版籍。

　　[16]俯伏：俯首伏地，以表示敬畏。

　　[17]茅土：用白茅包裹的社土。古代天子分封王、侯等爵時，用代表方位的五色土築社壇，按封地所在方向取一色土，包以白茅而授之，作爲受封者得以有國建社的表徵。

　　[18]在州鎮：此指使者到諸王出鎮的地方州府去舉行册封諸王之禮。

　　諸王、三公、儀同、尚書令、五等開國、太妃、妃、公主恭拜册，[1]軸一枚，長二尺，以白練衣之。[2]用竹簡十二枚，[3]六枚與軸等，六枚長尺二寸。文出集書，[4]書皆篆字。哀册、贈册亦同。[5]

　　[1]三公：北齊時稱太尉、司徒、司空爲三公。參見前注太尉、司徒、司空。　儀同：官名。全稱是儀同三司。北齊時屬散官。正二品。　尚書令：官名。北齊時爲尚書省的長官，置一員，總領尚書省政務，是宰相之職。正二品。　五等開國：指公、侯、伯、子、男五等開國之爵。北齊時包括開國郡公、開國縣公、開國縣侯、開國縣伯、開國縣子、開國縣男、開國鄉男，品階分別爲從一品、正二品、從二品、正三品、正四品下、正五品下、從五品下。開國，是晋以後在五等封爵前所加的稱號，用以區別不開國的散爵。　太妃：魏晋以後對諸王之母所加的封號。　妃：古代對皇帝的姬妾或太子、諸王的正妻所加的封號。　恭拜：指按禮制拜授封爵、官職或封號。

　　[2]白練：白色熟絹。　衣（yì）：包裹，包裝。

　[3]竹簡：古代用以書寫文字的竹片。按南北朝時仍用竹簡、篆字書寫冊書，意在摹擬古禮而示莊敬。

　[4]集書：官署名。指集書省。北齊時掌侍從諷諫，獻納得失，擬撰優詔冊文，監修起居注。長官爲散騎常侍，次官爲通直散騎常侍，屬官有諫議大夫、散騎侍郎、給事中等。

　[5]哀冊：亦作"哀策"。古代頌揚帝王、后妃生前功德的韵文，多篆書於玉石木竹之上。行葬禮時，由太史令讀後，埋於陵中。　贈冊：古代皇帝對王公大臣的先人或王公大臣本人死後追贈官爵的詔書。

　諸王、五等開國及鄉男恭拜，[1]以其封國所在方，取社壇方面土，[2]包以白茅，[3]內青箱中。[4]函方五寸，以青塗飾，封授之，以爲社。[5]

　[1]鄉男：爵名。北齊時爲十一等爵的第十一等。從五品下。

　[2]社壇：此指古代天子祭祀土神的祭壇。

　[3]白茅：亦作"白茆"。一種多年生的草本植物，因花穗上密生白色柔毛，故名白茅。古代常用以包裹祭品及分封諸侯的社土。

　[4]內（nà）：同"納"，即放入，收藏。　青箱：古代舉行封爵禮時用以裝封土的青色箱匣。

　[5]社：此指受封爵者在其封國內所立的祭祀土神的社壇。

　隋臨軒冊命三師、諸王、三公，[1]並陳車輅。[2]餘則否。百司定列，[3]內史令讀冊訖，受冊者拜受出。又引次受冊者，如上儀。若冊開國，郊社令奉茅土，[4]立於仗南，[5]西面。每受冊訖，授茅土焉。

[1]三師：隋代稱太師、太傅、太保爲三師。名爲訓導之官，掌與天子坐而論道，實無具體職事，多爲元老重臣的榮譽贈銜。均爲正一品。　　王：爵名。隋代包括國王和郡王兩等，爲九等爵的第一等和第二等，品階分別爲正一品和從一品。　　三公：隋代稱太尉、司徒、司空爲三公。隋初依舊制，三公各開府置僚佐，參議國家大事，但不久省去其府及僚佐，置於尚書都省閑坐聽政，三公則成爲榮譽性質的頭銜。均爲正一品。

[2]車輅：車輛。此指三師、諸王、三公所乘用的車輛，各有其等級規制。

[3]百司：百官，衆官。

[4]郊社令：官名。爲太常寺下轄郊社署的長官，置一人，掌郊社和明堂祭祀大典時之位次及授封爵之茅土等事。隋初爲正八品下，煬帝大業三年（607）升爲正六品。

[5]仗：指皇帝視朝時殿堂上所陳列的兵衛儀仗。亦借指朝堂。

　　後齊皇帝加元服，[1]以玉帛告圓丘方澤，[2]以幣告廟，擇日臨軒。中嚴，[3]群官位定，皇帝著空頂介幘以出。[4]太尉盥訖，[5]升，[6]脫空頂幘，以黑介幘奉加訖，[7]太尉進太保之右，北面讀祝訖，[8]太保加冕，侍中繫玄紘，[9]脫絳紗袍，[10]加衮服。[11]事畢，太保上壽，[12]群官三稱萬歲。皇帝入溫室，移御坐，[13]會而不上壽。後日，文武群官朝服，上禮酒十二鍾，[14]米十二囊，牛十二頭。又擇日，親拜圓丘方澤，[15]謁廟。

[1]加元服：古稱行冠禮爲“加元服”。元服，即冠的別稱。按，古代男子到二十歲時（天子、諸侯可提前至十二歲），須舉行加冠之禮，以表示其成人，此禮叫做“冠”或“冠禮”。

［2］玉：底本、宋刻遞修本、庫本、中華本及《通典》卷五六《禮十六·嘉禮一》皆同，但殿本作“王”，顯訛。

［3］中嚴：中庭戒備。古代帝王元旦朝會、郊祀或行冠禮等大典時的儀節之一。

［4］空頂介幘：空頂幘。參見前注“空頂幘”。

［5］盥：洗手。

［6］升：指登上殿堂或廳堂。

［7］介幘：古代一種長耳裹髮的頭巾。始行於漢魏，後漸變爲進賢冠。

［8］祝：指祝賀的文辭。亦用作動詞，指祝賀、祝頌、祝福。

［9］玄紘（hóng）：黑色的冠冕帶子。其繫法是由頷下向上繫於笄，垂餘者爲緌。

［10］絳紗袍：深紅色的紗袍。古代常用爲帝王之朝服。

［11］袞服：袞衣。古代帝王及上公所穿的繪有卷龍的禮服。

［12］上壽：向尊者敬酒，祝頌長壽。

［13］御坐：亦作“御座”。指皇帝的寶座。坐，通“座”。

［14］上禮：獻贈禮品。

［15］丘：底本、宋刻遞修本、殿本、中華本皆同，庫本作“邱”，二字相通。

　　皇太子冠，則太尉以制幣告七廟，[1]擇日臨軒。有司供帳於崇正殿。[2]中嚴，皇太子空頂幘公服出，[3]立東階之南，西面。使者入，立西階之南，東面。皇太子受詔訖，入室盥櫛，[4]出，南面。使者進揖，詣冠席，西面坐。光禄卿盥訖，[5]詣太子前疏櫛。[6]使者又盥，奉進賢三梁冠，[7]至太子前，東面祝，脱空頂幘，加冠。太子興，入室更衣，出，又南面就席。光禄卿盥櫛。使者又盥祝，脱三梁冠，加遠游冠。太子又入室更衣。設席中楹之西，[8]使者揖就席，南面。光禄卿洗爵酌醴，[9]使者詣席前，北面祝。太子拜受醴，即席坐，祭之，[10]啐之，[11]奠爵，[12]降階，[13]復本位，西面。三師、三少及在位群官拜事訖。[14]又擇日會宮臣，[15]又擇日謁廟。

[1]制幣：古代祭祀時所供的繒帛。因帛的長寬皆有定制，故稱制幣。　七廟：古代稱天子的四親廟（父、祖、曾祖、高祖）、二祧廟（遠祖）和始祖廟爲"七廟"。後亦泛指帝王供奉祖先的宗廟。

[2]供帳：陳設供宴會所用的帷帳、用具、飲食等物。亦指舉行宴會。

[3]公服：古代王公百官所穿的制服。一般按服色分爲朱、紫、緋、綠、青五等。

[4]盥櫛（zhì）：指梳洗整容。櫛，即梳理頭髮。

[5]光禄卿：官名。北齊時爲光禄寺的長官，置一人，掌諸膳食、帳幕器物、宮殿門户等事。正三品。

[6]疏櫛：梳理頭髮。疏，通"梳"。按，"疏"字各本皆同，但《通典》卷五六《禮十六·嘉禮一》作"跪"。

[7]進賢三梁冠：古冠名。即有三梁的進賢冠，爲太子、諸王、公侯所服。按古冠以竹爲襯裏，冠上有橫脊梁，梁有一梁至五梁之分，用以區別官位的高低。《續漢書·輿服志下》載進賢冠之形制稱："進賢冠，古緇布冠也，文儒者之服也。前高七寸，後高三寸，長八寸。公侯三梁，中二千石以下至博士兩梁，自博士以下至小史私學弟子皆一梁。"後代多沿襲漢制。

[8]設席：亦稱"設筵"。即古人宴飲時鋪設坐席。後因以指設宴，置辦酒席。　中楹：指廳堂當中的柱子。楹，即廳堂的前柱。

[9]爵：古代一種盛酒和飲酒兼用的禮器。形制像雀形，比尊

彝小，受酒一升。　　醴：甜酒。亦泛指酒。

　　[10]祭之：此指祭酒。即以酒祭奠神靈。

　　[11]啐（cuì）之：此指啐醴、啐酒。古代一種酒禮，即祭神後飲福酒。

　　[12]奠爵：此謂放下酒爵，停止飲酒。

　　[13]降階：走下臺階，從臺階下來。

　　[14]三師：此指太子三師，即太子太師、太子太傅、太子太保的合稱。北齊時爲東宮之官，各置一員，掌教諭太子。均爲正二品。　　三少：此指太子三少，即太子少師、太子少傅、太子少保的合稱。北齊時爲東宮之官，各置一員，掌輔導太子。均爲正三品。

　　[15]宮臣：指太子東宮的屬官。

　　隋皇太子將冠，前一日，皇帝齋於大興殿。[1]皇太子與賓贊及預從官，[2]齋於正寢。[3]其日質明，[4]有司告廟，各設筵於阼階。[5]皇帝衮冕入拜，即御座。賓揖皇太子進，升筵，西向坐。贊冠者坐櫛，[6]設纚。[7]賓盥訖，進加緇布冠。[8]贊冠進設頍纓。[9]賓揖皇太子適東序，[10]衣玄衣素裳以出。[11]贊冠者又坐櫛，賓進加遠游冠。改服訖，賓又受冕。[12]太子適東序，改服以出。賓揖皇太子南面立，賓進受醴，進筵前，北面立祝。皇太子拜受觶。[13]賓復位，東面答拜。贊冠者奉饌於筵前，[14]皇太子祭奠。禮畢，降筵，進當御東面拜。[15]納言承詔，詣太子戒訖，[16]太子拜。贊冠者引太子降自西階。賓少進，[17]字之。[18]贊冠者引皇太子進，立於庭，東面。諸親拜訖，贊冠者拜，太子皆答拜。與賓贊俱復位。納言承詔降，令有司致禮。[19]賓贊又拜。皇帝降復阼階，拜，皇太子已下皆拜。皇帝出，更衣還宮。皇太子從至闕，[20]因入見皇后，拜而還。

[1]大興殿：隋都大興城宮城内的正殿。

[2]賓贊：指舉行典禮時導引和贊唱儀式的人員。賓，通“儐”，即導引禮儀之人。　預從官：指參與典禮的官員。

[3]正寢：指房屋的正廳或正屋。

[4]質明：指天剛亮的時候。

[5]阼階：東階，主位之階。參見前注“東階”。

[6]贊冠者：指在古代男子舉行冠禮時，爲之贊唱司儀的人員。

[7]設纚（xǐ）：用帛爲行冠禮之人束髮。

[8]緇布冠：古代士與庶人常用的一種冠。古人行冠禮時，亦用爲初加之冠。《儀禮·士冠禮》載其形制稱：“緇布冠，缺項，青組纓屬於缺，緇纚，廣終幅，長六尺。”缺項，即冠後當人項處空缺，用青組纓結之。

[9]頍（kuǐ）纓：古代帽冠上用以繫在頷下固冠的帶子。

[10]適：去，往，到。　東序：指殿堂的東厢房。

[11]玄衣素裳：黑色的上衣和白色的下裙。

[12]受冕：此指加冕。受，通“授”。

[13]觶（zhì）：古代一種盛酒和飲酒兼用的禮器。青銅製，圓腹，侈口，圈足，或有蓋，形似尊而小，受酒三升。

[14]饌：菜肴，食物。

[15]當御：指皇帝座位面前。按，“當”底本、宋刻遞修本、殿本、中華本及《通典》卷五六《禮十六·嘉禮一》皆同，但庫本作“常”，應訛。

[16]戒：告誡，戒諭。

[17]少進：稍進居於前。

[18]字：指爲行冠禮者取表字。按，古代男子成人，不便直呼其名，故須在行冠禮時另取一個與本名涵義相關的別名，稱之爲

字，以表其德。此後凡人相敬而呼，必稱其表德之字。

［19］致禮：奉獻禮物。

［20］闕：指古代宮門或城門兩側的高臺，臺上起樓觀。亦借指帝王所居的宮廷。

　　後齊皇帝納后之禮，[1]納采、問名、納徵訖，[2]告圓丘方澤及廟，如加元服。是日，皇帝臨軒，命太尉爲使，司徒副之。持節詣皇后行宮，[3]東向，奉璽綬册，以授中常侍。[4]皇后受册於行殿。[5]使者出，與公卿以下皆拜。有司備迎禮。[6]太保太尉，受詔而行。主人公服，[7]迎拜於門。使者入，升自賓階，[8]東面。主人升自阼階，西面。禮物陳於庭。設席於兩楹間，[9]童子以璽書版升，[10]主人跪受。送使者，拜于大門之外。有司先於昭陽殿兩楹間供帳，爲同牢之具。[11]皇后服大嚴繡衣，[12]帶綬珮，[13]加幪。[14]女長御引出，[15]升畫輪四望車。[16]女侍中負璽陪乘。鹵簿如大駕。[17]皇帝服袞冕出，升御坐。皇后入門，大鹵簿住門外，小鹵簿入。到東上閤，[18]施步鄣，[19]降車，席道以入昭陽殿。[20]前至席位，姆去幪，[21]皇后先拜後起，皇帝後拜先起。帝升自西階，詣同牢坐，與皇后俱坐。各三飯訖，[22]又各酳二爵一卺。[23]奏禮畢，皇后興，南面立。皇帝御太極殿，[24]王公已下拜，皇帝興，入。明日，后展衣，[25]於昭陽殿拜表謝。又明日，以榛栗棗脩，[26]見皇太后於昭陽殿。擇日，群官上禮。又擇日，謁廟。皇帝使太尉，先以太牢告，[27]而後遍見群廟。[28]

〔1〕納后：指皇帝娶皇后。納，即娶。

〔2〕納采：古代婚禮中的六禮之一。指男方向女方送求婚禮物。問名：古代婚禮中的六禮之一。指男家具書託媒請問女子的名字和出生年月日，女家復書具告。 納徵：納幣。古代婚禮中的六禮之一。指男家納吉之後，擇日具書，送聘禮至女家，女家受物復書，婚姻乃定。亦稱“文定”，俗稱“過定”。

〔3〕行宫：指古代京城以外供帝后出行時居住的宫室。此處指新皇后未入皇宫前的居所，亦即新皇后的娘家。

〔4〕中常侍：官名。北齊時爲中侍中省的次官，置四人，多以宦官充任。協助長官中侍中掌宫廷侍奉，傳宣制令，通判本省及所轄諸局日常事務。正四品上。

〔5〕行殿：指古代帝后出行時居處的宫殿。此處指新皇后娘家的廳堂。

〔6〕迎禮：此指迎親之禮。

〔7〕主人：指接待賓客的人。與“客人”相對而稱。此處指新皇后娘家的主事之人。

〔8〕賓階：西階。古代賓主相見，賓自西階上，故稱西階爲賓階。參見前注“西階”。

〔9〕兩楹：指房屋正廳當中的兩根柱子。兩楹之間是房屋正中所在，古時爲舉行重大儀式和重要活動的地方。

〔10〕璽書版：指寫有皇帝詔書並囊封加蓋璽印的木簡。

〔11〕同牢：古代婚禮中，新夫婦共食一牲的儀式。

〔12〕大嚴繡衣：妝飾華麗的彩繡絲織衣服。嚴，即“裝”或“妝”，指衣裝、妝飾，因漢代避明帝劉莊之諱而改作“嚴”。

〔13〕綬珮：以彩色絲帶繫掛於身的玉佩。

〔14〕幜（jǐng）：古代貴族婦女出行時所穿的罩衣。

〔15〕女長御：女官名。北齊時掌宫内后妃車駕儀仗之事。

〔16〕畫輪四望車：車輪有華麗彩飾、四面有窗可供觀望的車子。

［17］大駕：古代天子車駕儀仗規模最大的一種，在法駕、小駕之上。漢蔡邕《獨斷》卷下載漢制稱："大駕則公卿奉引，大將軍參乘，太僕御，屬車八十一乘，備千乘萬騎。"後歷代多參襲漢制。

［18］東上閤：北齊鄴都宮城内昭陽殿東面的便殿。

［19］步鄣：亦作"步障"。古時用以遮蔽風塵或視綫的一種屏幕。

［20］席道：以毯鋪路。

［21］姆：古代以婦道教育女子的女師。

［22］三飯：指第三次用餐。

［23］酳（yìn）：即食畢以酒少飲漱口。古代宴會或祭祀時的一種禮節。　巹（jǐn）：古代婚禮所用的一種酒器。其制是以一瓠破爲兩瓢，謂之"巹"；新夫婦各執一瓢飲，稱爲"合巹"。

［24］太極殿：北齊鄴都宮城内的正殿。位於閶闔門内，爲皇帝舉行外朝之所。

［25］展衣：亦作"襢衣"。古代皇后六服之一，爲皇后禮見皇帝及賓客時所服。其色白，一說色赤。亦用爲世婦和卿大夫之妻的禮服。

［26］榛栗棗脩：即榛子、栗子、棗子和肉脯。古代婦女拜見長輩時所進獻的禮物，諧音取其虔敬戰慄、早起自修之意。

［27］太牢：古代祭祀，牛羊豕三牲俱備謂之太牢；亦有專指牛爲太牢者。

［28］群廟：諸宗廟，各宗廟。參見前注"七廟"。

　　皇太子納妃禮，皇帝遣使納采，有司備禮物。會畢，使者受詔而行。主人迎于大門外。禮畢，會於聽事。[1]其次問名、納吉，[2]並如納采。納徵，則使司徒及尚書令爲使，備禮物而行。請期，[3]則以太常、宗正卿爲使，[4]如納采。親迎，[5]則太尉爲使。三日，妃朝皇帝

於昭陽殿，又朝皇后於宣光殿。[6]擇日，群官上禮。他
日，妃還。又他日，皇太子拜閤。[7]

[1]聽事：廳堂。原指官府治事之所，後亦指私宅大廳。聽，
同“廳”。

[2]納吉：古代婚禮中的六禮之一。指在納幣之前，男方卜得
吉兆，備禮通知女方，決定締結婚姻。

[3]請期：古代婚禮中的六禮之一。指男家行聘禮之後，卜得
吉日，使媒人赴女家告知成婚日期。因形式上似由男家請示女家，
故稱“請期”。

[4]太常：官名。此指太常卿。北齊時爲太常寺的長官，置一
員，掌陵廟群祀、禮樂儀制、天文術數、衣冠服制等事。正三品。
宗正卿：官名。全稱是大宗正卿。北齊時爲大宗正寺的長官，置
一員，掌皇族宗室屬籍之事。正三品。

[5]親迎：古代婚禮中的六禮之一。指夫婿親至女家迎接新娘
入室，行交拜合卺之禮。

[6]宣光殿：北齊鄴都宮城内之殿名。位於昭陽殿後永巷之北
五樓門内，爲後宮右院之寢殿，是皇后所居之處。

[7]拜閤：亦作“拜閣”。魏晋南北朝時流行的一種婚俗。即
在新婚後，新郎擇日禮拜於女家，女家爲之宴集。猶如後世的拜
門禮。

隋皇太子納妃禮，皇帝臨軒，使者受詔而行。主人
俟於廟。[1]使者執雁，[2]主人迎拜於大門之東。使者入，
升自西階，立於楹間，南面。納采訖，乃行問名儀。事
畢，主人請致禮於從者，禮有幣馬。[3]其次擇日納吉，
如納采。又擇日，以玉帛乘馬納徵。又擇日告期。[4]又

擇日，命有司以特牲告廟，[5]册妃。皇太子將親迎，皇帝臨軒，醮而誠曰：[6]“往迎爾相，[7]承我宗事，[8]勖帥以敬。”[9]對曰：“謹奉詔。”既受命，羽儀而行。[10]主人几筵於廟，[11]妃服褕翟，[12]立於東房。[13]主人迎於門外，西面拜。皇太子答拜。主人揖皇太子先入，主人升，立於阼階，西面。皇太子升進，當房户前，北面，跪奠雁，[14]俯伏，興拜，降出。妃父少進，西面戒之。母於西階上，施衿結帨，[15]及門内，施鞶申之。[16]出門，妃升輅，[17]乘以几。[18]姆加幜。皇太子乃御，[19]輪三周，御者代之。皇太子出大門，乘輅，羽儀還宮。妃三日，雞鳴夙興以朝。[20]奠笲於皇帝，[21]皇帝撫之。又奠笲於皇后，皇后撫之。席於户牖間，[22]妃立於席西，祭奠而出。

[1]俟：等候，等待。　廟：古時指有廳堂、東西厢、夾室等結構完整的成套大屋。亦特指大廳前堂。

[2]雁：古代婚禮中行納采、問名、納吉、請期、親迎等五禮時所用的聘儀之一。其所以用雁者，漢班固《白虎通義》卷下《嫁娶》釋稱：“贄用雁者，取其隨時南北，不失其節，明不奪女子之時也……又取飛成行，止成列也，明嫁娶之禮，長幼有序，不相逾越也。又婚禮贄不用死雉，故用雁也。”

[3]幣馬：指用作禮物的馬匹。因馬爲古禮六幣之一，故馬亦稱幣。

[4]告期：此指請期。參見前注“請期”。

[5]特牲：指舉行祭禮或賓禮時祇用一種牲畜。古稱一牲爲特牲。

[6]醮（jiào）：古代冠禮、婚禮中的一種簡單儀節。指尊者對

卑者酌酒，卑者接受敬酒後飲盡，不需回敬。

[7]相（xiàng）：此指妻。

[8]宗事：指宗廟之事，宗族之事。

[9]勗帥：亦作“勗率”。即勉力遵循。語出《儀禮·士昏禮》：“父醮子，命之曰：‘往迎爾相，承我宗事，勗帥以敬先妣之嗣，若則有常。’”鄭玄注：“勗，勉也。若，猶女也。勉帥婦道，以敬其爲先妣之嗣，女之行，則當有常。”

[10]羽儀：指儀仗中以羽毛裝飾的旌旗之類。亦泛指儀仗衛隊。

[11]几筵：指爲祭奠所設的席位。

[12]褕翟：亦作“褕狄”。古代王后從王祭祀先公時所穿的祭服，亦用爲三夫人及上公之妻所穿的命服。因服上綴有刻畫爲雉形的彩飾，故名褕翟。

[13]東房：古代指堂屋中央正室東邊的房間。

[14]奠雁：古代婚禮中，新郎到女家迎親，獻雁爲贄禮，稱作“奠雁”。奠，即獻。

[15]施衿：古代嫁女的儀式之一。指女子出嫁時，其母爲之整理衣帶。　結帨（shuì）：古代嫁女的儀式之一。指女子出嫁時，其母爲之繫結佩巾，以示女至男家後要奉事舅姑，操持家務。帨，即古代婦女用以擦拭不潔的佩巾，在家時掛在門右，外出時繫在身左。

[16]施鞶（pán）：古代嫁女的儀式之一。指女子臨嫁將出門時，其母爲之佩帶鞶囊。鞶，即古人佩於腰間用以盛手巾細物的小囊。男鞶用革製，女鞶用絲製。　申：申誡，告誡。此指女子出嫁時，其母以命申誡之。《儀禮·士昏禮》載申誡之語云：“勉之敬之，夙夜無違宮事。”

[17]輅：即“輅車”，亦作“路車”。古代天子或諸侯貴族所乘的一種大車。

[18]几：指古人坐時用以倚靠身體的憑几。亦用爲坐具，則稱

坐几。

　　[19]御：此指駕馭車馬。按，"御"字各本皆同，《通典》卷五八《禮十八・嘉禮三》作"馭"，下文"御者"亦作"馭者"，義同。

　　[20]夙興：早起。

　　[21]奠笲（fán）：古代新婦拜見舅姑時行贄禮的一種儀式。即新婦執笲盛以榛、栗、棗、脩等果品，作爲贄禮進獻於舅姑，舅姑撫而受之。笲，古時一種形似筥的盛物器具，以竹篾編製，衣以青繒，新婦向舅姑行贄禮時常用以盛乾果等物。

　　[22]席：此指設置筵席。　户牖：門和窗。

　　後齊娉禮，[1]一曰納采，二曰問名，三曰納吉，四曰納徵，五曰請期，六曰親迎。皆用羔羊一口，[2]雁一隻，酒黍稷稻米麪各一斛。自皇子王已下，至於九品，皆同。流外及庶人，[3]則減其半。納徵，皇子王用玄三匹，[4]纁二匹，[5]束帛十匹，[6]大璋一，[7]第一品已下至從三品，用璧玉，[8]四品已下皆無。獸皮二，[9]第一品已下至從五品，用豹皮二，六品已下至從九品，用鹿皮。錦彩六十匹，[10]一品錦彩四十匹，二品三十匹，三品二十匹，四品雜彩十六匹，[11]五品十匹，六品、七品五匹。絹二百匹，一品一百四十匹，二品一百二十匹，三品一百匹，四品八十匹，五品六十匹，六品、七品五十匹，八品、九品三十匹。羔羊一口，羊四口，犢二頭，[12]酒黍稷稻米麪各十斛。一品至三品，減羊二口，酒黍稷稻米麪各減六斛，四品、五品減一犢，酒黍稷稻米麪又減二斛，六品已下無犢，酒黍稷稻米麪各一斛。諸王之子，已封未封，[13]禮皆同第一品。新婚從車，[14]皇子百乘，一品五十乘，第二、第三品三十乘，第四、第五品二十乘，第六、第七品十乘，八品達於庶人五乘。各依其秩之飾。[15]

　　[1]娉禮：亦作“聘禮”。即訂婚之禮。亦指訂婚時所備的財禮。

　　[2]羔羊：即小羊。

　　[3]流外：指流外官。南北朝隋唐時期對九品以下官員的通稱。與一品至九品的流內官相對而言。流外官本身也有九等品級，經考銓後，可遞升入流成爲流內官，稱爲“入流”。凡京師及地方官署的吏員，多以流外官充任。　庶人：指平民百姓。

　　[4]玄：指紅黑色的布帛。古代常用爲聘禮，以其象徵天，故用奇數。

　　[5]纁（xūn）：指淺紅色的布帛。古代常用爲聘禮，以其象徵地，故用偶數。

　　[6]束帛：捆爲一束的五匹帛。古代用爲祭祀、聘問、饋贈的禮物。

　　[7]大璋：古代天子巡狩灌祭大山川所用的一種玉製酒器，形狀如勺，以圭爲柄，勺徑九寸，圭長四寸，加有文飾。後亦用爲皇子親王訂婚的一種聘禮。

　　[8]璧玉：指上等美玉。

　　[9]獸皮：應作“虎皮”，唐人避太祖李虎之諱而改“虎”爲“獸”。

　　[10]錦彩：指華美的絲織品。

　　[11]雜彩：指雜色絲織品。

　　[12]犢：即小牛。

　　[13]封：此指封爵。

　　[14]從車：指扈從之車，跟從之車。

　　[15]秩：指官位品級。　飾：此指車飾，車上的裝飾物品。按，“飾”字底本、宋刻遞修本、中華本皆同，但殿本、庫本作

“節”，疑訛。

梁大同五年，[1]臨城公婚，[2]公夫人於皇太子妃爲姑
侄，[3]進見之制，議者互有不同。令曰：[4]“繢雁之
儀，[5]既稱合於二姓，酒食之會，亦有姻不失親。若使
榛栗腶脩，[6]贄饋必舉，[7]副笄編珈，[8]盛飾斯備，不應
婦見之禮，獨以親闕。頃者敬進醲醴，[9]已傳婦事之則，
而奉盤沃盥，[10]不行侯服之家。[11]是知繁省不同，質文
異世，[12]臨城公夫人於妃既是姑侄，宜停省。”

[1]梁：即南朝梁（502—557），都於建康（今江蘇南京市）。
大同：南朝梁武帝蕭衍年號（535—546）。

[2]臨城公：爵名。全稱是臨城縣公。南朝梁時爲十五等爵的
第四等。按，臨城公是梁武帝時皇太子蕭綱之子蕭大連的封爵名，
此處代指其人。蕭大連，傳見《梁書》卷四四、《南史》卷五四。

[3]公夫人：此指臨城公蕭大連之妻。夫人，是古代對帝王之
妾、五等爵之妻及三品以上官之母或妻所加的封號。

[4]令曰：《通典》卷五八《禮十八·嘉禮三》“令”上有
“皇太子”三字。

[5]繢雁：指古時新婦以贄拜見姑（夫母）之禮。

[6]腶（duàn）脩：把肉搗碎加以薑桂佐料而製成的乾肉。古
代常用爲婦女拜見長輩時所進獻的禮物之一，取其鍛煉自修之意。

[7]贄饋：指獻贈的見面禮。

[8]副笄編珈：古代貴族婦女的頭飾。即編髮爲假髻稱副，假
髻上插以簪稱笄，笄上加以步搖等金玉首飾稱珈。

[9]醲（yí）醴：酒漿。

[10]奉盤沃盥：古代婦女執盤爲長輩澆水洗手之禮。

[11]侯服：服王侯之衣。亦泛指王侯貴族。

[12]質文異世：意謂質樸與華美的禮儀風尚因不同時代而有變化。

後齊將講於天子，[1]先定經於孔父廟，[2]置執經一人，[3]侍講二人，[4]執讀一人，[5]摘句二人，[6]録義六人，[7]奉經二人。[8]講之旦，[9]皇帝服通天冠、玄紗袍，[10]乘象輅，至學，坐廟堂上。講訖，還便殿，[11]改服絳紗袍，乘象輅，還宮。講畢，以一太牢釋奠孔父，[12]配以顏回，[13]列軒懸樂，[14]六佾舞。[15]行三獻禮畢，[16]皇帝服通天冠、絳紗袍，升阼，[17]即坐。宴畢，還宮。皇太子每通一經，亦釋奠，乘石山安車，三師乘車在前，三少從後而至學焉。

[1]講：此指爲皇帝講授儒學經典。

[2]孔父廟：紀念和祭祀孔子的祠廟，多省稱“孔廟”。孔父，指孔子。詳見《史記》卷四七《孔子世家》。

[3]執經：此指爲皇帝主講經義的人。

[4]侍講：此指爲皇帝講解經學的人。

[5]執讀：此指爲皇帝讀念經書的人。

[6]摘句：亦作“摘句”。此指爲皇帝摘録經書章句的人。

[7]録義：此指爲皇帝記録講義的人。

[8]奉經：此指爲皇帝進獻所講經書的人。

[9]旦：清晨，早晨。

[10]通天冠：古代皇帝所戴的一種帽子。《續漢書·輿服志下》載其形制稱：“通天冠，高九寸，正豎，頂少邪却，乃直下爲鐵卷梁，前有山，展筩爲述，乘輿所常服。” 玄紗袍：黑色的紗袍。古代常用爲帝王之祭服。

［11］便殿：指正殿以外的別殿，爲古時帝王休息消閑之處。

［12］釋奠：古代在學校設置酒食以奠祭先聖先師的一種典禮。

［13］顔回：人名。爲孔子的賢弟子之一。魏晉以後被尊奉爲先師，釋奠時配祭於先聖孔子。事見《史記》卷六七《仲尼弟子列傳》。

［14］軒懸：古代諸侯所用的奏樂之制。即陳列樂器於東、西、北三面懸掛以奏樂，其較天子所用的四面宫懸奏樂之制缺少一南面。後世因以爲皇太子、王公重臣或舉行釋奠禮所用的奏樂之制。

［15］六佾（yì）：周代諸侯所用的樂舞之制。即置六舞列，每列六人，共三十六人；一説每列八人，六列共四十八人。後世因以爲皇太子、王公重臣或舉行釋奠禮所用的樂舞之制。佾，即舞列。

［16］三獻：古代祭祀時獻酒三次，即初獻爵、亞獻爵、終獻爵，合稱“三獻”。

［17］阼：指阼階、東階；亦指東序。參見前注“阼階”“東階”“東序”。

梁天監八年，[1]皇太子釋奠。周捨議，[2]以爲：“釋奠仍會，既惟大禮，請依東宫元會，太子著絳紗襦，[3]樂用軒懸。預升殿坐者，皆服朱衣。”[4]帝從之。又有司以爲：“《禮》云：[5]‘凡爲人子者，升降不由阼階。’案今學堂凡有三階，愚謂客若降等，[6]則從主人之階。今先師在堂，[7]義所尊敬，太子宜登阼階，以明從師之義。若釋奠事訖，宴會之時，[8]無復先師之敬，太子升堂，則宜從西階，以明不由阼義。”吏部郎徐勉議：[9]“鄭玄云：[10]‘由命士以上，[11]父子異宫。’宫室既異，無不由阼階之禮。請釋奠及宴會，太子升堂，並宜由東階。若輿駕幸學，[12]自然中陛。[13]又檢《東宫元會儀注》，[14]太子升崇正殿，不欲東西階。責東宮典儀，列云‘太子元會，升自西階’，此則相承爲謬。請自今東宮大公事，太子升崇正殿，並由阼階。其預會賓客，依舊西階。”

[1]天監：南朝梁武帝蕭衍年號（502—519）。

[2]周捨：人名。南朝梁武帝時官任祠部郎中，掌治禮儀。傳見《梁書》卷二五，《南史》卷三四有附傳。

[3]絳紗襮（bó）：繡有黼形花紋的深紅色紗製衣領。古代常以之配朱衣，用爲皇太子的服飾。按，“襮”底本、宋刻遞修本、中華本及《通典》卷五三《禮十三·吉禮十二》皆同，但殿本、庫本作“袍”，疑訛。

[4]朱衣：大紅色的公服。

[5]《禮》：原爲《儀禮》的簡稱，後亦泛指《周禮》《儀禮》《禮記》三部言禮之書，合稱“三禮”，均爲儒家經典著作。此處指《禮記》。

[6]降等：古代賓主相見，客人登東階而上以示謙抑，稱爲“降等”。

[7]先師：此指孔子。

[8]宴：底本、宋刻遞修本、殿本、中華本皆同，庫本作“晏”，二字相通。

[9]吏部郎：官名。全稱是吏部郎中。南朝梁時爲尚書省吏部下轄四曹之一吏部曹的長官，置一員，掌文職官吏銓選之政務。十一班。　徐勉：人名。南朝梁武帝時人，博通經史，對國典朝儀多所議定。傳見《梁書》卷二五、《南史》卷六〇。

[10]鄭玄：人名。東漢經學家，嘗遍注群經。傳見《後漢書》卷三五。

[11]命士：古代稱受有爵命的士爲“命士”。

［12］輿駕：古代指帝、后乘坐的車駕。亦借指帝、后。　　幸：古代稱帝王親臨爲"幸"。

［13］中陛：即中階。指殿堂前居中的臺階。

［14］《東宮元會儀注》：南朝梁時頒行的東宮元會禮制之書。

　大同七年，皇太子表其子寧國、臨城公入學，[1]時議者以與太子有齒胄之義，[2]疑之。侍中、尚書令臣敬容、尚書僕射臣纘、尚書臣僧旻、臣之遴、臣筠等，[3]以爲："參、點並事宣尼，[4]回、路同諮泗水，[5]鄒魯稱盛，[6]洙汶無譏。[7]師道既光，得一資敬，[8]無虧亞貳，[9]況於兩公，而云不可？"制曰：[10]"可。"

［1］寧國：爵名。此指寧國公，全稱是寧國縣公。南朝梁時爲十五等爵的第四等。按，寧國公是梁武帝時皇太子蕭綱之子蕭大臨的封爵名，此處代指其人。蕭大臨，傳見《梁書》卷四四、《南史》卷五四。

［2］齒胄：指太子入學與公卿之子依年齡大小爲序，而不以其天子之子爲上。此處意謂太子蕭綱已在學，若其二子蕭大臨、蕭大連亦入學，則父子三人當按齒胄之禮序爲同門學生，有違其父子身份，故議禮者疑之。

［3］侍中：官名。南朝梁時爲門下省的長官，置四人，掌侍從贊相，獻納諫正，糾駁制敕，監製御藥，是宰相之職。十二班。尚書令：官名。南朝梁時爲尚書省的長官，置一人，掌出納王命，敷奏萬機，總領尚書省政務，是宰相之職。十六班。　　臣：古代官員向皇帝上表奏時的自稱。按，此處仍然沿用何敬容等人聯名向梁武帝所上表奏中的自稱，故其各人名前均署有"臣"字。　　敬容：人名。即何敬容。梁武帝大同年間官任侍中、尚書令，身居宰相顯位。傳見《梁書》卷三七，《南史》卷三〇有附傳。　　尚書僕射：

官名。南朝梁時爲尚書省的副長官，左右各置一人，輔佐尚書令分領尚書省六部政務，若令缺則由左僕射統領省務，若左右僕射並缺則單置尚書僕射以掌左事，是宰相之職。十五班。 纘：人名。即張纘。梁武帝大同年間官任尚書僕射，博聞多識。《梁書》卷三四、《南史》卷五六有附傳。 尚書：官名。南朝梁時爲尚書省下轄六部的長官，各置一人，分掌六部政務。其中吏部尚書爲十四班，其餘五部尚書爲十三班。 僧旻：人名。即沈僧旻。梁武帝大同年間官任左民尚書。事見明人梅鼎祚編《梁文紀》卷一四張纘《故左民尚書忠子沈僧旻墓誌銘》。 之遴：人名。即劉之遴。梁武帝大同年間官任都官尚書，博學善文，明曉朝儀。傳見《梁書》卷四〇，《南史》卷五〇有附傳。 筠：人名。即王筠。梁武帝大同年間官任度支尚書，博學通經，著述甚多。傳見《梁書》卷三三，《南史》卷二二有附傳。

[4]參、點：即曾參與其父曾點（“點”亦作“蒧”）的並稱。其父子二人同爲孔子門下弟子。詳見《史記》卷六七《仲尼弟子列傳》。 宣尼：漢平帝元始元年（1）追諡孔子爲“褒成宣尼公”，後因以稱孔子爲“宣尼”。

[5]回、路：即顏回與其父顏無繇（字路）的並稱。其父子二人同爲孔子門下弟子。詳見《史記·仲尼弟子列傳》。 泗水：古水名。源出今山東泗水縣東蒙山南麓，西流經曲阜、兗州，折南流經江蘇沛縣、徐州，又折東南流至淮安市注入淮河，是淮河下游第一大支流。按，春秋時孔子曾在泗水上游北岸一帶講學授徒，後世遂常以“泗水”或“泗上”代稱孔子設教之所。

[6]鄒魯：古鄒國和魯國的並稱。鄒魯之地是孔子的故鄉，後因以“鄒魯”代指儒學禮義之邦。

[7]洙汶：古洙水和汶水的並稱。春秋時洙汶二水屬魯國地，孔子曾在洙汶以南地區聚徒講學，後因以“洙汶”代指孔子學術之鄉。

[8]資敬：語出《孝經·士》：“資於事父以事君，而敬同。”

意謂用尊敬父親的態度尊敬君長。

　　[9]亞貳：指尊卑長幼之序。

　　[10]制：皇帝的詔令。

　　後齊制，新立學，必釋奠禮先聖先師，[1]每歲春秋二仲，[2]常行其禮。每月旦，[3]祭酒領博士已下及國子諸學生已上，[4]太學、四門博士升堂，[5]助教已下、太學諸生階下，[6]拜孔揖顏。[7]日出行事而不至者，記之爲一負。[8]雨霑服則止。學生每十日給假，皆以丙日放之。[9]郡學則於坊内立孔、顏廟，博士已下，[10]亦每月朝云。

　　[1]先聖先師：原本指古代聖賢和可以師法的前輩。漢時始尊奉周公爲先聖，孔子爲先師。魏晉以後又尊奉孔子爲先聖，顏回爲先師。

　　[2]春秋二仲：指春秋兩季中每季的第二個月，即農曆二月和八月。

　　[3]月旦：指農曆每月初一。

　　[4]祭酒：官名。全稱是國子祭酒。北齊時爲國子寺的長官，置一人，掌儒學訓導之政，統國子、太學、四門三學。從三品。博士：官名。此指國子博士。北齊時爲國子學的教官，置五人，掌以儒經教授國子學生，國有疑事則掌承問對。正五品上。

　　[5]太學：官名。此指太學博士。北齊時爲太學的教官，置十人，掌以儒經教授太學生，國有疑事則掌承問對。從七品下。按，“太”字底本、宋刻遞修本、庫本、中華本皆同，殿本作“大”，二字相通。下文凡屬“太”與“大”之別，不再施注。　四門博士：官名。北齊時爲四門學的教官，置二十人，掌以儒經教授四門學生。正九品上。

　　[6]助教：官名。此指太學助教。北齊時爲太學的副教官，置

二十人，協助太學博士教授太學生。從九品下。

[7]拜孔揖顏：向孔子像行跪拜禮，向顏回像行拱手禮。

[8]一負：北齊時規定官吏犯罪過，鞭杖十下爲一負。亦用作國子寺的學規，以懲罰犯過錯的學官及諸生。

[9]丙日：指農曆每旬的第三天。

[10]博士：官名。此指郡學博士。北齊時爲各郡學的教官，掌以儒經教授郡學生，兼掌郡内文教禮制之事。

　　隋制，國子寺，[1]每歲以四仲月上丁，[2]釋奠於先聖先師。年別一行鄉飲酒禮。[3]州郡學則以春秋仲月釋奠。州郡縣亦每年於學一行鄉飲酒禮。學生皆乙日試書，[4]丙日給假焉。

[1]國子寺：官署名。隋初隷屬於太常寺，掌儒學訓導之政，下統國子、太學、四門、書算學，是管理教育的國家機關，長官爲國子祭酒。開皇十三年國子寺罷隷太常，並改寺爲學。仁壽元年（601）又罷國子學，唯立太學一所，以太學博士總知學事。煬帝大業三年復立國子學，並改稱國子監，依舊置國子祭酒爲本監長官。

[2]四仲月：指農曆四季中每季的第二個月，即仲春二月、仲夏五月、仲秋八月、仲冬十一月，合稱四仲月。　上丁：指農曆每月上旬的丁日（第四天）。

[3]年別：每年，每歲。　鄉飲酒禮：周代鄉學三年業成大比，考其德行道藝優異者，薦於諸侯。將行之時，由鄉大夫設酒宴以賓禮相待，謂之鄉飲酒禮。後歷代沿用爲一種學禮，亦用爲地方官按時在學校舉行的一種敬老儀式。

[4]乙日：指農曆每旬的第二天。

　　梁元會之禮，未明，庭燎設，[1]文物充庭。臺門闈，[2]禁衛皆嚴，[3]有司各從其事。太階東置白獸樽。[4]群臣及諸蕃客並集，[5]各從其班而拜。侍中奏中嚴，王公卿尹各執珪璧入拜。[6]侍中乃奏外辦，[7]皇帝服袞冕，乘輿以出。[8]侍中扶左，常侍扶右，[9]黃門侍郎一人，[10]執曲直華蓋從。[11]至階，降輿，納舄升坐。[12]有司御前施奉珪藉。[13]王公以下，至阼階，脫舄劍，升殿，席南奉贄珪璧畢，[14]下殿，納舄佩劍，詣本位。主客郎徙珪璧於東廂。[15]帝興，入，徙御坐於西壁下，[16]東向。設皇太子王公已下位。又奏中嚴，皇帝服通天冠，升御坐。王公上壽禮畢，食。食畢，樂伎奏，[17]太官進御酒，[18]主書賦黃甘，[19]逮二品已上。[20]尚書驍騎引計吏，[21]郡國各一人，皆跪受詔。侍中讀五條詔，[22]計吏每應諾訖，令陳便宜者，[23]聽詣白獸樽，以次還坐。宴樂罷，皇帝乘輿以入。皇太子朝，則遠游冠服，乘金輅，[24]鹵簿以行。預會則劍履升坐。[25]會訖，先興。

[1]庭燎：古代用於庭中照明的火炬。

[2]臺門：指皇宮的大門。因以土臺爲基，故稱臺門。

[3]禁衛：指對京城皇宮的警戒防衛。

[4]太階：宮殿或廟堂的臺階。　白獸樽：應作"白虎樽"，唐人避太祖李虎之諱而改"虎"爲"獸"。白虎樽，古代用以獎勸直言者的一種蓋子上有白虎圖像的飲酒器。

[5]蕃客：古代對外國賓客使者及其商旅的泛稱。蕃，通"番"。

[6]卿尹：泛指高級官員。　珪璧：古代祭祀、朝聘等典禮中所進獻的玉器。

[7]外辦：警衛宮禁，以候帝王出宮。古代舉行元旦朝會、郊

祀等大典時的儀節之一。

[8]輿：車。亦特指帝后所乘坐的車子。

[9]常侍：官名。全稱是散騎常侍。南朝梁時爲集書省的長官，置四人，掌侍從規諫，獻納得失，省駁奏聞，糾諸逋違，擬撰優詔策文，評論文章詩頌。十二班。

[10]黃門侍郎：官名。全稱是給事黃門侍郎。南朝梁時爲門下省的次官，置四人，協助長官侍中掌侍從皇帝左右，擯相威儀，獻納諫正，糾駁制敕，監製御藥。十班。

[11]曲直華蓋：古代帝王或顯貴者車上所用的一種傘蓋。因傘蓋之柄上端橫曲而下端竪直，故名曲直華蓋。

[12]納舄（xì）：穿鞋。舄，即古代一種以木爲複底的鞋；亦用爲鞋的通稱。

[13]奉珪藉：古代祭祀、朝聘時用以陳列所獻珪璧等禮品的草席。

[14]奉贄：進獻見面禮品。

[15]主客郎：官名。全稱是主客郎中。南朝梁時爲尚書省祠部下轄四曹之一主客曹的長官，置一人，掌諸蕃朝覲之政，接對外國使臣賓客。五班。按，"郎"字底本原作"即"，中華本與底本同，當訛，今據宋刻遞修本、殿本、庫本及《通典》卷七〇《禮三十·嘉禮十五》改。　厢：底本原作"箱"，宋刻遞修本與底本同，據殿本、庫本、中華本及《通典》卷七〇《禮三十·嘉禮十五》改。

[16]西壁：殿堂西側的墻壁。

[17]樂伎：亦作"伎樂"。指音樂舞蹈。

[18]太官：官名。此指太官令。南朝梁時爲門下省下轄太官署的長官，掌皇帝膳食及朝會宴享之事。一班。

[19]主書：吏名。全稱是主書令史。南朝梁時爲中書省的屬吏，掌司本省文案簿籍，亦供差遣驅使。爲流外三品勳位。　賦：貢獻，供給。　黃甘：水果名。即黃柑。爲柑的一個品種。

［20］逮：及至，達到。此指賜給御酒和黃柑的官員之範圍。

［21］尚書驛騎：指尚書省所統轄的駕馭車馬的侍從差役吏人。

計吏：古代州郡及王國地方官在年終將境內戶口、賦稅、盜賊、獄訟等項目編造計簿，派遣屬吏爲使，上奏於朝廷，借資考績，謂之“上計”。此負責上計的使吏，稱爲“上計吏”，亦省稱“上計”或“計吏”。

［22］五條詔：南北朝時朝廷考察地方官政績的五條詔令。其內容參見本志下文所載北齊頒行的五條詔書之規定。

［23］便宜：指有利於國家而合乎時宜之事。

［24］金輅：古代帝王所乘的一種以金裝飾的大車，爲五輅之一，多在饗、射、祀還時及飲至禮等場合乘用，有時亦特賜與太子乘用。

［25］劍履：即“劍履上殿”的省稱。指經皇帝特許，太子或重臣上朝時可不解劍，不脫履，以示殊榮。

天監六年詔曰：“頃代以來，[1]元日朝畢，[2]次會群臣，則移就西壁下，東向坐。求之古義，王者宴萬國，唯應南面，何更居東面？”於是御坐南向，以西方爲上。皇太子以下，在北壁坐者，悉西邊東向。尚書令以下在南方坐者，悉東邊西向。舊元日，御坐東向，酒壺在東壁下。御坐既南向，乃詔壺於南蘭下。[3]又詔：“元日受五等贄，[4]珪璧並量付所司。”[5]周捨案：“《周禮》冢宰，[6]大朝覲，[7]贊玉幣。[8]尚書，古之冢宰。頃王者不親撫玉，則不復須冢宰贊助。尋尚書主客曹郎，[9]既冢宰隸職，今元日五等奠玉既竟，請以主客郎受。鄭玄注《覲禮》云：[10]‘既受之後，出付玉人於外。’[11]漢時少府，[12]職掌珪璧，[13]請主客受玉，付少府掌。”[14]帝從之。又尚書僕射沈約議：[15] "《正會儀注》，[16]御出，乘輿至太極殿前，[17]納舄升階。尋路寢之設，[18]本是人君居處，不容自敬宮室。案漢氏，[19]則乘小車升殿。[20]請自今元正及大公事，御宜乘小輿至太極階，仍乘版輿升殿。"[21]制："可。"

[1]頃代：近代，近世。

[2]元日：指農曆正月初一。亦稱元旦、正日、元正、正旦。

[3]南蘭：指殿堂南面門前的欄杆。蘭，通"闌"。

[4]五等贄：指公、侯、伯、子、男五等封爵者在元會時向皇帝進獻的見面禮物。

[5]所司：指主管的官吏或官署。

[6]《周禮》：亦稱《周官》。相傳爲周公所作，實爲戰國時儒家搜集周代官制和戰國時各國制度，比附儒家政治理想彙編而成的一部著作，爲儒家經典之一。　冢宰：官名。亦稱"太宰"。周代爲六卿之首，掌邦治，主國政，統理百官，均平四海。後世多比稱吏部尚書爲冢宰。

[7]大朝覲：古稱諸侯大會同而來朝見天子爲大朝覲。

[8]玉幣：古代諸侯朝見天子或祭祀時所進獻的瑞玉。

[9]尚書主客曹郎：官名。即南朝梁時的主客郎中。參見前注"主客郎"。

[10]《覲禮》：《儀禮》的篇名。

[11]玉人：雕琢玉器的工人。

[12]少府：官名。漢代爲九卿之一，掌山海池澤之稅、皇室手工製造及宮中服御珍寶等事。秩中二千石。

[13]掌：底本、宋刻遞修本、中華本及《通典》卷七〇《禮三十·嘉禮十五》皆同，但殿本、庫本作"主"，義同。

[14]少府：官名。南朝梁時爲少府寺的長官，置一人，掌百工

技巧之事。梁武帝天監七年改稱少府卿。十一班。

[15]沈約：人名。梁武帝天監年間官任尚書僕射，博通經史，於國典朝儀多所議定。傳見《梁書》卷一三、《南史》卷五七。

[16]《正會儀注》：南朝梁初頒行的元會禮制之書。

[17]太極殿：南朝梁都建康宮城内的正殿，爲皇帝舉行外朝之所。

[18]路寢：亦稱“正寢”“正殿”。指古代天子、諸侯治事宴享的正廳堂。

[19]漢氏：指漢代、漢朝。

[20]小車：此指手推的小型輕車。

[21]版輿：亦名“步輿”。古代一種以人力抬扛的木製輕便坐車。

陳制，[1]先元會十日，百官並習儀注，[2]令僕已下，[3]悉公服監之。設庭燎，街闕、城上、殿前皆嚴兵，[4]百官各設部位而朝。[5]宮人皆於東堂，[6]隔綺疏而觀。[7]宮門既無籍，[8]外人但絳衣者，[9]亦得入觀。[10]是日，上事人發白獸樽。[11]自餘亦多依梁禮云。

[1]陳：即南朝陳（557—589），都於建康（今江蘇南京市）。

[2]儀注：有關禮儀的制度和法式。

[3]令僕：官名。即尚書令與尚書僕射的合稱。南朝陳時爲尚書省的正副長官，總領尚書省政務，是宰相之職。尚書令爲第一品，尚書僕射爲第二品。

[4]嚴兵：部署軍隊，嚴設兵衛。

[5]部位：底本、殿本、庫本、中華本皆同，但宋刻遞修本、《通典》卷七〇《禮三十・嘉禮十五》作“部伍”，疑訛。

[6]東堂：南朝陳時太極殿東面的便殿。

[7]綺疏：指雕刻成空心花紋的窗户。

[8]籍：此指門籍。古代一種書有當事人姓名、年紀、面色的小牌子，爲出入宫門的通行憑證。

[9]絳衣：深紅色的衣服。古代常用爲低級軍官之服。

[10]入：底本、宋刻遞修本、庫本、中華本及《通典》卷七〇《禮三十·嘉禮十五》皆同，但殿本作“人”，當訛。

[11]上事人：指向朝廷上書言事之人。

後齊正日，侍中宣詔慰勞州郡國使。詔牘長一尺三寸，[1]廣一尺，雌黄塗飾，[2]上寫詔書三。計會日，[3]侍中依儀勞郡國計吏，問刺史太守安不，[4]及穀價麥苗善惡，人間疾苦。[5]又班五條詔書於諸州郡國使人，[6]寫以詔牘一枚，長二尺五寸，廣一尺三寸，亦以雌黄塗飾，上寫詔書。正會日，依儀宣示使人，歸以告刺史二千石。[7]一曰，政在正身，在愛人，[8]去殘賊，擇良吏，正決獄，平徭賦。二曰，人生在勤，勤則不匱，[9]其勸率田桑，無或煩擾。三曰，六極之人，[10]務加寬養，必使生有以自救，没有以自給。四曰，長吏華浮，奉客以求小譽，逐末捨本，政之所疾，宜謹察之。五曰，人事意氣，[11]干亂奉公，外内溷淆，綱紀不設，[12]所宜糾劾。正會日，侍中黄門宣詔勞諸郡上計。[13]勞訖付紙，遣陳土宜。[14]字有脱誤者，呼起席後立。書迹濫劣者，飲墨水一升。文理孟浪，[15]無可取者，奪容刀及席。[16]既而本曹郎中，[17]考其文迹才辭可取者，録牒吏部，[18]簡同流外三品叙。[19]

[1]詔牘：古代用以書寫皇帝詔書的木板。

[2]雌黄：用礦物雌黄（三硫化二砷）製成的黄色顏料。

[3]計會：指各地的上計吏會集於朝廷。

[4]安不：各本皆同，《通典》卷七〇《禮三十·嘉禮十五》作“安否”，義同。

[5]人間：應作“民間”，唐人避太宗李世民之諱而改。

[6]班：頒布，頒發。

[7]二千石：漢制郡太守秩禄爲二千石，後世因以“二千石”代稱郡太守。

[8]愛人：應作“愛民”，唐人避太宗李世民之諱而改。

[9]人生在勤，勤則不匱：語出《左傳》宣公十二年。“人生”《左傳》原文作“民生”，唐人避太宗李世民之諱而改。

[10]六極：古代指六種窮極惡事，即凶短折、疾、憂、貧、惡、弱。

[11]人事意氣：指請托説情，行賄送禮。

[12]綱紀：底本、宋刻遞修本、中華本皆同，殿本、庫本作“綱維”，《通典》卷七〇《禮三十·嘉禮十五》作“紀綱”，義同。

[13]黄門：官名。此是給事黄門侍郎的省稱。北齊時爲門下省的次官，置六員，協助長官侍中掌獻納諫正，封駁制敕，兼司進御奉侍之事。正四品上。

[14]土宜：指各地鄉土所適宜的事物及政策措施。

[15]孟浪：疏闊而不精要，荒誕而無邊際。

[16]容刀：古人作裝飾品用的佩刀。有刀形而無刃，備飾儀容而已，故名容刀。

[17]本曹郎中：官名。此指考功郎中。北齊時爲尚書省吏部所轄三曹之一考功曹的長官，置一員，掌官吏政績考課及策試秀孝貢士等事。正六品上。

[18]録牒：編造名册，並呈送於相關官署。　吏部：官署名。此指吏部曹。北齊時爲尚書省吏部所轄三曹之一，掌官吏銓選及賞

罰之政，長官爲吏部郎中。

[19]簡：銓選，選用。　叙：按規定的等級次第授予官職。

元正大饗，[1]百官一品已下，流外九品已上預會。一品已下、正三品已上、開國公侯伯、散品公侯及特命之官，[2]下代刺史，[3]並升殿。從三品已下、從九品以上及奉正使人比流官者，[4]在階下。勳品已下端門外。[5]

[1]大饗：古代天子招待來朝諸侯及群臣的宴飲大會。

[2]開國公侯伯：爵名。北齊時包括開國郡公、開國縣公、開國縣侯、開國縣伯四等爵，品階分別爲從一品、正二品、從二品、正三品。　散品公侯：爵名。北齊時包括散郡公、散縣公、散縣侯三等爵，品階分別爲正二品、從二品、正三品。

[3]下代刺史：此句各本皆同，但文義費解。考《通典》卷七〇《禮三十·嘉禮十五》單作“刺史”，無“下代”二字，文義可通。再考清人秦蕙田撰《五禮通考》卷一三六《嘉禮九》引本志文作“下逮刺史”，意謂升殿者的下限範圍及至刺史，文義更明，故疑此處“代”當是“逮”之音訛。另按，中華本因不明此處“下代刺史”之誤，而於“特命之官”與“下代刺史”之間標點爲頓號，此亦不妥，今據上考文義標點爲逗號。（參見唐華全《中華書局點校本〈隋書〉質疑二十九則》）

[4]奉正使人：此指奉臨時召命差遣任事而無正式品階的使職人員。　流官：即“流内官”的省稱。南北朝隋唐時期通稱九品至一品官爲流内官，與九品以下的流外官對稱。按，“流官”各本皆同，但《通典》卷七〇《禮三十·嘉禮十五》作“流外官”，當誤。

[5]勳品：官品名。北齊時爲流外官的第一等。　端門：北齊鄴都太極殿前的正南門。

　　隋制，正旦及冬至，[1]文物充庭，皇帝出西房，[2]即御座。皇太子鹵簿至顯陽門外，[3]入賀。復詣皇后御殿，拜賀訖，還宮。皇太子朝訖，群官客使入就位，再拜。上公一人，[4]詣西階，解劍，升賀；降階，帶劍，復位而拜。有司奏諸州表。群官在位者又拜而出。皇帝入東房，有司奏行事訖，乃出西房。坐定，群官入就位，上壽訖，上下俱拜。皇帝舉酒，上下舞蹈，[5]三稱萬歲。皇太子預會，則設坐於御東南，西向。群臣上壽畢，入，[6]解劍以升。會訖，先興。

　　[1]冬至：二十四節氣之一。每年在陽曆十二月二十二日前後。這一天太陽經過冬至點，北半球白天最短，夜間最長；南半球則相反。古代每逢冬至日，則舉行大祭祀和大朝會。

　　[2]西房：古代指殿堂中央正室西邊的房間。

　　[3]顯陽門：隋都大興城宮城之正南門。隋文帝開皇二年建，初名廣陽門，仁壽元年避太子楊廣諱改稱顯陽門。門上有樓，門外有朝堂，為皇帝舉行外朝之處。凡國家大典、大朝會及會見外國賓客使臣，皇帝皆御此門舉行。按，“顯陽門”各本皆同，但《通典》卷七〇《禮三十·嘉禮十五》作“明陽門”，乃杜佑避唐中宗李顯之諱而改。

　　[4]上公：周制三公（太師、太傅、太保）八命，出封時加一命，稱為上公。隋時沿舊制，亦稱三師（太師、太傅、太保）為上公。

　　[5]舞蹈：古代臣下朝賀時對皇帝表示敬意和稱頌的一種儀節。

　　[6]入：各本皆同，《通典》卷七〇《禮三十·嘉禮十五》“入”下有“位”字。

後齊元日，中宮朝會，[1]陳樂，皇后褘衣乘輿，以出於昭陽殿。坐定，內外命婦拜。皇后興，妃主皆跪。[2]皇后坐，妃主皆起，長公主一人，[3]前跪拜賀。禮畢，皇后入室，乃移幄坐於西廂。[4]皇后改服褕狄以出。坐定，公主一人上壽訖，就坐。御酒食，賜爵，[5]並如外朝會。

[1]中宮：古代皇后所居住的宮殿。亦借指皇后。
[2]主：即公主的省稱。
[3]長公主：古代對皇帝之姊妹所加的封號。
[4]幄坐：指垂有帷帳的皇帝、皇后座位。
[5]賜爵：指內外朝會宴享時，帝后以爵盛酒賜予臣下飲用，以示恩寵。

隋儀如後齊制，而又有皇后受群臣賀禮。則皇后御坐，而內侍受群臣拜以入，[1]承令而出，群臣拜而罷。

[1]內侍：官名。隋初為內侍省的長官，置二員，以宦者充任，掌宮內供奉及傳宣導引之事。從四品上。隋煬帝大業三年改內侍省為長秋監，改內侍為長秋令，置一員，以士人充任，正四品。

後齊皇太子月五朝。未明二刻，[1]乘小輿出，為三師降。至承華門，[2]升石山安車，三師輅車在前，三少在後，自雲龍門入。[3]皇帝御殿前，設拜席位。至柏閣，[4]齋帥引，[5]洗馬、中庶子從。[6]至殿前席南，北面再拜。

［1］未明二刻：指凌晨二刻之時。參見前注"上水一刻"。

［2］承華門：北齊太子所居東宮的正南門。

［3］雲龍門：北齊鄴都太極殿前的東街之門。凡百官入朝太極殿，須至此門整肅衣冠，而後方能入殿朝拜。

［4］柏閣：北齊鄴都太極殿前雲龍門內所設的朝堂，爲朝官整肅衣冠之處。

［5］齋帥：官名。北齊時爲門下省下轄齋帥局的長官，置四人，掌宮廷鋪設灑掃之事。從七品下。

［6］洗（xiǎn）馬：官名。北齊時爲東宮典書坊下轄典經坊的長官，置八人，掌東宮圖籍文翰，太子出行則當值者前驅導威儀。從五品上。

天保元年，[1]皇太子監國，[2]在西林園冬會。[3]群議，皆東面。二年，於北城第內冬會，[4]又議東面。吏部郎陸卬疑非禮，[5]魏收改爲西面。[6]邢子才議欲依前，[7]曰：

［1］天保：北齊文宣帝高洋年號（550—559）。

［2］監國：古代君主出行離京或因故不能親政時，由太子暫代君主監管國事，稱爲"監國"。

［3］西林園：北齊宮苑名。亦省稱"西園"。位於鄴都宮城西側，爲皇帝及皇室貴族游獵宴享之所。　冬會：古代皇帝於冬至日朝會群臣、接受朝賀的典禮。

［4］北城第內：此指北齊太子所居的東宮府第之內。因北齊太子東宮位於皇宮的東北方向，故稱北城。

［5］吏部郎：官名。全稱是吏部郎中。北齊時爲尚書省吏部下轄三曹之一吏部曹的長官，置二人，掌官吏銓選及賞罰之政。正四品上。　陸卬：人名。北齊文宣帝時官任吏部郎中，通經善文，明悉禮制。傳見《北齊書》卷三五，《北史》卷二八有附傳。

[6]魏收：人名。北齊文宣帝天保初年官任中書令，博學多識，通曉經史文章，對國典朝儀多有議定。傳見《北齊書》卷三七、《北史》卷五六。

[7]邢子才：人名。即邢邵，字子才。北魏末至北齊時人，通經史，善屬文，於禮儀制度多所議定。傳見《北齊書》卷三六，《北史》卷四三有附傳。

凡禮有同者，不可令異。《詩》説，[1]天子至於大夫，皆乘四馬。況以方面之少，何可皆不同乎？若太子定西面者，王公卿大夫士，復何面邪？南面，人君正位。今一官之長，無不南面，太子聽政，亦南面坐。議者言皆晉舊事，太子在東宮西面，爲避尊位，非爲向臺殿也。[2]子才以爲東晉博議，依漢、魏之舊，太子普臣四海，不以爲嫌，又何疑於東面？《禮》“世子絕旁親”，[3]“世子冠於阼”，“冢子生，[4]接以太牢”。漢元著令，[5]太子絕馳道。[6]此皆禮同於君。又晉王公世子，攝命臨國，[7]乘七旒安車，[8]駕用三馬，禮同三公。近宋太子乘象輅，皆有同處，不以爲嫌。況東面者，君臣通禮，獨何爲避？明爲向臺，所以然也。

[1]《詩》：即《詩經》的簡稱。相傳是孔子刪定而成的一部上古詩歌總集，爲儒家經典之一。

[2]臺殿：皇帝所居的宮殿。亦省稱“臺”。

[3]世子：帝王和諸侯的嫡長子。後亦特指太子。　旁親：指旁系親屬。

[4]冢子：嫡長子。

[5]漢元：指漢元帝劉奭。紀見《漢書》卷九。

［6］馳道：古代專供帝王行駛車馬的道路。

［7］臨國：治理國事。

［8］七旒安車：用七旒旗作裝飾的小型坐車。古代常用爲王公重臣所乘之車。

近皇太子在西林園，在於殿，猶且東面，於北城非宮殿之處，更不得邪？諸人以東面爲尊，宴會須避。[1]案《燕禮》《燕義》，[2]君位在東，賓位則在西，君位在阼階，故有《武王踐阼篇》，[3]不在西也。《禮》“乘君之車，不敢曠左”。君在，惡空其位，左亦在東，不在西也。“君在阼，夫人在房”。鄭注“人君尊東也”。[4]前代及今，皇帝宴會接客，亦東堂西面。若以東面爲貴，皇太子以儲后之禮，[5]監國之重，別第宴臣賓，[6]自得申其正位。禮者皆東宮臣屬，公卿接宴，觀禮而已。若以西面爲卑，實是君之正位，太公不肯北面説《丹書》，[7]西面則道之，西面乃尊也。君位南面，有東有西，何可皆避？且事雖少異，有可相比者。周公，臣也；太子，子也。周公爲冢宰，太子爲儲貳。明堂尊於別第，[8]朝諸侯重於宴臣賓，南面貴於東面。臣疏於子，冢宰輕於儲貳。周公攝政，[9]得在明堂南面朝諸侯，今太子監國，不得於別第異宮東面宴客，情所未安。且君行以太子監國，君宴不以公卿爲賓，明父子無嫌，君臣有嫌。案《儀注》，[10]親王受詔冠婚，皇子皇女皆東面。今不約王公南面，而獨約太子，何所取邪？議者南尊改就西面，轉君位，更非合禮。方面既少，難爲節文。[11]東西二面，君臣通用，太子宜然，於禮爲允。

[1]宴會須避："須"字底本原脱，中華本據《通典》卷七一《禮三十一·嘉禮十六》、《册府元龜》卷五八三《掌禮部·奏議第十一》及殿本補，而宋刻遞修本、庫本亦有"須"字，故從補。

[2]《燕禮》：《儀禮》的篇名。 《燕義》：《禮記》的篇名。

[3]《武王踐阼篇》：《大戴禮記》的篇名。

[4]鄭：指鄭玄。參見前注"鄭玄"。

[5]儲后：亦稱"儲貳"。即儲君。指太子。

[6]別第：指正宅以外的其他宅邸。此指太子東宮。

[7]太公：即太公望。又名姜尚、吕尚，字子牙。周文王、武王時的元勳大臣，以功封於齊國。詳見《史記》卷三二《齊太公世家》。 《丹書》：《洛書》的別稱。古代傳説夏禹治水時，有洛水神龜負丹書而出，夏禹取法以作《尚書·洪範》"九疇"，後世儒家遂稱"九疇"之文爲《洛書》或《丹書》）。

[8]明堂：古代帝王宣明政教的地方。凡朝會、祭祀、慶賞、選士、養老、教學等大典，都在明堂舉行。

[9]攝政：指臣子代替君主處理國政。

[10]《儀注》：此指北齊官修的《後齊儀注》一書，共二百九十卷。

[11]節文：意謂制定禮儀，使行之有度。

魏收議云：

去天保初，皇太子監國。冬會群官於西園都亭，坐從東面，義取於向中宫臺殿故也。二年於宫冬會，坐乃東面，收竊以爲疑。前者遂有別議，議者同之。邢尚書以前定東面之議，[1]復申本懷，此乃國之大禮，無容不盡所見。收以爲太子東宫，位在於震，[2]長子之義也。案《易》八卦，[3]正位向中。皇太子今居北城，於宫殿爲東北，南面而坐，於義爲背也。前者立議，據東宮爲本。又案《東宮舊事》，[4]太子宴會，多以西面爲禮，此又成證，非徒言也。不言太子常無東南二面之坐，但用之有所。至如西園東面，所不疑也。未知君臣車服有同異之議，何爲而發？就如所云，但知禮有同者，不可令異。不知禮有異者，不可令同。苟別君臣同異之禮，恐重紙累札，書不盡也。

[1]邢尚書：指邢子才。因當時邢子才官任殿中尚書，故以職官稱之。

[2]震：八卦名。於自然中象徵雷震，於方位中象徵東方，於人事中象徵長子之位。

[3]《易》：《周易》的簡稱，亦稱《易經》。相傳伏羲畫其卦，文王作其辭，孔子作其傳，爲儒家經典之一。　八卦：《周易》中的八種具有象徵意義的基本圖形，每個圖形用三個分別代表陽的“—”（陽爻）和代表陰的“－－”（陰爻）組成。相傳是伏羲所作。八卦名稱是乾、坤、震、巽、坎、離、艮、兌，分別象徵天、地、雷、風、水、火、山、澤八種自然現象。古代《易》緯家又將八卦與八方相配，形成“九宮八卦”之説，即乾位西北方、坎位北方、艮位東北方、震位東方、巽位東南方、離位南方、坤位西南方、兌位西方，八卦之宮均面向中央宮，共爲九宮。

[4]《東宮舊事》：晉人張敞編撰的一部東宮禮制之書。

子才竟執東面，收執西面，援引經據，大相往復。其後竟從西面爲定。

時議又疑宮吏之姓與太子名同。子才又謂曰：“案《曲禮》：[1]‘大夫士之子，不與世子同名。’鄭注云：

'若先之生，亦不改。'漢法，天子登位，布名於天下，四海之内，無不咸避。案《春秋經》'衛石惡出奔晉'，[2]在衛侯衎卒之前。[3]衎卒，其子惡始立。[4]明石惡於長子同名。諸侯長子，在一國之内，與皇太子於天子，[5]禮亦不異。鄭言先生不改，蓋以此義。衛石惡、宋向戌，[6]皆與君同名，《春秋》不譏。皇太子雖有儲貳之重，未爲海内所避，何容便改人姓。然事有消息，[7]不得皆同於古。宮吏至微，而有所犯。朝夕從事，[8]亦是難安。宜聽出宮，尚書更補他職。"制曰："可。"

[1]《曲禮》：《禮記》的篇名。以其委曲解説吉、凶、賓、軍、嘉五禮之事，故名《曲禮》。

[2]《春秋經》：即《春秋》。 衛：西周至春秋戰國時國名。始封之君爲周武王弟康叔。公元前209年爲秦所滅。 石惡：人名。春秋時衛國人。事見《左傳》襄公二十七年、二十八年。晉：西周至春秋時國名。始封之君爲周成王弟叔虞。轄地有今山西大部、河北西南部、河南北部及陝西一角。春秋末爲韓、趙、魏三家所分。

[3]衛侯衎（kàn）：春秋時衛國的國君衛獻公，名衎。詳見《史記》卷三七《衛康叔世家》。

[4]惡：人名。即衛獻公的長子，獻公卒後繼位爲衛國國君，謚號衛襄公。詳見《史記·衛康叔世家》。

[5]天子：各本皆同，但《通典》卷七一《禮三十一·嘉禮十六》作"天下"，文義更明，故疑此處"天子"當是"天下"之訛（參見唐華全《〈隋書〉勘誤18則》，《南昌航空大學學報》2012年第2期）。

[6]宋：西周至春秋戰國時國名。始封之君爲商紂王的庶兄微

子啓。建都於商丘（今河南商丘市南），戰國初遷都於彭城（今江蘇徐州市）。公元前 286 年爲齊所滅。　向戌：人名。春秋時宋國執政，官左師。事見《左傳》成公十五年至昭公十九年。

　[7]消息：消長，變化。

　[8]夕：底本原作“名”，宋刻遞修本、殿本、庫本與底本同，中華本據《通典》卷七一《禮三十一·嘉禮十六》改作“夕”，當是，今從改。

　　後周制，正之二日，[1]皇太子南面，列軒懸，宮官朝賀。[2]

　[1]正：農曆正月。
　[2]宮官：太子東宮的屬官。

　　及開皇初，皇太子勇準故事張樂受朝，[1]宮臣及京官，北面稱慶。高祖誚之。是後定儀注，西面而坐，唯宮臣稱慶，臺官不復總集。[2]煬帝之爲太子，[3]奏降章服，[4]宮官請不稱臣。詔許之。

　[1]勇：人名。即隋文帝長子楊勇。開皇元年立爲皇太子，開皇二十年廢爲庶人。傳見本書卷四五、《北史》卷七一。　故事：先例，舊日的典章制度。
　[2]臺官：泛指朝廷的公卿官員。
　[3]煬帝：即隋煬帝楊廣。紀見本書卷三、四，《北史》卷一二。
　[4]章服：古代繡有日月、星辰等圖案的禮服。每圖爲一章，天子有十二章，群臣則按品級以九、七、五、三章遞降。

　　後齊立春日，[1]皇帝服通天冠、青介幘、青紗袍，[2]佩蒼玉，[3]青帶、青褲、青襪舄，而受朝於太極殿。尚書令等坐定，三公郎中詣席，[4]跪讀時令訖，[5]典御酌酒卮，[6]置郎中前，郎中拜，還席伏飲，禮成而出。立夏、季夏、立秋讀令，[7]則施御座於中楹，南向。立冬如立春，[8]於西廂東向。各以其時之色服，儀並如春禮。

　　[1]立春：二十四節氣之一。在陽曆二月三、四或五日。古代每逢立春日，天子親率公卿百官迎春於東郊，還朝賞公卿大夫。

　　[2]青紗袍：青色的紗袍。古代常用爲帝王行春禮之服。

　　[3]蒼玉：青色的玉。

　　[4]三公郎中：官名。北齊時爲尚書省殿中部下轄四曹之一三公曹的長官，置二人，掌五時讀時令、諸曹囚帳斷罪、赦日建金鷄等事。正六品上。

　　[5]時令：亦稱“月令”。古代按季節制定的有關國家典制及農事風俗的政令。

　　[6]典御：官名。此指尚食典御。北齊時爲門下省所轄尚食局的長官，置二人，掌理皇帝膳食酒席之事。正五品下。　酒卮：古代一種盛酒和飲酒兼用的圓形器皿。

　　[7]立夏：二十四節氣之一。在陽曆五月五、六或七日。古代每逢立夏日，天子親率公卿百官迎夏於南郊，還朝賞封諸侯。　季夏：指夏季的最後一個月，即農曆六月。　立秋：二十四節氣之一。在陽曆八月七、八或九日，農曆七月初。古代每逢立秋日，天子親率公卿百官迎秋於西郊，還朝賞軍帥及武人。

　　[8]立冬：二十四節氣之一。在陽曆十一月七或八日，農曆十月初。古代每逢立冬日，天子親率公卿百官迎冬於北郊，還朝賞殉國者，恤孤寡。

後齊每策秀孝,[1]中書策秀才,[2]集書策考貢士,[3]考功郎中策廉良。[4]皇帝常服,乘輿出,坐於朝堂中楹。秀孝各以班草對。[5]其有脫誤、書濫、孟浪者,[6]起立席後,飲墨水,脫容刀。

[1]策:古代考試取士的一種方式,即考官出問題令應試者對答。亦泛指考試。 秀孝:秀才與孝廉的並稱。爲漢代以來至隋唐以前薦舉人才的兩種科目名,州舉者稱秀才,郡舉者稱孝廉,皆屬每年固定舉行的常科科目。

[2]中書:官署名。指中書省。北齊時爲中央最高制令決策機關,掌草擬和宣行皇帝詔令,兼管進御之音樂,內參機密,議決朝政。長官爲中書監、令各一人,居宰相之任。

[3]貢士:泛指地方官府向朝廷舉送的人才。

[4]廉良:孝廉與賢良的並稱。賢良亦爲漢以來薦舉人才的一種科目名,屬皇帝臨時詔令舉行的特科科目。

[5]草對:寫作策文以對答問題。

[6]書濫:指書法潦草惡劣。

後齊宴宗室禮,[1]皇帝常服,別殿西廂東向。[2]七廟子孫皆公服,無官者,單衣介幘,[3]集神武門。[4]宗室尊卑,次于殿庭。七十者二人扶拜,八十者扶而不拜。升殿就位,皇帝興,宗室伏。皇帝坐,乃興拜而坐。尊者南面,卑者北面,皆以西爲上。八十者一坐。再至,進絲竹之樂。[5]三爵畢,[6]宗室避席,待詔而後復位。乃行無算爵。[7]

[1]宗室:特指與帝王同宗族之人,即皇族。

　　[2]別殿：指正殿以外的殿堂。

　　[3]單衣：單層無裏子的衣服。古時常用爲士大夫之便服或吊服。

　　[4]神武門：應作"神虎門"，唐人避太祖李虎之諱而改"虎"爲"武"。神虎門，即北齊鄴都太極殿前的西街之門，爲百官整衣候朝之處。

　　[5]絲竹之樂：由弦樂器與竹管樂器合奏的樂曲。

　　[6]三爵：指行飲三杯酒之禮。按古代禮制，臣侍君宴，通常飲酒不得過三爵。

　　[7]無算爵：指古代某些典禮中不限定飲酒爵數的飲酒禮，至醉而止。

　　正晦泛舟，[1]則皇帝乘輿，鼓吹至行殿。[2]升御坐，乘版輿，以與王公登舟，置酒。非預泛者，坐於便幕。[3]

　　[1]正晦：指農曆正月晦日，即正月的最後一天。　泛舟：指坐船游玩。

　　[2]鼓吹：指用鼓、鉦、簫、笳等樂器合奏的鼓吹樂，漢初專用於軍中以壯聲威，後漸用於朝廷。亦泛指演奏樂曲或演奏樂曲的樂隊。

　　[3]便幕：指用帳幕圍成的簡便宮室或屋舍。

　　仲春令辰，[1]陳養老禮。先一日，三老五更齋於國學。[2]皇帝進賢冠、玄紗袍，至璧雍，[3]入總章堂。[4]列宮懸。[5]王公已下及國老庶老各定位。[6]司徒以羽儀武賁安車，[7]迎三老五更于國學。並進賢冠、玄服、黑舄、素帶。[8]國子生黑介幘、青衿、單衣,[9]乘馬從以至。皇帝釋劍,執珽,[10]迎於門內。三老至門,五更去門十步,則降車以入。皇帝拜,三老五更攝齊答拜。[11]皇帝揖進,三老在前,五更在後,升自右階,[12]就筵。三老坐,五更立。皇帝升堂,北面。公卿升自左階,北面。三公授几杖,[13]卿正履,[14]國老庶老各就位。皇帝拜三老,群臣皆拜。不拜五更。乃坐,皇帝西向,肅拜五更。[15]進珍羞酒食,[16]親袒割,[17]執醬以饋,[18]執爵以酳。以次進五更。又設酒酳於國老庶老。[19]皇帝升御坐,三老乃論五孝六順,[20]典訓大綱。[21]皇帝虛躬請受,[22]禮畢而還。又都下及外州人年七十已上,賜鳩杖黃帽。[23]有敕即給,不爲常也。

[1]仲春:指春季的第二個月,即農曆二月。　令辰:指吉日。

[2]三老五更:古代設置的兩個養老之位,掌宣德教。三老與五更各置一人,皆以年老退休且明世事的三公任之。天子則以父禮事三老,以兄禮事五更,皆尊養於國子學或太學中,用以示天下之孝悌。　國學:即國子學。北齊設立的中央最高學府,掌以儒經訓教皇室及公卿之子弟。

[3]璧雍:指古代天子所設立的太學或國子學。因校址呈圓形,圍以水池,其狀如璧,故稱"璧雍"。

[4]總章堂:古代天子所立明堂的西向堂室,名取"西方總成萬物而章明之"之意。亦用爲明堂的別稱。按,古代明堂與太學、國子學多同處一地。

[5]宮懸:古代天子所用的奏樂之制。即將鐘磬等樂器懸挂在東、西、南、北四面的架上以奏樂,象徵宮室四面的墻壁,故名"宮懸"。

[6]國老庶老：古代設置的兩種養老之位，掌助宣教化。國老以告老退休的卿大夫任之，尊養於太學。庶老以告老退休的士任之，尊養於小學。

[7]武賁：應作"虎賁"，唐人避太祖李虎之諱而改。虎賁，指侍從衛士。 安車：古代一種可以坐乘的小車。多供年老的高級官員及貴婦人乘用。凡高官告老還鄉或徵召有重望的人，往往賜乘安車。安車多駕用一馬，禮尊者則駕用四馬。

[8]玄服：黑色的禮服。 素帶：用白絹縫製的大帶，束於腰間，一端下垂。古代天子、諸侯、大夫皆用素帶。

[9]國子生：國子學的學生。 青衿：青色的長衫交領。古代常用爲學子的服飾。

[10]珽：古代帝王所持的玉笏。

[11]攝齊：提起衣擺。古代官員升堂或行拜禮時爲謹防踩着衣擺而跌倒失態，故須提起衣擺，以表示恭敬有禮。

[12]右階：即西階。古時以面南背北爲正位，則右爲西，左爲東。參見前注"西階""東階"。

[13]几杖：老人所用的憑几和手杖。古代常用爲禮敬老者之物。

[14]卿：官名。指九卿。北齊時爲中央九寺的長官，各置一人，分掌九寺事務。皆爲正三品。 正履：此指替三老整理鞋，以示禮敬。

[15]肅拜：古代九拜禮之一。即兩膝齊跪，手至地而不低頭。

[16]珍羞：亦作"珍饈"。即珍美的菜肴。

[17]袒割：袒露右膊而切割牲肉。古代天子敬老、養老的一種禮節。

[18]饋：指向尊者進食。

[19]酒酏（yí）：酒漿。

[20]五孝：古代指天子、諸侯、卿大夫、士、庶民五等人所行的孝道。 六順：古稱君義、臣行、父慈、子孝、兄愛、弟敬爲

"六順"。

[21]典訓大綱：指古代治國的準則和法紀。

[22]虛躬：即虛心，虛懷。

[23]鳩杖黃帽：即杖頭刻有鳩形的拐杖和黃顏色的帽子。古代常用爲禮敬老者之物。

　　後周保定三年，[1]陳養老之禮。以太傅、燕國公于謹爲三老。[2]有司具禮擇日，高祖幸太學以食之。[3]事見《謹傳》。[4]

[1]保定：北周武帝宇文邕年號（561—565）。

[2]燕國公：爵名。北周時爲十一等爵的第四等。正九命。于謹：人名。北周武帝時官居太傅，爵封燕國公，爲北周元老重臣之一。傳見《周書》卷一五、《北史》卷二三。

[3]高祖：北周武帝宇文邕的廟號。此代指其人。紀見《周書》卷五、六，《北史》卷一〇。　太學：北周設立的中央最高學府，掌以儒經訓教公卿大夫之子弟。

[4]《謹傳》：指《周書》卷一五《于謹傳》。